Magali Séguran

Résolution des conflits sémantiques

Magali Séguran

Résolution des conflits sémantiques

dans les systèmes d'information coopératifs

Presses Académiques Francophones

Impressum / Mentions légales
Bibliografische Information der Deutschen Nationalbibliothek: Die Deutsche Nationalbibliothek verzeichnet diese Publikation in der Deutschen Nationalbibliografie; detaillierte bibliografische Daten sind im Internet über http://dnb.d-nb.de abrufbar.

Information bibliographique publiée par la Deutsche Nationalbibliothek: La Deutsche Nationalbibliothek inscrit cette publication à la Deutsche Nationalbibliografie; des données bibliographiques détaillées sont disponibles sur internet à l'adresse http://dnb.d-nb.de.

Coverbild / Photo de couverture: www.ingimage.com

Verlag / Editeur:
Presses Académiques Francophones
ist ein Imprint der / est une marque déposée de
AV Akademikerverlag GmbH & Co. KG
Heinrich-Böcking-Str. 6-8, 66121 Saarbrücken, Deutschland / Allemagne
Email: info@presses-academiques.com

Herstellung: siehe letzte Seite /
Impression: voir la dernière page
ISBN: 978-3-8381-7320-7

UNIVERSITE JEAN MOULIN LYON 3

Thèse

Pour l'obtention du titre

Docteur en Informatique

Présentée et soutenue publiquement le vendredi 14 novembre 2003

Magali SEGURAN

RESOLUTION DES CONLITS SEMANTIQUES DANS LES SYSTEMES D'INFORMATION COOPERATIFS

Directeur de thèse : **Madame Danielle BOULANGER**
Professeur à l'Université Lyon 3

Rapporteurs : **Madame Anne-Marie ALQUIER**
Professeur à l'Université Toulouse 1

Monsieur Bernard ESPINASSE
Professeur à l'Université Aix-Marseille 3

Suffragants : **Monsieur Jean-Jacques SCHWARZ**
Professeur à l'Université Lyon 1

Madame Guilaine TALENS
Maître de Conférences à l'Université Lyon 3

4

Remerciements...

Je tiens tout d'abord à remercier vivement ma directrice de thèse, Madame Danielle Boulanger, pour m'avoir accueillie au sein de l'équipe Modeme et pour m'avoir apporté son soutien en de nombreuses occasions. Son encadrement, ses conseils et encouragements m'ont permis de progresser dans mon travail de recherche.

Je remercie Madame Anne-Marie Alquier, Professeur à l'Université Toulouse 1, ainsi que Monsieur Bernard Espinasse, Professeur à l'Université Aix-Marseille 3, pour m'avoir fait l'honneur d'être rapporteurs de cette thèse et pour leur active contribution à l'amélioration du document final.

J'adresse également mes plus vifs remerciements à Monsieur Jean-Jacques Schwarz, Professeur à l'Université Lyon 1, pour avoir accepté de présider mon jury.

Je souhaite exprimer ma sincère reconnaissance à Madame Guilaine Talens, Maître de Conférences à l'Université Lyon 3 pour m'avoir apporté une aide à la fois amicale et professionnelle, ce qui a contribué à mener ce travail à terme.

Je remercie chaleureusement Eric Disson, Vincent Couturier, Gilles Dubois et Caroline Wintergerst de l'équipe Modeme pour leurs conseils avisés, ainsi que la secrétaire du centre de recherche Martine Chorein qui, par sa bienveillance envers les doctorants, a toujours contribué à faciliter notre travail.

Je remercie les personnes suivantes qui, par leurs remarques et leurs encouragements, ont contribué à l'avancement de ma thèse :
Pascal Urso de l'Essi pour son amitié et pour son aide concrète,
Eric Rigaud et Denis Overal pour m'avoir gentiment accueillie à l'Ecole des Mines de Sophia Antipolis et dont les remarques ont été très constructives,
Régis Lhoste de l'équipe Maia de Nancy pour ses conseils sur Jade,
Marc Philippe Huget pour sa relecture et ses remarques sur la partie AUML du chapitre 5, Frédéric Dehais de l'Onera pour ses encouragements,
Olivier Mérignac et Olivier Brunel pour leur soutien amical du début jusqu'à la fin de la thèse, et pour nos pèlerinages quotidiens chez "Daniel et Marcelle"...
Enfin j'ai une petite pensée pour les doctorants encore en thèse : Isabelle G., Wafi C., Adori R., Christophe L., Nourrédine S., Mickaël L., etc. qui ont tous contribué à rendre vivant et actif le centre de recherche.

....Et je ne saurais oublier mes proches :

mes parents et mon grand-père, pour leurs encouragements permanents et pour leur soutien constant,

mes amis lyonnais et niçois, particulièrement Carine pour son écoute attentive,

enfin, Christophe, par sa présence à mes côtés, m'a vivement encouragé durant toute cette année et m'a toujours poussé à aller de l'avant...

TABLE DES MATIERES

INTRODUCTION

Notre travail de recherche s'inscrit dans le cadre de la coopération de Systèmes d'Information qui traduit la capacité des systèmes à échanger et à partager des informations avec d'autres systèmes.

1. Le contexte de la thèse : la coopération de Systèmes d'Information

Le nombre de sources d'information ne cesse de croître. Elles se répartissent à l'intérieur de l'entreprise ou dans son environnement, via notamment Internet. Ce grand volume d'informations doit pouvoir être utilisé afin de permettre aux organisations de gérer leurs activités et de réagir rapidement aux évènements internes et externes.

Dans ce contexte, la recherche et la récupération de l'information sont indissociables d'une utilisation des systèmes d'information de façon conjointe et intelligente, et donc d'une réelle *interopérabilité*.

L'*interopérabilité* implique une communication entre des systèmes souvent construits de manière totalement différente.

En effet, répondre à une requête nécessite de réunir des sources hétérogènes et distribuées. L'interopérabilité permet donc à un utilisateur de puiser de façon totalement transparente dans un ensemble de ressources réparties au sein de sources d'information autonomes, hétérogènes et distribuées.

Le terme *coopération* présuppose la capacité à échanger de l'information et à rendre les fonctionnalités d'un système disponibles aux autres systèmes (interopérabilité) mais intègre aussi la notion de collaboration effective (tâche à accomplir en vu d'un objectif commun). La coopération ou "interopérabilité intelligente" selon M. Papazoglou prend l'hypothèse qu'un composant SI fonctionne et raisonne comme "un agent informationnel intelligent".

Les enjeux de l'interopérabilité sont de localiser, récupérer et mixer l'information pertinente. Cependant, ces enjeux se trouvent confrontés à des conflits car la mise en œuvre de processus coopératifs entre applications requiert la résolution des problèmes d'hétérogénéité issus des sources d'information coopérantes. Cette hétérogénéité découle du choix autonome des sources locales à disposer de leur propre matériel, système d'exploitation ou système de gestion de bases de données mais également au niveau des choix de représentation de l'information.

Les conflits découlant de l'hétérogénéité peuvent se situer au niveau technique et font référence à la coexistence de systèmes d'exploitation et de plate-formes disparates. Les conflits syntaxiques concernent les différences au niveau des modèles de données (relationnel, orienté-objet). Enfin, l'hétérogénéité au niveau applicatif concerne les différences au niveau des schémas, au niveau structurel (différence de classification des objets) et sémantique. Les conflits sémantiques interviennent à deux niveaux : sur la représentation des concepts du monde réel qui dépend des interprétations sémantiques différentes selon les sources d'information et sur les données qui doivent être correctement interprétées malgré les différences de codage de l'information.

Le terme *coopération* de systèmes d'information ne désigne pas obligatoirement la même chose selon les auteurs et peut être défini à différents niveaux (interopérabilité technique, syntaxique ou applicative). Au niveau applicatif, la coopération est un champ de recherche actif.

Dès la fin des années 80, l'objectif des premières propositions relatives à la coopération de systèmes d'information a été de traiter les différences techniques, structurelles et syntaxiques entre les systèmes.

Les solutions représentatives de cette période sont les *systèmes de bases de données fédérées*, qui correspondent à une intégration partielle des bases de données existantes en utilisant plusieurs schémas partiels pour permettre la coopération au lieu d'un schéma global complet. Cependant, la mise à jour de ces systèmes est rendue difficile par les nombreuses sources d'information évoluant constamment. Considérées comme des systèmes de bases de données faiblement couplés, les *approches à base de langage multi-bases* permettent un meilleur suivi de l'évolutivité mais la principale critique réside dans le manque de transparence de localisation des données pour les utilisateurs.

Tout en respectant les principes d'autonomie des bases locales, d'hétérogénéité et de distribution des données, la plupart des projets illustrant ces approches ne parvient pas à résoudre les conflits sémantiques provenant des sources d'information.

Les systèmes les plus récents sont les *systèmes de courtage de l'information* dont l'objectif s'oriente vers la résolution des conflits sémantiques grâce à une combinaison de technologies : médiation de l'information, technologie agent et une représentation de la sémantique choisie à l'aide d'ontologies, de meta-données ou de contextes sans connaissance a priori des systèmes d'information participants.

Les limites de ces solutions résident dans le traitement de la résolution des conflits sémantiques. La plupart ne traite que certains conflits sémantiques ou ne propose pas de combinaison adaptée de technologies (agents, ontologies,...) permettant d'assurer un partage d'information réel, efficace et évolutif. De plus, le mode de résolution reste parfois statique (a priori) alors que la résolution des conflits effectués de façon dynamique lors de l'exécution des requêtes (a posteriori) permet une meilleure prise en compte de l'évolution des sources locales.

D'autre part, lorsqu'une approche multi-domaines est proposée, ces solutions disposent d'une faible capacité à traiter l'évolutivité (suivi des mises à jour des bases locales) et la scalabilité (augmentation du nombre des sources d'information de façon très importante).

Ainsi, les architectures coopératives manquent le plus souvent de dynamicité (évolution des systèmes locaux, construction dynamique de processus d'interaction pour la résolution de problèmes, gestion des mises à jour des composants locaux), ne fournissent pas de solutions globales pour la résolution de tous les types de conflits issus de la coopération des systèmes d'information, et n'insistent pas toujours sur les conflits sémantiques.

2. Objectifs et approches de la thèse

Notre objectif est de résoudre les conflits sémantiques issus de la diversité de représentation des données dans le cadre d'une approche multi-domaines. Le traitement des requêtes globales adressées à l'architecture coopérative est réalisé en intégrant les principes de base de distribution, d'hétérogénéité, d'autonomie et de transparence des systèmes locaux. Les principes d'évolutivité et de scalabilité doivent également être pris en compte. L'évolutivité caractérise les changements qui peuvent survenir dans une architecture coopérative (mise à jour, ajout, retrait de sources d'information). La scalabilité concerne la capacité de l'architecture coopérative à gérer l'ajout de nouvelles sources d'information, en quantité.

Pour l'obtention de l'interopérabilité sémantique, l'originalité de notre proposition repose sur une combinaison pertinente de diverses technologies : bases de données, techniques orientées objet et Intelligence Artificielle Distribuée. Notre travail de thèse s'inscrit dans le projet ACSIS (Agent pour la Coopération de Système d'Information Sécurisée). ACSIS est une architecture conceptuelle multi-niveaux qui permet de résoudre chaque type de conflits : technique, schématique, structurel et sémantique. Le premier niveau résout les problèmes d'hétérogénéité technique par l'utilisation d'objets spécifiques et du bus CORBA. Le deuxième niveau composé d'Objets Descriptifs des Données (ODD), assure l'homogénéisation des modèles de données locaux et matérialisent ainsi l'interopérabilité schématiques et syntaxiques.

Notre proposition s'intègre dans la partie haute de cette architecture multi-niveaux : la résolution des conflits structurels et sémantiques.

Nous proposons une solution basée sur les agents qui sont adaptés à la résolution des problèmes sémantiques grâce à leurs capacités collaboratives. L'utilisation d'agents permet la construction d'architectures ouvertes et évolutives (facilité d'ajout ou de suppression de sources de données) en instaurant un environnement flexible (agents capables de répondre à temps, pro-actifs, communiquant) dans le but de traiter les requêtes adressées à l'architecture coopérative.

En effet, les domaines de l'Intelligence Artificielle Distribuée (IAD) et des Systèmes Multi-Agents (SMA) possèdent des capacités naturelles à la résolution de conflits grâce à des protocoles adaptés. Ils disposent d'outils permettant d'installer un contexte de coopération intelligent en favorisant la gestion dynamique des entités et en permettant des processus d'interaction basés sur des entités cognitives.

Ainsi, nous choisissons d'avoir recours aux plus récentes avancées effectuées sur les plate-formes multi-agents et sur les normalisations d'échanges entre agents (langage de communication entre agents, bibliothèque de protocoles d'interaction). Le système proposé est composé de plusieurs types d'agents : des Agents d'Accès aux sources locales (AA) assurent la participation des données locales au sein des processus coopératifs et sont liés à un domaine d'une base de données locale, des Agents Informationnels (AI) regroupent les AA proches sémantiquement dans un réseau d'accointances, découpent les requêtes en sous-requêtes et ont accès aux sources locales par le biais des AA pour répondre à des requêtes d'utilisateur ou d'autres AI. Un troisième type d'agent nommé Agent d'Interface (rôle d'Utilisateur ou d'Expert) sert d'intermédiaire entre les utilisateurs du système et les Agents Informationnels.

Les agents disposent de connaissances sémantiques qui sont décrites sous la forme d'ontologies de domaine. Ces ontologies contiennent des objets descriptifs des sources locales ainsi que les liens intra-base ou inter-bases entre ces objets.

La résolution des conflits sémantiques par les agents consiste à exploiter les liens sémantiques de leur ontologie au cours de l'enregistrement d'une base locale au système mais aussi lors de l'exécution de requêtes multi-bases. Au cours de ces deux étapes, un ensemble de protocoles d'interaction complexes entre agents permet de faire évoluer les ontologies de domaines et de rendre le système dynamique et évolutif en permettant la détection de nouveaux liens qui n'ont pas été définis par un expert du domaine.

3. Plan du manuscrit

La description de notre recherche sur le projet ACSIS est composée de cinq chapitres. Le plan du mémoire est le suivant (cf. Figure I -1).

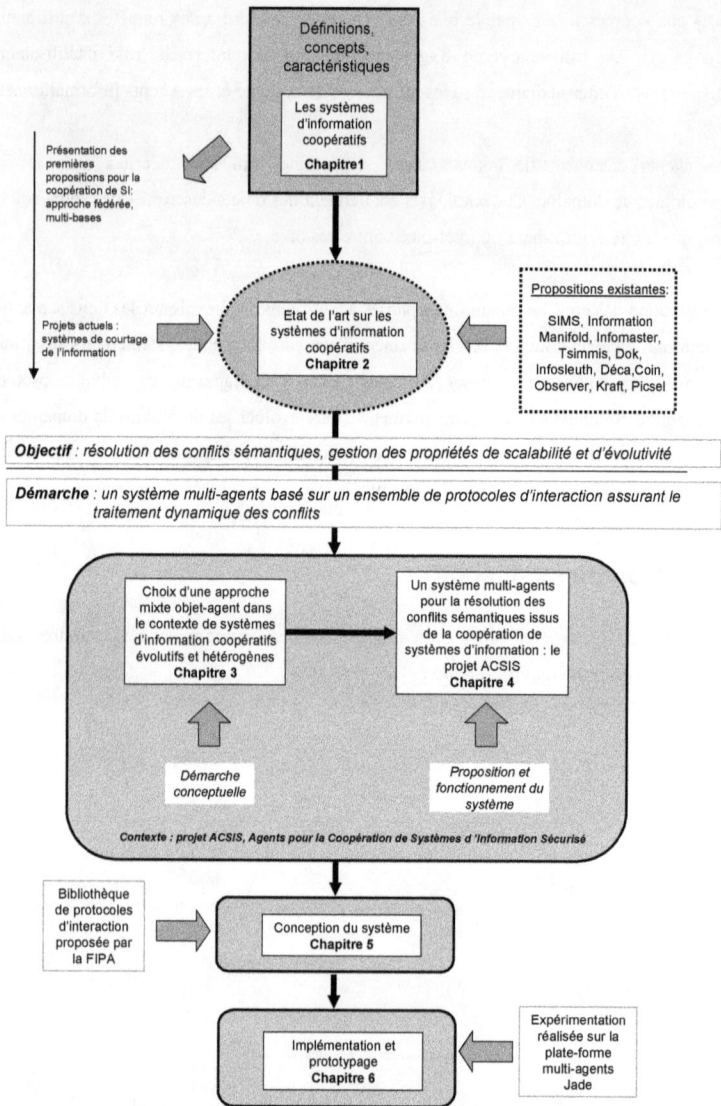

Figure I -1 : plan du mémoire

Le **chapitre 1** est consacré à la présentation générale du domaine de la coopération de Systèmes d'Information. Une typologie de l'interopérabilité qui est fonction de l'hétérogénéité ciblée (technique, syntaxique, applicative) et une description plus précise des différents conflits sont ensuite proposées. En fin de chapitre, la présentation de l'historique de l'interopérabilité permet de présenter les toutes premières solutions destinées à la résolution des conflits.

Le **chapitre 2** réalise un état de l'art des projets récents de la coopération de systèmes d'information. L'objectif est de décrire les systèmes de courtage de l'information qui combinent un ensemble de technologies : agent, médiation et représentation de la connaissance sous forme de méta-données, d'ontologies ou de contextes. Des projets représentatifs de cette période sont présentés et comparés selon différents critères. Un tableau de synthèse permettra de positionner notre approche en terme de résolution de conflits et de gestion de la scalabilité et de l'évolutivité.

Le **chapitre 3** justifie les moyens mis en œuvre pour atteindre la coopération sémantique. Le choix d'"agentification" du système d'information est présenté dans cette partie en définissant les différentes notions : agent, système multi-agents, langage, protocole. Les avantages du recours à ces techniques dans le cadre spécifique de la coopération ainsi que la nécessité d'utiliser des ressources objets sont explicités afin de justifier le choix d'une approche mixte agent-objet.

Le **chapitre 4** détaille le système multi-agents en mettant en évidence le rôle des agents du système dans l'exploitation et dans la création de nouveaux liens de façon dynamique. La mise en œuvre des agents pour la résolution des conflits est ensuite décrite à travers la phase de création des entités du système (lors de l'enregistrement d'une nouvelle base de données) et le traitement des requêtes globales. En fin de chapitre, plusieurs exemples de cas d'exécution de requêtes illustrent les comportements des agents ainsi que le traitement dynamique des liens.

Le **chapitre 5** aborde la partie conception et implémentation du système. Les protocoles d'interactions entre agents sont définis dans le formalisme approprié (Agent UML). En fonction des messages reçus, chaque agent interagit avec d'autres agents ou/et exploite son ontologie.

Pour l'implantation, le **chapitre 6** présente la plate-forme multi-agents Jade (qui nous a permis de valider les différents protocoles) et décrit les résultats de l'expérimentation.

Enfin, le dernier chapitre résume notre proposition et des perspectives de travail se dessinent.

Les Systèmes d'Information Coopératifs

Ce premier chapitre a pour objectif de présenter le domaine de la coopération de systèmes d'information confronté à des problèmes d'hétérogénéité et donc de conflits. Au cours des deux dernières décennies, l'évolution des moyens à disposition (techniques, standards) a permis aux solutions de s'adapter progressivement permettant ainsi une meilleure prise en compte des conflits.

Ce chapitre est organisé de la façon suivante. La section 1 est consacrée à la présentation générale des systèmes d'information actuels qui justifie l'émergence d'un besoin de coopération. Les différentes définitions liées à la notion de systèmes d'information mais aussi les enjeux et les objectifs sont décrits en section 2. Les caractéristiques que doivent respecter tous les Systèmes d'Information Coopératifs sont les principes d'autonomie, de distribution, d'hétérogénéité, de transparence, d'accessibilité, d'évolutivité et de scalabilité des sources d'information (section 3). La typologie de l'interopérabilité qui est fonction de l'hétérogénéité ciblée (technique, syntaxique, applicative) est décrite en section 4. Les conflits liés à l'hétérogénéité applicative sont détaillés en section 5. Enfin, la section 6 est consacrée à l'évolution de l'interopérabilité (avec les toutes premières solutions qui se sont intéressées à l'interopérabilité des systèmes d'information) et des types de conflits qui en découlent.

1.   Des SI vers la coopération

Les organisations réparties sont reliées à une grande variété de bases de données pour mener à bien leur activité quotidienne. Les entreprises et leurs départements ont besoin d'échanger et de partager des données distribuées dans des systèmes d'information automatisés hétérogènes. Parallèlement, l'informatisation "exponentielle" a engendré la constitution de vastes stocks d'applications et de données.

En effet, le nombre de sources d'information (bases de données, bases de connaissances ou programmes) n'a cessé de croître. Ainsi, la notion d'interopérabilité est apparue depuis une quinzaine d'années pour répondre aux besoins de partage et d'échange d'information.

Afin d'améliorer la performance et la réutilisation des composants des systèmes d'information, il s'agissait de résoudre les problèmes liés à la préexistence des concepts, des outils et des techniques des systèmes d'information. Il n'est pas envisageable de réécrire ces systèmes préexistants car les investissements réalisés seraient perdus. C'est pourquoi l'enjeu est de développer des technologies qui rendent compatibles systèmes antérieurs et nouveaux développements.

Il est difficile de maintenir et d'intégrer les systèmes tout en permettant à l'utilisateur de disposer d'une transparence concernant la localisation des données. Le support de nouvelles technologies et la mise au point de nouvelles architectures devient alors nécessaire.

L'intégration de schéma global fait partie des toutes premières solutions [BATI86]. Il s'agit d'une complète intégration des multiples bases de données et ce, afin de fournir une seule et unique vue formant un schéma global [SPAC94]. Cette approche permet d'avoir une vue uniforme pour les utilisateurs qui sont ignorants de l'hétérogénéité et de la distribution des bases de données. Les composants locaux n'ont plus de contrôles sur les accès utilisateurs. Par exemple, le projet Unibase, ne permet pas l'autonomie des composants locaux [BRZE84]. L'utilisation d'un seul schéma pose le problème de définitions identiques et de maintenir le même système, ce qui empiète sur l'autonomie des bases locales. De plus, des modifications de schémas impliquent que le processus entier d'intégration doit être refait et ce problème s'accentue avec le nombre de bases de données.

Par la suite, la coopération de systèmes d'information a suscité de nombreuses autres solutions qui seront détaillées dans le cadre de ce travail (cf. Chapitre 1, section 6 et Chapitre 2). L'important développement de ces solutions est favorisé par les orientations suivantes :

- la nécessité pour les entreprises d'adapter leurs systèmes d'information au changement organisationnel (rachat/fusion/réorganisation),.

- le remplacement de systèmes centralisés par des systèmes client/serveur décentralisés,

- la percée des systèmes orientés objet et les efforts pour standardiser l'objet (OMG),

- la spécialisation des tâches qui impliquent d'analyser et de réutiliser les données,

- la réutilisation des composants logiciels,

- la distribution du volume d'informations sur Internet et le commerce électronique.

Le domaine de l'Intelligence Artificielle Distribuée apporte des éléments de solutions pour utiliser des systèmes d'information de façon conjointe et intelligente. Il dispose de techniques de raisonnement et de représentation de connaissances, mais aussi des capacités de résolutions de problèmes dans le cadre d'un environnement multi-agents. Ainsi, le domaine de la coopération de systèmes d'information fait référence aux travaux de deux communautés [PAPA92] : les Bases de Données Réparties et l'Intelligence Artificielle Distribuée.

2. Définition des Systèmes d'Information Coopératifs

Trait d'union entre les deux communautés (les Bases de Données Réparties et l'Intelligence Artificielle Distribuée), le domaine des Systèmes d'Information Coopératifs[1] (SIC) est un champ de recherche assez récent qui a commencé à émerger au début des années 1990. L'appel à communication de la conférence CoopIS identifie les systèmes d'information coopératifs en 1994 comme la nouvelle génération de systèmes d'information [COOP94] "Le paradigme pour la nouvelle génération de systèmes d'information impliquera un grand nombre de systèmes d'information distribués au travers de vastes et complexes réseau de communication (…) Ce type de systèmes d'information gérera et aura accès à de grandes sources d'information et de services (...) La communication entre ces systèmes se fera de façon centralisée ou distribuée en utilisant des protocoles de communication traditionnels ou issus de l'Intelligence Artificielle Distribuée. Nous appellerons cette nouvelle génération de systèmes d'information, les *systèmes d'information coopératifs*". Les systèmes d'information coopératifs intègrent des sources d'information distribuées (Bases de données ou Systèmes à Base de Connaissances) pouvant utiliser des représentations de connaissances et des données hétérogènes [BROD92]. La coopération implique une transformation des composants SI passifs en agents informationnels capables d'interagir pour résoudre un problème [PAPA92].

Une définition est donnée par [DEMI98], un système d'information est coopératif s'il partage des buts avec d'autres agents de son environnement, tels que les autres systèmes d'information, les agents humains ou avec l'organisation elle-même et s'il contribue à l'obtention de ces buts communs.

---

[1] On parle indifféremment du domaine des systèmes d'information coopératifs mais aussi de la coopération de systèmes d'information

Les enjeux des SIC [DEMI98] sont caractérisés par la nécessité de construire des systèmes d'information qui coopèrent mais tout en continuant à évoluer. Le nouveau défi pour les SIC est de gérer les changements organisationnels et technologiques continus inhérents au domaine des systèmes d'information.

Outre ces enjeux à respecter, les objectifs principaux des SIC sont doubles :

- résoudre la plupart des conflits,

- traiter les requêtes dans un environnement distribué : résoudre les requêtes globales en respectant les principes de l'interopérabilité des systèmes qui sont définis dans la partie suivante, autonomie, distribution, hétérogénéité, transparence, accessibilité, évolutivité et scalabilité des systèmes d'information locaux.

3. Caractéristiques des Systèmes d'Information Coopératifs

L'interopérabilité de systèmes d'information repose en priorité sur des principes d'autonomie, de distribution et d'hétérogénéité des bases de données coopérantes [SHET90]. S'ajoutent à cela, d'autres caractéristiques qui interviennent à différents degrés dans les systèmes d'information coopératifs et qui permettent aussi d'évaluer leur qualité [GOH94] : transparence, accessibilité, évolutivité, scalabilité.

- Autonomie et flexibilité.

L'autonomie et la flexibilité concernent la capacité pour les systèmes à contrôler l'accès à leurs propres données et à fonctionner indépendamment les uns des autres. L'évolution des systèmes d'information ne doit pas interférer sur les autres systèmes participant à la coopération [LIU95].

Sheth distingue plusieurs types d'autonomie [SHET90] :

- autonomie de conception correspond à la capacité pour les sources d'information à disposer de leurs propres représentations (modèle de données, langage d'interrogation), du choix des données (noms et contextes sémantiques) et des fonctionnalités du système. Cela concerne aussi l'implémentation et les informations qui seront partagées avec les autres systèmes.

23

- **autonomie de communication** concerne la possibilité pour un système de choisir le moyen et le moment de communiquer avec d'autres systèmes locaux.

- **autonomie d'exécution** permet aux systèmes locaux d'exécuter des opérations locales (commandes ou requêtes locales) et de décider de l'ordre d'exécution de ces opérations, sans interventions extérieures.

- **autonomie d'association** implique la capacité d'un composant à décider s'il partage ses fonctionnalités (opérations exécutées) et ses ressources (données gérées) avec d'autres composants et comment il les partage.

- Distribution.

Les données sont distribuées sur plusieurs systèmes d'information, localisées sur un même lieu ou géographiquement distribuées mais interconnectées par un système de communication. Par exemple, CORBA et HTTP permettent aux applications d'être développées sans se préoccuper de la localisation.

- Hétérogénéité.

L'hétérogénéité provient du développement autonome des systèmes. L'hétérogénéité concerne aussi bien les modèles de représentation des données, les langages de définition et de manipulation, les domaines d'application et les applications elles-mêmes [BOUL95] [SHET92] [THUR97]. Outre l'hétérogénéité provenant des différences intrinsèques aux systèmes de gestion de l'information, l'hétérogénéité liée à la sémantique concerne des cas d'interprétations différentes selon la source.

- Transparence.

La transparence entre les besoins des utilisateurs et les systèmes coopératifs doit être maintenue. L'utilisateur exécute une requête sans se préoccuper de la localisation des données, du modèle de données ou du langage de requête choisi.

- Accessibilité.

L'information doit être accessible à l'utilisateur, qui en exécutant une requête doit recevoir une réponse des sources d'information locales dans le format attendu.

- Evolutivité (ou extensibilité).

L'évolutivité concerne la faculté de tenir compte des changements dans les systèmes locaux, c'est à dire maîtriser la mise à jour, le retrait et l'ajout de systèmes d'information automatisés. Les changements sont identifiés à deux niveaux [GOH97] au niveau de l'organisation (c'est à dire ajout ou retrait d'une source de données) ou au niveau des changements dans les schémas et/ou des sémantiques des systèmes.

L'évolutivité caractérise les changements qui peuvent survenir dans une architecture coopérative (mise à jour, ajout, retrait de sources d'information), en revanche l'évolutivité n'insiste pas sur l'ajout d'un nombre très important de sources d'information. Dans ce cas, on parle plutôt de scalabilité.

- Scalabilité.

En effet, la scalabilité caractérise une augmentation importante du nombre de sources d'information. Ainsi, le nombre de données participant à la coopération augmentant, la conception de schémas intégrés impliquant n schémas différents nécessite de résoudre n^2 possibilités conflictuelles [LIU95]. L'efficacité du système ne doit pas se dégrader lorsque le nombre de sources d'information augmentent.

4. Typologie de l'interopérabilité

De façon générale, on fait référence à l'interopérabilité pour qualifier la capacité de plusieurs systèmes hétérogènes à mettre en commun leurs données et toutes les ressources afin de résoudre les incompatibilités. L'hétérogénéité peut se situer à différents niveaux.

On peut classer l'interopérabilité selon l'hétérogénéité à laquelle elle s'adresse. Le schéma suivant (Figure 1-1) illustre les interopérabilités à partir de la classification de [SHET99].

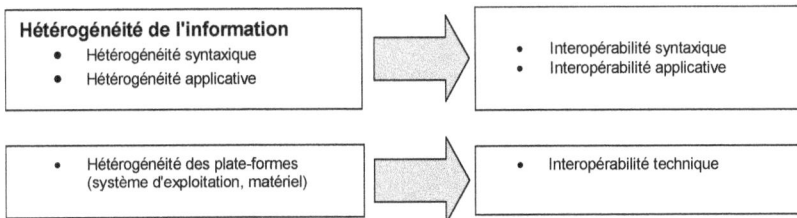

Hétérogénéité de l'information
- Hétérogénéité syntaxique
- Hétérogénéité applicative

- Interopérabilité syntaxique
- Interopérabilité applicative

- Hétérogénéité des plate-formes (système d'exploitation, matériel)

- Interopérabilité technique

Figure 1-1 : hétérogénéité des systèmes d'information

L'hétérogénéité technique caractérise l'hétérogénéité des systèmes d'exploitation, des systèmes matériels et des protocoles standardisés (TCP/IP, HTTP, CORBA, ODBC, etc.).

L'hétérogénéité au niveau de l'information concerne les incompatibilités au niveau syntaxique et applicatif, détaillées dans les sections suivantes.

- **Interopérabilité syntaxique :**

L'hétérogénéité syntaxique concerne la représentation et le format des données.

- L'hétérogénéité **au niveau des modèles de données** correspond aux possibilités de choix entre les différents modèles (relationnel, entité/relation, objet, etc.). Ainsi, le modèle relationnel utilise un schéma relationnel pour modéliser l'information, alors que le modèle réseau utilise un type enregistrement ; le modèle relationnel de base ne propose pas l'héritage contrairement au modèle orienté objet. L'hétérogénéité au niveau des modèles de données peut être résolue par des fonctions des mécanismes de traduction ou par l'utilisation d'un modèle de données commun.

- L'hétérogénéité **au niveau des langages de requêtes** correspond aux différences entre les langages (QUEL, SQL, OQL, etc.) et entre les différentes versions d'un même langage. Des efforts de standardisation sont développés pour obtenir un langage uniforme d'interface.

- **Interopérabilité applicative :**

- L'hétérogénéité **schématique** intervient au niveau des schémas, sur les concepts du modèle de données.

- L'hétérogénéité **structurelle** concerne la façon dont les données sont organisées. Il s'agit des différences structurelles en ce qui concerne chaque modèle de données. Si les éléments ont la même signification, sont modélisés avec le même modèle de données et sont schématiquement homogènes, ils peuvent être structurés différemment (classification différentes des objets).

- L'hétérogénéité **sémantique** intervient quand les différents sites ne sont pas en accord sur la signification des données, c'est-à-dire que les données peuvent être interprétées différemment. Breitbart [BREI90a] recense les cas de polysémie et synonymie des données, les conflits de représentation, les différences dans la structure des informations provenant des bases locales, des conflits d'échelle ou d'unité de mesure, des valeurs manquantes ou conflictuelles pour des entités sémantiquement équivalentes.

Cette dernière est l'interopérabilité la plus difficile à résoudre. Selon [THUR97], l'hétérogénéité sémantique peut être traitée :

- en standardisant les différents éléments de données,

- en construisant des entrepôts de données qui stockent les différentes interprétations d'une même donnée. Les entrepôts sont construits pour relier les différents noms qui peuvent être donnés à un objet. Ainsi un objet avec un nom A peut aussi être référencé par X, Y, Z sur d'autres sites,

- en proposant une approche mixte combinant standardisation et entrepôt de données,

- en proposant des logiques appropriées pour capturer les différentes sémantiques.

L'interopérabilité applicative conduit à de nombreux conflits qui sont détaillés de façon plus précise dans la partie suivante.

5. Les types de conflits

A partir des travaux de [SHET92] [GOH97], nous définissons plus précisément les types de conflits qu'on peut rencontrer pour l'interopérabilité de bases de données (présentés Figure 1-2).

5.1. Les conflits schématiques

Les conflits de schéma correspondent :

à des différences au niveau des schémas eux mêmes.

- **Conflit d'attribut de valeur de données** : le conflit survient quand la valeur d'un attribut dans une base de données correspond au nom d'un attribut dans une autre base de données.

- **Conflit d'entité d'attribut** : le conflit d'entité d'attribut survient quand la même entité est modélisée comme un attribut dans une base de données et comme une relation dans une autre base de données.

27

Par exemple, dans une première base de données (BD1), la relation r est composée de l'attribut de nom a1. Dans une seconde base de données (BD2) se trouve une relation de nom a1.

- Conflit d'entité de valeur de données : le conflit survient quand la valeur d'un attribut dans une base de données correspond à une relation dans une autre base de données.

Par exemple, dans une première base de données (BD1), la valeur de l'attribut a1 correspond à la relation de nom a1 dans la BD2.

* à des différences de représentation d'une même entité dans deux schémas.

- Conflits de type : il s'agit d'une différence au niveau de la définition d'un type pour une valeur. Par exemple, les dates peuvent être représentées sous la forme d'une chaîne de caractères (17 août 2002) dans un système ou sous la forme de champ numérique (17 08 02) dans un autre système.

- Conflits de description : ils concernent des descriptions différentes d'un même attribut. Un même attribut peut être décrit par des types différents (en signification et en nombre de caractéristiques). Par exemple, l'attribut date peut être représenté par simplement l'année ou une date complète.

5.2. Les conflits structurels

Les principaux conflits structurels sont les conflits d'agrégation et de généralisation.

- Conflits d'agrégation : ils concernent le choix d'organisation des données en tant qu'attribut ou en tant que classe. Ainsi par exemple, les directeurs d'entreprise peuvent être modélisés par une classe *directeur* alors que dans un autre système, ils peuvent être décrits comme des attributs de la classe *entreprise*.

- Conflits de généralisation : ils font référence à la façon dont les données sont classées entre elles les unes par rapport aux autres selon les bases de données. Ces conflits concernent les différences au niveau des relations de spécialisation/généralisation qui sont définies. Ainsi un système modélise les entités *Ingénieurs/ Ouvrier/ Directeur* alors qu'un autre système modélisera *Employé (numéro, type)* qui regroupera tous les types d'employés.

5.3. Les conflits sémantiques

Les conflits sémantiques surviennent quand il y a des interprétations différentes selon les termes utilisés au sein des diverses sources d'information (hétérogénéité de vocabulaire), même si les schémas des bases de données correspondantes sont semblables. De même, les ambiguïtés issues de la phase de modélisation (unité, mesure, échelle) se traduisent par des conflits sémantiques (hétérogénéité de codage).

- Les **Conflits de nommage** sont liés aux différences de vocabulaire entre les systèmes. On distingue les conflits de synonymie et d'homonymie.

- **Synonymie** : deux entités qui se ressemblent sémantiquement peuvent avoir différents noms (par exemple, attribut numéro Sécurité Sociale et attribut numéro Insee).

- **Homonymie[2]** : deux entités qui sont différents sémantiquement peuvent avoir le même nom (numéro_ id pour les attributs Etudiant et Livre de deux bases de données distinctes).

- Les **Conflits de valeur** sont liés aux différentes façons de coder l'information d'un système à l'autre. Plusieurs conflits de valeur sont recensés :

- **Conflits de représentation des données** : deux attributs qui se ressemblent sémantiquement peuvent être représentés selon deux valeurs différentes dans deux systèmes. Par exemple, l'attribut *permis de conduire* peut être représenté par les valeurs " oui/non " dans un système ou par les valeurs " 1/0 " dans un autre système.

---

[2] La définition d'homonymie fait référence aux travaux en lexicologie. Le terme homonymie est utilisé pour désigner deux formes identiques sans aucune relation sémantique. Si les deux formes ont la même prononciation mais pas la même orthographe, on parle d'homophonie.

- **Conflits de précision des données** : deux attributs qui sont sémantiquement similaires peuvent être représentés selon des précisions différentes (par exemple au niveau des notes qui peuvent être représentées par des lettres A,B,C,D ou par des chiffres de 1 à 20).

- **Conflits d'échelle** : deux attributs qui se ressemblent sémantiquement peuvent être représentés selon différentes unités ou mesures. Par exemple, l'unité de mesure peut être la livre ou le kilo.

5.4. Les conflits intentionnels

Ces conflits mis en évidence dans [GOH97] font référence aux différences de contenu informationnel présent dans les sources d'information ou attendu par l'utilisateur.

- **Conflits de domaine** : ils font référence aux désaccords entre les domaines, c'est à dire l'univers du discours modélisé selon chaque système. Par exemple, deux sources qui ont pour but de fournir un résultat financier des compagnies américaines. Une des sources fournit "toutes les fortunes des 500 compagnies américaines du secteur manufacturier". L'autre source liste "toutes les compagnies selon les échanges de stocks américains dont le total avoisine les deux millions de dollars". Les deux éléments peuvent être identiques, disjoints ou bien un des éléments peut englober l'autre.

- **Conflits de contraintes d'intégrité** : ils concernent les disparités existantes entre les contraintes d'intégrité selon les systèmes. Par exemple la contrainte d'intégrité sur la majorité peut être inférieure à 18 ans ou inférieure à 21 ans suivant la provenance des systèmes.

- **Conflits sur des données manquantes** : d'une base à l'autre, une entité apparemment équivalente à une autre peut ne pas disposer de certaines données. Par exemple l'attribut *étudiant* (qui contient l'information selon le type d'étudiant : gradué ou non) dispose de plus d'information que l'attribut *étudiantgradué* provenant d'une autre base.

Figure 1-2 : une taxonomie des conflits

Ces conflits ont été ciblés distinctement selon les générations de projets de recherche. Le type d'interopérabilité a ainsi progressivement évolué.

6. Evolution de l'interopérabilité

Sheth différencie plusieurs générations de solutions selon l'interopérabilité ciblée et les progrès dans le domaine des systèmes d'information [SHET99]. Au milieu des années 1970, l'hétérogénéité des systèmes d'exploitation commence à être traiter. Ensuite, dès la fin des années 1980, des solutions visent à résoudre l'hétérogénéité des modèles de données pour l'interopérabilité des SGBD [SHET99]. Les différences entre les systèmes sont ciblées mais également certaines différences syntaxiques et schématiques. Plus précisément, les différences posant problème se situent au niveau des contraintes, des langages de requêtes, et des différences dans les aspects systèmes du SGBD (primitives de gestion de transactions,

31

techniques, besoin du logiciel et capacité de communication). Les travaux les plus représentatifs de cette période sont les travaux de Litwin sur les multi-bases [LITW90] et de Heimberger, Mac Leod, Sheth et Larson sur les systèmes de bases de données fédérées [HEIM85] [SHET90]. Les prototypes illustrant cette période sont Multibase [LAND82] [DAYA83], Mermaid [TEMP86] [TEMP87], ADDS [BREI84], MRSDM [LITW90], Myriad [CLEM93], Omnibase [RUSI88]. Les succès commerciaux sont peu nombreux : Ingres/ Star, UniSLQ/M, Sybase [HURS94].

Différentes organisations sont proposées afin de classer les projets de coopération de systèmes d'information, [BOUG98] [HURS94] [BUSS99]. Dans ce travail, nous choisissons d'organiser les architectures de coopération de bases de données selon deux catégories, en choisissant une approche plutôt historique qui distingue deux grandes familles de projets : les systèmes de la première génération présentés ci dessous et les systèmes de la seconde génération qui feront l'objet du Chapitre 2.

Les systèmes de la première génération comprennent les systèmes de bases de données fédérées (approche fédérée de [SHET90]) et les systèmes à base de langage multi-bases (approche multi-bases de [LITW90]). Autrefois classées comme deux catégories distinctes, ces deux approches sont actuellement vues comme issues de deux courants historiques que l'on peut regrouper en un seul réuni sous l'appellation d'approche fédérée, puisqu'une multi-bases est considérée comme l'architecture à couplage le plus lâche parmi les propositions de fédération [SHET90].

L'objectif de ces systèmes est de supprimer le recours à une intégration de schéma global. Les approches fédérées correspondent à une relative intégration de bases de données existantes sans recourir à un schéma global complet, mais avec plusieurs schémas partiels pour l'échange coopératif d'information [SHET90]. L'objectif est de respecter les principes d'autonomie, de distribution et d'hétérogénéité [SHET90]. Chaque base de données locales a plus de contrôle sur l'information à partager. Une base locale peut ainsi continuer ses opérations locales tout en participant à la fédération.

L'architecture fédérée de référence [SHET90] présente cinq niveaux :
- le *schéma local* est le représentant des bases locales dans la fédération. Il respecte le modèle de données de la base de données participante,

- les *schémas composants* sont définis en les dérivant des schémas locaux. Il s'agit de transformer le schéma local en schéma composant à l'aide d'un modèle canonique. La traduction dans un modèle commun permet de résoudre les conflits de modèles,

- un *schéma d'export* est une portion (vue) d'un schéma composant et spécifie les données qui seront accessibles par les autres systèmes participant à la fédération,

- une intégration des schémas exportés permet la construction de ce qu'on appelle les *schémas fédérés* qui sont adaptés aux besoins de la catégorie d'utilisateurs. Ils contiennent le chemin d'accès aux bases locales pour permettre le traitement des requêtes,

- les *schémas externes* sont des vues des schémas fédérés, propres aux utilisateurs.

Les quatre derniers niveaux utilisent un modèle canonique. Historiquement, il s'agissait du modèle relationnel, puis Entité/Association et enfin le modèle objet s'est imposé par sa richesse de description [SALT91] :

- le modèle objet homogénéise la représentation des structures et apporte ses capacités d'abstraction, de représentation d'entités complexes et un comportement dynamique,

- le masquage de l'hétérogénéité et l'autonomie sont bien effectués par l'approche objet par le biais de l'envoi de messages et de la définition d'interfaces.

Un *dictionnaire global* stocke les éléments nécessaires (description de la fédération, stockage d'information sur l'interface, définition des liens inter-bases) afin d'assurer l'intégrité des données accessibles lors de la fédération.

Le terme "système fédéré" a été progressivement utilisé sous des acceptions différentes. Heimbigner et Mac Leod [HEIM85] ne classent dans les systèmes fédérés que les systèmes faiblement couplés, Sheth et Larson [SHET90] distinguent les systèmes fortement couplés et faiblement couplés et Busse et al [BUSS99] ne considèrent dans cette catégorie que les systèmes fortement couplés. Cependant, l'approche la plus répandue correspond à maintenir la distinction entre couplage lâche et couplage serré. La quantité d'informations à intégrer est variable car elle dépend des besoins des utilisateurs des systèmes de bases de données fédérées. Ainsi, les architectures de fédération sont classées selon un couplage qui peut varier de "serré" à "lâche".

- Systèmes fortement couplés.

Dans les systèmes à couplage fort, la fédération est maintenue par les administrateurs de la fédération qui ont la charge de la résolution des conflits de données. Ils ont plein pouvoir pour la création et la maintenance des schémas fédérés et l'accès aux schémas exportés. Le schéma fédéré fourni aux utilisateurs, correspond à une fusion de tous les schémas des sites locaux. Les requêtes des utilisateurs se font par rapport au schéma fédéré. L'objectif est d'obtenir la transparence de la localisation et de la distribution des données. Par contre, les inconvénients se situent à différents niveaux :

- l'intégration des schémas par les administrateurs nécessite une parfaite connaissance des schémas locaux (définition de tout le mapping et résolution des conflits sémantiques par les administrateurs),

- le schéma fédéré une fois créé est statique donc rarement modifié (utilisé en consultation),

- l'autonomie des composants locaux n'est pas respectée dans le cas où les administrateurs du système fédéré lors de la négociation avec les administrateurs des composants locaux accéderaient aux schémas de ces composants locaux [BOUG98].

Parmi les projets illustrant cette approche, nous pouvons citer le projet Mermaid [TEMP86] [TEMP87], le projet Multibase [LAND82] [DAYA83], le projet ADDS (Amoco Distributed Database System) [BREI84] et le projet Mind [DOGA95] [DOGA96] .

- Systèmes faiblement couplés.

La fédération est créée et maintenue par les utilisateurs. Plutôt que la résolution des conflits a priori, la détection et la résolution sont gérées par les utilisateurs eux-mêmes. Le schéma fédéré correspond à une intégration d'un sous-ensemble des schémas locaux. Il peut être créé au niveau des sites locaux. Les avantages se situent dans la possibilité de traiter les changements de composants ou de schémas exportés de meilleure façon que dans une architecture à couplage serré car les schémas fédérés sont dynamiques. Les problèmes surviennent lors de l'accès simultané à la même information par des utilisateurs qui créent leurs propres vues sans avoir été avertis de l'accès à ces mêmes vues par d'autres utilisateurs. Les projets Myriad [CLEM93], Omnibase [RUSI88] et Pegasus [AHME91] [ALBE93] illustrent cette approche.

Les **systèmes à base de langage multi-bases** sont des systèmes à couplage lâche. En comparaison avec les autres systèmes de l'approche fédérée, ils présentent l'avantage de gérer la scalabilité mais l'inconvénient de ne pas maintenir la transparence de la localisation des données pour l'utilisateur.

Cette approche est destinée aux utilisateurs de systèmes multi-bases qui n'utilisent pas de schéma partiel ou global pré-défini. Les SGBD hétérogènes locaux sont intégrés sans modifications. L'objectif est de permettre l'exécution des requêtes impliquant plusieurs bases de données en même temps en se basant sur un langage de type SQL enrichi de capacités d'accès simultanés à plusieurs bases de données. Un nom de base permet à l'utilisateur de s'adresser précisément à chacune des bases et les requêtes multi-bases sont ainsi décomposables.

Le système MRDSM et son langage MSQL illustrent cette approche [LITW90] [LITW94]. Le modèle relationnel est utilisé comme modèle de données commun. Les dépendances inter-bases respectant les contraintes d'intégrité et la sémantique des données sont spécifiées dans les schémas de dépendances.

Le langage MSQL supporte des requêtes multi-bases simples. Il permet les mises à jour inter-bases et gère les redondances entre les noms de relation et les noms de base. Le traitement de la requête est pris en charge par un décomposeur multi-bases. Ce décomposeur agit en fonction de la requête : une requête simple est redirigée vers la base correspondante, une requête multi-bases est décomposée en requêtes élémentaires qui sont adressées aux bases locales respectives.

Une des principales critiques de cette approche correspond au manque de transparence de la localisation et de la distribution des données pour les utilisateurs [BREI90b]. En effet, les utilisateurs sont en charge de trouver l'information dans un ensemble de bases de données. La résolution et la détection des conflits sémantiques sont aussi à la charge de l'utilisateur. Pour cela, le langage multi-bases fournit des opérateurs relationnels aidant les utilisateurs à la résolution de conflits. Ainsi, la notion d'*attributs dynamiques* dans MSQL est utilisée pour convertir des données hétérogènes grâce à leur valeur dans un type défini par l'utilisateur (la notion de *variable sémantique* permet l'identification des relations contenant des données sémantiquement équivalentes).

En revanche, outre la forte autonomie des bases locales hétérogènes, cette approche présente l'avantage de tenir compte de l'évolution de la fédération de meilleure façon que pour les systèmes à couplage fort. En effet le niveau d'intégration varie selon le développement des liens inter-bases.

Suite à ces systèmes dit de première génération, durant les années 1990, l'émergence des middlewares (DCOM, CORBA) apportent des solutions pour l'interopérabilité des applications et des données. Progressivement, le besoin d'interopérabilité évolue vers l'échange de connaissances et d'informations (fin des années 1990), on tend progressivement vers l'interopérabilité sémantique.

Les années 90-95 correspondent à la croissance de la variété des données (qui va des bases de données structurées, jusqu'aux données semi-structurées et aux médias visuels) et leurs répartitions sur le Web. Les objectifs sont alors de :

- fournir la technologie pour traiter l'hétérogénéité des systèmes et des données,

- supporter la diversité des données, qu'elles soient structurées (bases de données), semi-structurées (pages HTML), non structurées (données de vidéo, texte libre, image),

- utiliser des méta-données pour l'interopérabilité,

- utiliser la représentation de connaissances pour supporter les différences de terminologie.

Durant cette période, le développement de la standardisation a permis une importante avancée au niveau des objectifs d'interopérabilité structurelle, sémantique et système. Ces standards permettent de résoudre une partie de l'hétérogénéité entre les systèmes :

- le protocole TCP/IP est devenu un standard de bas niveau pour la transmission de paquets de données à travers un réseau,

- les autres protocoles tels que CORBA/IIOP, JAVA/RMI, COM/DCOM, COM+ supportent la transmission des objets entre les applications distribuées,

- HTML assure le transport de données sur Internet et XML est un langage de balise qui assure en plus le transport des traitements (HTML définit le format de mise en page d'un document/ XML en définit la structure, le contenu),

- JDBC et ODBC sont des standards pour la connexion des bases de données,

- KQML et KIF sont des langages pour l'échange de connaissances entre les agents.

Les systèmes suivants Sims [AREN93], Tsimmis [CHAW94], Infosleuth [BAYA97], etc. illustrant cette génération proposent l'accès aux sources d'information hétérogènes et distribuées.

Avec le passage progressif de la gestion des données vers la gestion de l'information et de la connaissance, la nécessité de réaliser l'interopérabilité sémantique devient de plus en plus cruciale [KASH00]. Les travaux les plus récents s'orientent complètement vers l'interopérabilité sémantique qui doit supporter des requêtes d'information de haut niveau, fonction du contexte. L'interopérabilité sémantique utilise les notions de contexte (domaine d'application), de méta-données et d'ontologie [KASH98]. La plupart des solutions reposent sur des architectures de type wrapper/mediateur (le wrapper assurant un accès à la base de données locales, le médiateur exploitant la connaissance provenant de ces sources).

Le tableau suivant (cf. Tableau 1) présente un aperçu de l'évolution des objectifs des différentes générations en fonction de plusieurs critères à partir de [SHET99].

Période	Années 80	Années 90	Années 2000
Niveau d'interopérabilité	Système, données	Système, données, information	Système, données, information, connaissances
Type d'interopérabilité	Système et certains aspects syntaxiques (modèle de données)	Syntaxique (langage de requêtes, modèle de données) Schématique	Sémantique
Architecture interopérable	Approche fédérée	Approche de type médiateur/wrapper Approche fédérée	Approche de type médiateur/wrapper
Standards, outils	TCP/IP	CORBA, HTTP, TCP/IP	XML, web, Java
Type de données	Structurées, fichier	Semi-structurées	Non stucturées
Prototype de recherche	ADDS, Myriad, Mermaid, Multibase, Omnibase	Information Manifold, Infosleuth, Tsimmis, sims, etc.	Picsel, Observer, etc.

Tableau 1 : objectifs des différentes générations de solutions

Conclusion du chapitre 1

Ce chapitre a permis d'aborder le domaine des systèmes d'information coopératifs en mettant en évidence les conflits qui en découlent et de présenter les premières solutions de systèmes d'information coopératifs : les systèmes de bases de données fédérées.

La résolution de conflits dans ces systèmes est dans la majorité des cas de nature syntaxique et schématique. Par conséquent, ces projets disposent de peu de connaissances sémantiques et n'ont, de fait, pas pour objectif principal l'hétérogénéité sémantique.

La construction et la maintenance des systèmes de bases de données fédérés se heurtent à la grande quantité de sources d'information en permanente évolution. Ces systèmes sont utilisés principalement en mode consultation et entraînent des difficultés lors des mises à jour (difficulté de gérer l'ajout ou la suppression de sources appartenant à la fédération). Les principales limites de ces approches résident donc dans la nature relativement statique de l'intégration (évolutivité) et dans la difficulté à gérer de nombreux systèmes d'information (scalabilité).

Les systèmes appartenant à la seconde génération (les systèmes de courtage de l'information) mettent l'accent sur la médiation de l'information. Ils conservent les avantages des approches décrites précédemment - la transparence de localisation caractérisant l'approche fédérée et la flexibilité proposée par l'approche à base de langage multi-bases - et proposent de surcroît une approche plus dynamique avec des objectifs d'évolutivité et de scalabilité des systèmes. De plus, le niveau d'interopérabilité est orienté vers la sémantique des données.

Dans le chapitre 2, nous décrirons dans un premier temps les systèmes de courtage de l'information avant d'en présenter une synthèse comparative qui aboutira à la présentation des objectifs de ce travail doctoral.

Chapitre 2

Etat de l'art sur les Systèmes d'Information

Coopératifs

Ce chapitre propose un état de l'art des systèmes à base de courtage de l'information dont un des objectifs principaux est le traitement de la scalabilité et de l'évolutivité. Ces systèmes combinent différentes techniques pour la coopération schématique et sémantique : la médiation, les agents et le choix d'un mode de représentation de la sémantique des données (section 1). Ensuite, les travaux du domaine les plus significatifs sont présentés en section 2. Après la synthèse de ces solutions en section 3, notre approche sera décrite en section 4.

1. Les systèmes de courtage de l'information

Les systèmes les plus récents font appel aux techniques de courtage de l'information pour faire face aux problèmes liés à la quantité de données disponibles sur Internet et plus particulièrement pour apporter des solutions à la récupération et au partage de données. Ces techniques réunissent les requêtes des clients aux fournisseurs potentiels et requièrent des outils pour l'interprétation des requêtes, la décomposition, la médiation, le formatage et la combinaison des résultats provenant de sources d'information hétérogènes (conversion de données, réconciliation sémantique et syntaxique, intégration d'informations distribuées). Les systèmes mettant en œuvre ces techniques de courtage d'information ont été expérimentés ces dernières années. Ils ont recours à différentes technologies qui peuvent être combinées pour en accroître l'efficacité [THUR97] : la médiation, les agents et une représentation de la sémantique basée sur des méta-données, des ontologies ou des contextes.

1.1. La médiation

Les systèmes les plus représentatifs de cette période utilisent la médiation (cf. Figure 2-1). Les médiateurs et les wrappers en sont les deux composants : les médiateurs localisent l'information et dirigent celle-ci vers les wrappers qui servent d'interface avec les SI. Tandis que l'architecture de bases de données fédérées met en évidence la représentation des données à travers différents types de schéma, l'intérêt de l'architecture à base de médiateur porte sur des modules logiciels qui exécutent des activités à valeur ajoutée [KASH00]. Si on compare avec l'architecture fédérée, un wrapper peut être considéré comme une généralisation du processus de transformation entre schémas composants et schémas locaux. Le médiateur peut être considéré comme une forme généralisée du processus de construction entre schémas fédérés et schémas exportés.

Pour dépasser les problèmes d'interopérabilité qui nécessitent des principes de transformation, traduction et négociation, on utilise des **wrappers** (que l'on qualifie aussi d'adaptateurs, de traducteurs) encapsulant des sources de données [HAMM97]. Le wrapper est un traducteur qui assure un accès aux données locales d'une base en traduisant les requêtes et les messages dans un format compréhensible pour les bases de données. Dans la plupart des cas, les systèmes ont un agent wrapper pour chaque source de données [CHAW94] [GENE97a].

Les **médiateurs** définis par Wiederhold exploitent la connaissance provenant des sources hétérogènes pour répondre à des requêtes [WIED92] [WIED95]. La médiation est le moyen principal pour résoudre les problèmes d'interopérabilité sémantique et tient compte de l'autonomie et de la diversité des sources [WIED94]. Dans le prolongement, [CHAW94] propose l'utilisation du médiateur pour raffiner l'information provenant de différentes sources. Un médiateur fournit *une interface transparente aux sources de données hétérogènes*. Il décompose les requêtes en sous-requêtes, traduit ces sous-requêtes en schéma compréhensible par les sources d'information, les distribue et récupère les réponses.

Pour résumer, les wrappers résolvent les conflits syntaxiques et les médiateurs résolvent tout ou une partie des conflits schématiques et sémantiques.

Lors de l'arrivée d'une nouvelle source de données, un wrapper est développé et est ensuite enregistré auprès du médiateur. Lorsque l'application soumet une requête, elle est optimisée par le médiateur et est exécutée. Le moteur d'exécution du médiateur envoie des sous-requêtes aux sources de données par l'intermédiaire des wrappers. Chaque sous-requête envoyée par le médiateur est transformée par le wrapper en une requête au format de la source de données. La réponse de la source est ensuite transformée par le wrapper au format du médiateur. Le médiateur rassemble ensuite les résultats fournis par toutes les sources de données impliquées dans la requête, les combine et compose la réponse qu'il renvoie à l'application.

Un **modèle commun** qui décrit les données permet d'éliminer les conflits syntaxiques. La plus souvent, ce modèle commun est le modèle de l'ODMG [HAMM97] [LIU95]. Un **langage de requête commun** est également utilisé.

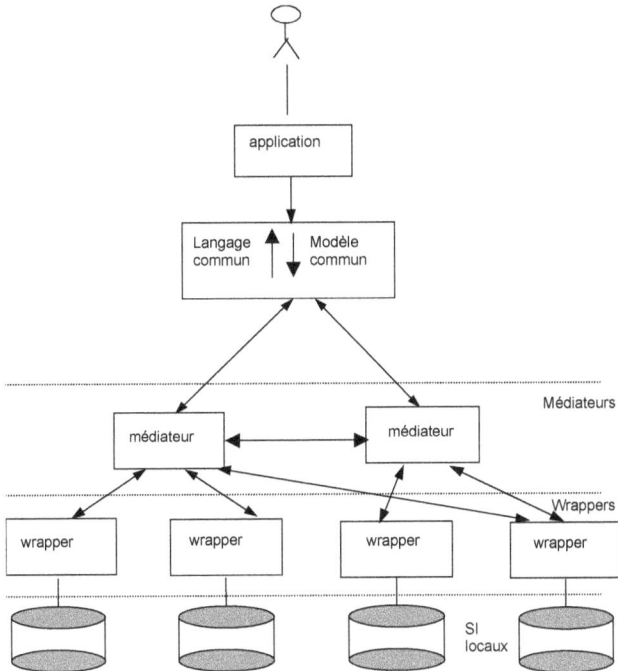

Figure 2-1 : architecture de médiation de schéma

1.2. Les agents

Les nombreuses caractéristiques des systèmes multi-agents les rendent appropriés pour l'implantation des techniques de courtage de l'information.

Les approches basées sur les agents ont été proposées pour la découverte et la gestion d'information sur Internet [KLUS99] [KASH00]. Les agents (entités pro-actives, communicantes et autonomes) sont adaptés à la résolution des problèmes de coopération grâce à la distribution des connaissances et des tâches. Dans l'objectif de permettre l'interopérabilité sémantique et le courtage de l'information, les fonctionnalités des agents doivent :

- prendre en compte la sémantique des données,

- demander l'information indépendamment du type de données, de la structure, du format et de la localisation des données,

- permettre l'interopérabilité à travers des terminologies multiples ou des ontologies de domaine spécifiques.

Les nombreux intérêts de l'agent à la coopération de systèmes d'informations, ainsi que définitions et positionnement font l'objet d'un chapitre complet (Chapitre 3). Ils sont présentés dans cette section de façon succincte car ils sont utilisés en tant que critère sélectif lors de la comparaison des différents projets de l'état de l'art.

1.3. La représentation de la sémantique

Les hétérogénéités sémantiques peuvent être résolues de deux façons : suivant un mode statique ou dynamique.

- **Un mode statique** : les hétérogénéités sont résolues par un intégrateur de système (le médiateur par exemple) quand un nouveau composant de sources de données est ajouté. La sémantique est alors connue et intégrée dans un schéma de coopération.

- **Un mode dynamique** : les hétérogénéités sont résolues lors de l'exécution de la requête par rapprochement entre des objets hétérogènes et par l'utilisateur in-fine (processus de recherche dynamique de l'information grâce à des informations sémantiques). La plupart des systèmes récents propose un mode dynamique. La sémantique des données est représentée de façon explicite grâce à des outils tels que le contexte, les méta-données ou les ontologies [KASH98].

La représentation des données et de leur sémantique permettra d'identifier les similitudes entre les informations recherchées dans le cadre de la coopération.

1.3.1. Les contextes

Il s'agit d'associer un contexte à un objet qui permet ainsi d'en saisir la sémantique. Un contexte spécifie un ensemble de connaissances sur la structure, les valeurs ou les fonctionnalités de l'objet. Il peut être représenté grâce à des formules logiques, une logique terminologique ou un modèle orienté-objet. Par exemple, comprendre le contexte permet de savoir si le terme *Cricket* concerne un insecte ou un sport [SHET99]. Le contexte est le plus souvent utilisé avec les autres outils permettant de représenter la sémantique (méta-données et ontologie).

1.3.2. Les méta-données

Plus que "des données sur les données" [SHET99], ce sont des informations sur le stockage et la gestion des données qui sont significatives d'une sémantique partielle sur l'application de ces données. Elles décrivent le contenu de l'information des bases de données (ou bien en être un résumé) et peuvent être représentées de différentes manières, sous la forme d'informations littérales ou d'un ensemble d'attributs qui décrivent les propriétés d'un élément (ou les deux à la fois). Les langages pour décrire les méta-données sont déclaratifs et les représentent comme des ensembles de propriétés et de valeurs [KASH00]. Par exemple, XML (Extensible Markup Language) et RDF (Resource Description Format) [LASS98] sont des langages qui décrivent les méta-données. Ils ont été proposés pour décrire les documents sur le web. Ce sont deux langages complémentaires : XML fournit un ensemble de balises sémantiques pour décrire les données et peut être utilisé pour les descriptions de méta-données. RDF est utilisé pour la description des données au niveau sémantique. L'utilisation des méta-données se situe dans le contexte de la recherche et l'accès à l'information.

1.3.3. Les ontologies

Il s'agit d'un vocabulaire spécifique permettant de décrire certains aspects de la réalité et un ensemble d'hypothèses explicites concernant la signification du vocabulaire [GRUB91] [GUAR98]. Gruber définit l'ontologie comme une spécification d'une conceptualisation [GRUB93], la conceptualisation étant considérée comme un ensemble de concepts, de relations, d'objets et de contraintes qui définissent un modèle sémantique d'un domaine particulier. Dans le cadre du contexte du partage de connaissances, les ontologies sont spécifiées sous la forme d'une définition du vocabulaire de représentation. Un cas d'utilisation simple correspond à un type de hiérarchie spécifiant les classes et les relations entre ces classes. Un schéma de bases de données relationnelles peut aussi servir d'ontologie en spécifiant les relations qui peuvent exister dans la base de données et les contraintes d'intégrité correspondantes (*Tom Kruber, 1994, SRKB Mailing List*) cité dans Guarino [GUAR97].

43

A partir de là, Guarino donne la définition suivante : une ontologie est une description partielle et explicite d'une conceptualisation. Le terme ontologie que nous employons dans un contexte précis adapté au domaine de la coopération de systèmes d'information revêt une signification d'universalité et de persistance dès lors que l'on se réfère au sens originel philosophique[3].

A partir des définitions de références de Gruber et Guarino, d'autres définitions ont été utilisées dans le cadre de projets orientés médiation, systèmes d'information coopératifs.

Une ontologie est une description des concepts et des relations qui peuvent exister pour un agent ou une communauté d'agent. Les termes d'un vocabulaire liés entre eux par des relations sémantiques (synonymies, polysémie, etc.) constituent l'ontologie [MENA01].

Au sein de l'ensemble des classifications, tels que mots-clés, thésaurus ou taxinomies, les ontologies fournissent des modèles du domaine précis et complet [HUHN97] qui permettent de résoudre les différences de vocabulaire entre les systèmes. Les utilisateurs formulent des requêtes à travers les ontologies.

Les ontologies jouent un rôle important dans les nouvelles générations de systèmes d'information et de bases de connaissances. Les travaux de Gandon et al [GAND02] ont mis en évidence l'importance d'une ontologie commune et partagée et sa position centrale dans un système multi-agents dont l'objectif est la gestion de la mémoire d'entreprise.

On peut classer les ontologies selon deux catégories.

- Les ontologies globales qui représente l'information d'un ensemble de domaines. Un exemple significatif d'une ontologie globale est l'ontologie Cyc [LENA90]) qui est composé d'environ 30000 objets. Le mapping entre les ressources individuelles et l'ontologie globale est accomplie par un ensemble d'axiomes qui sont utilisés pour transformer les entités des sources d'information vers les concepts dans l'ontologie existante Cyc [COLL91]. Un autre exemple est Dublin Core[4] qui correspond à une définition des différents éléments clés des méta-données nécessaire à l'identification d'une ressource en contenant quinze éléments de description relatifs au contenu (nom, identifiant, version, etc.). Dublin Core est devenu la plus importante norme de description simple de ressources d'information électronique

---

[3] Ce travail autour du sens de la notion d'ontologie ne rentrait pas dans le cadre de notre travail mais pourrait faire l'objet de perspectives futures.

[4] http://dublincore.org

internationales, utilisée par de nombreuses collectivités (les bibliothèques, les milieux culturels, la collectivité informatique, etc.).

- **Les ontologies de domaine** [AREN93] qui sont liées à un domaine particulier. Il s'agit d'une description de l'information de base dans un domaine d'application ainsi que les relations sémantiques reliant ces informations. L'utilisateur formule des requêtes correspondant au domaine. L'ontologie représente précisément une description de concepts et de relations qui peuvent exister entre les concepts dans un domaine d'application donnée [GRUB95].

Afin de décrire les ontologies, on utilise des langages de type logique déductive ou terminologique, parmi les plus utilisés, citons Ontolingua, KIF [GENE92] et KL-ONE [BRAC85].

2. Les travaux du domaine

Les projets de systèmes d'information coopératifs que l'on peut qualifier comme étant de la seconde génération [SHET99] sont présentés selon un axe chronologique. Les projets sont les suivants : SIMS, IM, Infomaster, Tsimmis, Dok, Infosleuth, Deca, Coin, Observer, Kraft, Picsel.

2.1. SIMS

Le but de SIMS [AREN93] est de fournir un accès à des sources d'information distribuées et hétérogènes (bases de données, bases de connaissances, programmes, etc.). Un modèle du domaine d'application est créé pour établir un vocabulaire fixé décrivant les objets du domaine, leurs attributs et les relations entre eux (ontologie commune) dans le langage LOOM. Les requêtes sont spécifiées selon les termes définis dans cette ontologie. Pour chaque source d'information : le modèle de données utilisé, le langage de requête, le contenu de la base de données, le comportement et les contraintes sémantiques sont indiqués. La sémantique des sources d'information est liée à celle du modèle du domaine grâce aux "Is-link" qui sont des liens sémantiques entre les classes et les attributs du modèle des sources d'information et ceux du modèle du domaine.
SIMS conçoit un plan de récupération de l'information souhaitée et coordonne les différentes sous-requêtes à envoyer aux sources locales. En utilisant la connaissance sur le contenu des

sources locales, SIMS reformule les sous-requêtes pour minimiser les temps d'exécution. La requête est reformulée en une ou plusieurs sous-requêtes selon les termes du modèle des sources d'information tout en préservant la sémantique initiale grâce à des opérateurs qui transforment la requête selon les termes du domaine des sources locales.

2.2. Information Manifold

Information Manifold [LEVY96] est un système qui fournit un accès uniforme à un ensemble de sources d'information disparates. Il est constitué d'une base de connaissances qui contient un modèle du domaine enrichi des propriétés des sources d'information et notamment du contenu sémantique. *Elle est présentée à l'utilisateur sous la forme d'une vue universelle qui est une collection de relations virtuelles et de classes.* Il y a trois composants principaux :

- le *modèle du domaine* est la base de connaissances qui décrit le contenu des sources d'information, le vocabulaire du domaine et la capacité des requêtes,

- le *générateur de plan* permet l'exécution d'un plan de requêtes basé sur les descriptions des sources d'information. Ainsi une requête utilisateur est spécifiée en utilisant les concepts et les relations du modèle de domaine dans les termes des relations et des vues exportées par les sources d'information,

- le *moteur d'exécution* prend en charge le plan d'exécution à l'aide des programmes d'interface (sorte de wrapper), chaque moteur communiquant avec une source d'information via Internet.

2.3. Infomaster

Le projet **Infomaster** est un système "d'intégration" de l'information qui fournit un accès à de multiples sources d'information hétérogènes sur Internet [GENE97b]. Infomaster se focalise sur les différences de schémas et de terminologies entre les systèmes. Il n'est pas nécessaire que l'utilisateur soit expert pour accéder aux bases de données (couplage lâche). L'élément principal du système est un agent facilitateur dont le rôle est de déterminer dynamiquement la façon de répondre aux requêtes d'un utilisateur avec aussi peu de ressources que possible et qui effectue des traductions pour convertir les sources d'information en un format compréhensible par l'utilisateur. Infomaster traite à la fois des traductions de contenus et de structures et ce, afin de résoudre les différences entre les sources et les applications variées selon les données collectées.

Infomaster se connecte à des bases de données utilisant des wrappers. Des règles et des contraintes sont stockées dans une base de connaissances globale, et décrivent les sources d'information ainsi que les traductions entre ces sources. Les règles sont introduites dans le système par le biais d'une interface graphique utilisateur.

2.4. Tsimmis

L'objectif du projet **Tsimmis** (décrit Figure 2-2) est de développer des outils permettant de faciliter une intégration rapide des sources d'information hétérogènes constituées de données structurées et non structurées [CHAW94] [HAMM97].

L'architecture TSIMMIS repose sur :

- un modèle objet pour l'échange de données qui se nomme OEM (Object Exchange Model),

- un langage de requêtes,

- un langage déclaratif de spécification de médiateurs (MSL – Mediator Specification Language),

- une boîte à outils logiciels pour le développement automatique de médiateurs et de traducteurs.

TSIMMIS est caractérisé par les composants wrappers et médiateurs :

- les *médiateurs* combinent l'information provenant de sources diverses, reformulent les requêtes des utilisateurs dans un format pivot en les adressant aux différentes sources candidates et rapatrient ensuite l'information après filtrage et unification,

- les *wrappers* (ou traducteurs) traduisent les requêtes : ils convertissent les requêtes du langage pivot vers les sources et les résultats provenant de sources vers le langage pivot,

- le *classifieur/extracteur* permet de classifier les objets issus des sources et d'extraire les propriétés clés (date de création, auteur).

Le modèle canonique objet utilisé propose quatre concepts (étiquette, type, valeur, identifiant objet) et se révèle propre à l'échange d'information dans un environnement dynamique et hétérogène.

Tsimmis est bien un système à couplage lâche puisque l'objectif n'est pas d'exécuter une intégration complète qui masque la diversité des utilisateurs mais plutôt de fournir une architecture qui permet d'assister ceux-ci dans le traitement de l'information.

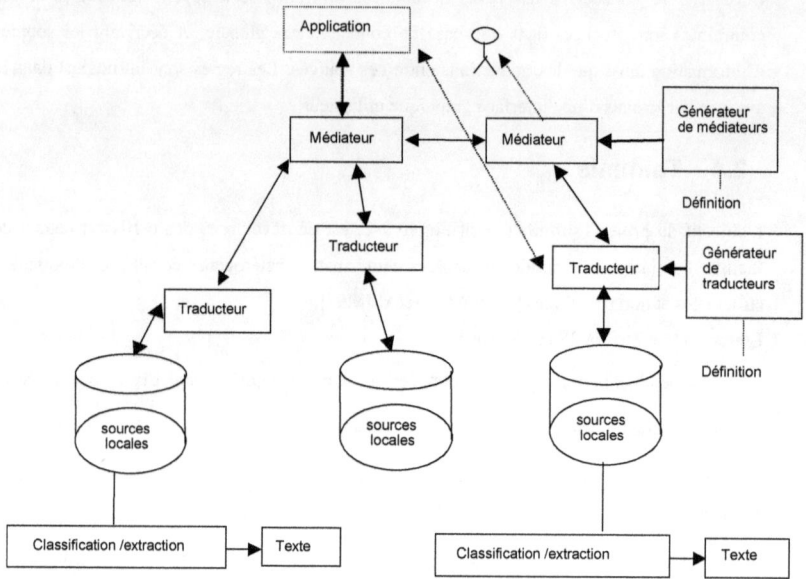

Figure 2-2 : architecture Tsimmis

2.5. DOK

DOK (Distributed Object Kernel) [TARI96] est un système d'information coopératif qui permet l'exécution de requêtes sur plusieurs bases de données hétérogènes. Un modèle objet nommé DOM+ est utilisé par les composants de DOK. Il s'agit d'un modèle objet étendu pour prendre en compte la méta-information qui permet de gérer la sémantique des objets des applications locales. Ce modèle part du principe que les objets physiques sont déjà définis dans les applications locales et qu'ils peuvent être utilisés pour construire des objets beaucoup plus complexes, les objets virtuels. Pour cela, un ensemble de quatre méta-objets sont proposés pour décrire et guider chaque objet virtuel (au niveau de l'état, du comportement et la localisation) dans le système local et global (les objets virtuels sont les spécialisations des méta-objets).

L'architecture DOK est composée d'une couche coordination, d'une couche tâche (coopération), et une couche d'accès à la base de données. Lorsqu'une requête est transmise, les agents de coordination identifient et décomposent en sous-requêtes vers les agents de la couche tâche dont l'objectif est l'optimisation de requêtes, la gestion des transactions et l'accès

48

à l'information souhaitée par le biais de la couche bases de données. Un des agents les plus importants de l'environnement Dok est l'agent Wrapper qui en plus de ses fonctions habituelles (de traduction et de communication entre couche locale et globale) dispose de fonctions avancées telles que :

- des fonctions de ré-ingénierie qui permettent la compréhension et la découverte de la sémantique issue des sources d'information locales hétérogènes,

- des fonctions de sécurité qui permettent de supporter différents niveaux de couplages (fortement vs faiblement couplé),

- des fonctions de sûreté qui fournissent un environnement coopératif fiable pour le partage d'information.

2.6. Infosleuth

Dans le projet **Infosleuth**[5] [NODI00] [FOWL99] [BAYA97] un système basé sur les agents propose une combinaison à couplage lâche de l'information, celle-ci pouvant provenir des systèmes d'information internes aux entreprises et du web. L'architecture d'Infosleuth présentée

Figure 2-3 est constituée d'un ensemble d'agents qui communiquent grâce à KQML et collaborent au traitement de la requête d'un utilisateur. Les requêtes sont exprimées en utilisant des ontologies du domaine via les interfaces utilisateur. Les ontologies représentent des concepts sémantiques et des termes familiers aux utilisateurs dans un domaine précis. Il s'agit de la connaissance sur le domaine qui est spécifiée indépendamment de la structure actuelle des données et de l'information dans le domaine. Ces ontologies sont utilisées par tous les agents. Plusieurs sortes d'information sont représentées dans les ontologies (entités, attributs, relations, classes, sous classes, etc.) [NODI99]

Les requêtes, décrites en KIF (Knowledge Interchange Format) et SQL, sont acheminées au moyen de courtiers vers les agents appropriés pour la recherche et l'intégration des données provenant des sources d'information hétérogènes [NODI98]. Deux types d'agents fournissent le support de base pour permettre aux agents de communiquer :

---

[5] **Infosleuth** se situe dans le prolongement du projet Carnot [WOEL93], projet de bases de données fédérées qui proposait une intégration statique sans traiter l'ajout de nouvelles sources ou le traitement de données incomplètes. Infosleuth utilise la technologie agent, les ontologies du domaine et le courtage d'information pour supporter l'interopérabilité de services et de données sur Internet.

- *l'agent ontologie* maintient une base de connaissances des ontologies de domaine. Il est responsable de la gestion du réseau de concepts qui décrit chaque domaine d'intérêt,

- *l'agent courtier* connaît les compétences et la localisation de tous les agents du système. Il est ainsi responsable de la mise en relation entre les agents fournisseurs et clients.

L'information est traitée par différents types d'agents, qui s'organisent avec l'aide de l'agent ontologie et de l'agent courtier:

- un *agent utilisateur* sert d'interface en aidant les utilisateurs à formuler des requêtes grâce aux ontologies et affiche les résultats dans un format adapté à leurs besoins,

- les *agents ressources* fournissent l'accès aux sources d'information,

- les *agents exécuteurs des tâches* sont en charges de l'exécution et de la coordination des requêtes basées sur les ontologies,

- les *agents moniteurs* sont utilisés pour guider les interactions entre les agents Infosleuth et pour laisser les traces des étapes d'exécution des plans,

- les *agents analyses de données* sont responsables de la décomposition des requêtes en sous-requêtes, l'envoie de ces sous-requêtes aux agents appropriés et le traitement des résultats.

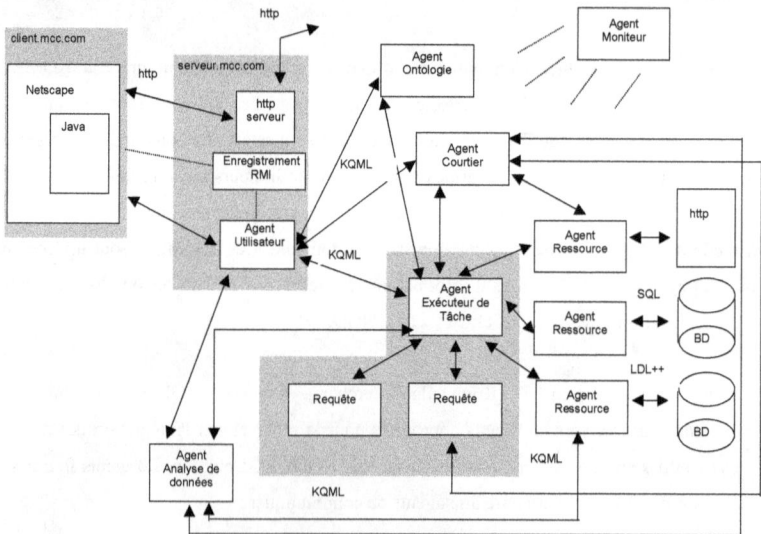

Figure 2-3 : architecture Infosleuth

2.7. Déca

DECA est une architecture multi-agents (Figure 2-4) pour l'interopérabilité des systèmes d'information hétérogènes [BENS98] [BENS00]. Les objectifs sont d'obtenir une interopérabilité syntaxique et une interopérabilité sémantique entre un client et ses fournisseurs, de maintenir une localisation transparente des fournisseurs potentiels et de faire en sorte que plusieurs fournisseurs coopèrent pour résoudre un problème. L'interopérabilité sémantique est basée sur la médiation de contexte. Deux sortes de contextes sont définies.

- Un *contexte de référence* fournit une sémantique globale des objets d'un domaine d'application. Il est décrit par une ontologie commune qui capture la sémantique d'un domaine d'application. Une ontologie est constituée par une hiérarchie de classes appelées classes de médiation (classe objet contenant la définition de la sémantique des valeurs complétées par des méta-information).

- Un *contexte de coopération* est défini pour chaque fournisseur. Il est constitué d'un ensemble des classes de coopération (encapsulation des rôles de médiation, de classes virtuelles, et de transformation de contextes) et a pour objectif de faire correspondre la sémantique globale à la sémantique locale de ses données.

Un modèle objet étendu nommé AMUN est utilisé par les différents agents pour la représentation des schémas importés et pour la représentation partielle des ontologies. Il est proche du modèle objet de l'ODMG et regroupe les notions de classes, attributs simples, attributs complexes, relations et opérations.

Quatre types d'agents collaborent :

- les *agents wrappers* servent d'accès aux sites locaux. Cela se concrétise par des demandes d'exécution de requêtes locales exprimées en OQL,

- la médiation entre les sources de données est réalisée par les *agents de coopération* qui décomposent la requête dynamiquement en sous-requêtes. La décomposition réside dans un principe de réduction de la complexité de la requête en la résolvant partiellement,

- *l'agent ontologie* gère une ontologie commune permettant aux différents agents de dialoguer (vocabulaire commun) qui est composée de concepts ainsi que des informations sur la localisation des agents de coopération qui ont agrée tout ou une partie de ces concepts,

- les *agents interfaces* joue le rôle d'interface entre un agent de coopération et un utilisateur.

Lorsque une requête est soumise, l'agent de coopération sollicite l'agent ontologie pour connaître les agents de coopération qui pourraient participer au traitement de la requête (routage). Chaque agent de coopération traduit la requête dans son propre vocabulaire (traduction sémantique) et détecte s'il peut contribuer au traitement de la requête (pertinence). Dans ce cas, il adoptera le principe de réduction qui consiste à diminuer la complexité de la requête en la résolvant partiellement : il y a une partie résolue (R(Q)) et une partie non résolue (T(Q)). Cette dernière est transmise dans les termes de l'ontologie pour qu'elle puisse être interprétée par les autres agents de coopération. Les résultats envoyés par les différents agents sont rassemblés et envoyés à l'agent interface pour affichage.

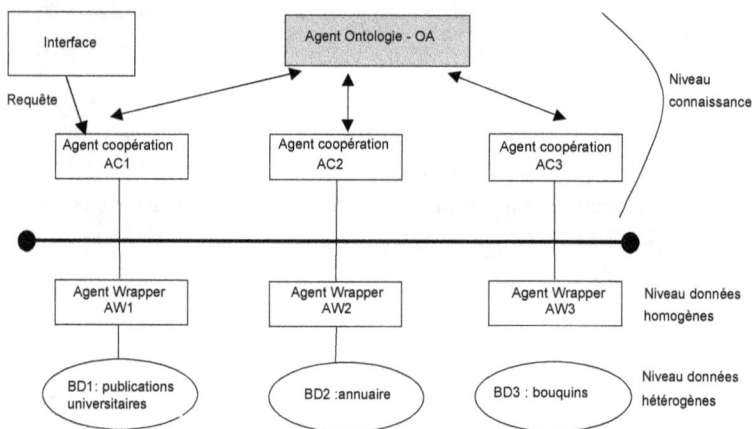

Figure 2-4 : architecture Déca

2.8. Coin

Le projet Coin [GOH97] [BRES00] vise directement la résolution des conflits sémantiques entre plusieurs sources de données hétérogènes (Figure 2-5). Coin combine les avantages de l'approche fortement couplée (architecture pour l'intégration de donnée) et faiblement couplée (une implémentation et une conception modulaire permet de limiter la complexité et de permettre aux sources et aux utilisateurs de rester faiblement couplé entre eux). Les conflits sémantiques sont automatiquement détectés par un médiateur de contexte grâce à la comparaison de contextes entre les sources et les utilisateurs de données. Le contexte d'une donnée est un schéma constitué d'un ensemble de méta-attributs et de leur domaine de définition. La connaissance utilisée pour la comparaison de contexte est représentée par :

- le *modèle du domaine* qui correspond à l'ensemble de types sémantiques qui constitue un vocabulaire commun pour capturer la sémantique des données locales (définition de l'ontologie),

- les *contextes* qui sont associés à la fois avec les sources et les utilisateurs d'information et sont des ensembles de règles et d'axiomes exprimés dans un langage déductif orienté objet (F-Logic). Ils caractérisent les différentes interprétations des objets sémantiques et la résolution des conflits potentiels. Les concepts tels que les *objets sémantiques*, les *attributs* et les *fonctions de conversion* définissent les sémantiques de données à travers les contextes.

Le médiateur de contexte est le centre de l'architecture : il est basé sur une procédure qui détermine quelle information est requise pour répondre à la requête et comment les conflits sont résolus en utilisant les axiomes des différents contextes impliqués.
Le résultat de la médiation est transformé en un plan d'exécution de requêtes qui permet de récupérer les données issues des différentes sources (message).

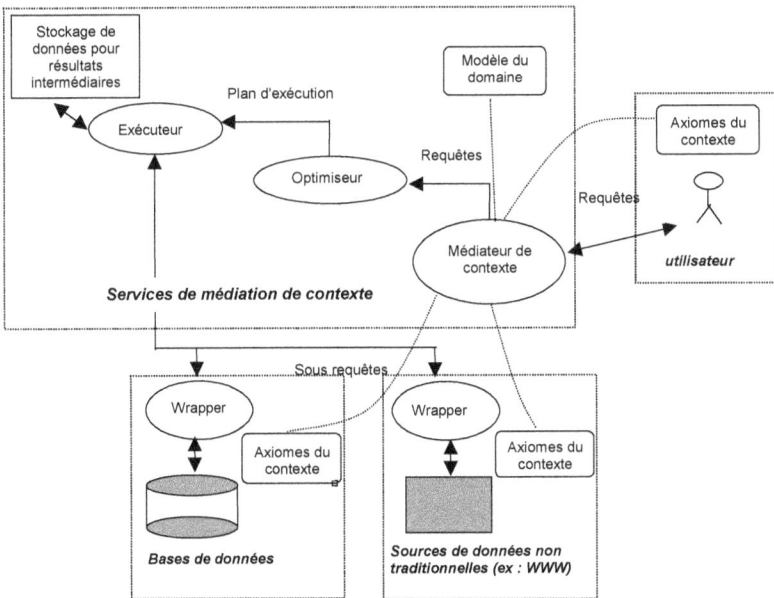

Figure 2-5 : architecture Coin
53

2.9. Observer

Observer [MENA99] [MENA00] utilise plusieurs ontologies préexistantes pour accéder à des entrepôts de données hétérogènes, distribués et indépendants (Figure 2-6). Observer dispose de plusieurs composants:

- un *dictionnaire de relations inter-ontologies* (IRM) stocke les relations terminologiques entre les termes (synonymes, hyponymes, hyperonymes). Il résout les problèmes au niveau du vocabulaire,

- un *serveur d'ontologie* fournit les définitions des termes des ontologies au processeur de requêtes et récupèrent les données caractérisant ces ontologies. Cela résout les problèmes d'hétérogénéité structurelle et de format,

- un *processeur de requêtes* navigue dans les différents systèmes d'information et utilise le dictionnaire de relation inter-ontologies pour décomposer la requête de l'utilisateur selon les termes propres à chaque ontologie en respectant la sémantique de la requête de l'utilisateur. Il doit combiner les traductions partielles provenant des différentes ontologies afin de donner une réponse finale à l'utilisateur.

Chaque ontologie définit un domaine d'application. Les concepts du système sont définis différemment selon les ontologies. La requête de l'utilisateur est adressée à tout le domaine mais seul le ou les serveurs d'ontologie concerné(s) (dont le contexte correspond à la requête) y répond. Le traitement des requêtes passe par les étapes suivantes :

- traduction des termes de la requête selon les termes de chaque ontologie. Pour cela, le processeur de la requête doit accéder à l'IRM pour disposer des relations entre les termes et au serveur d'ontologie pour les définitions entre les termes,

- combinaison des traductions partielles de telle façon que la sémantique utilisateur soit préservée,

- accès au serveur d'ontologie pour obtenir les données qui satisfont la requête traduite,

- corrélation des objets provenant des différentes ontologies et entrepôts de données.

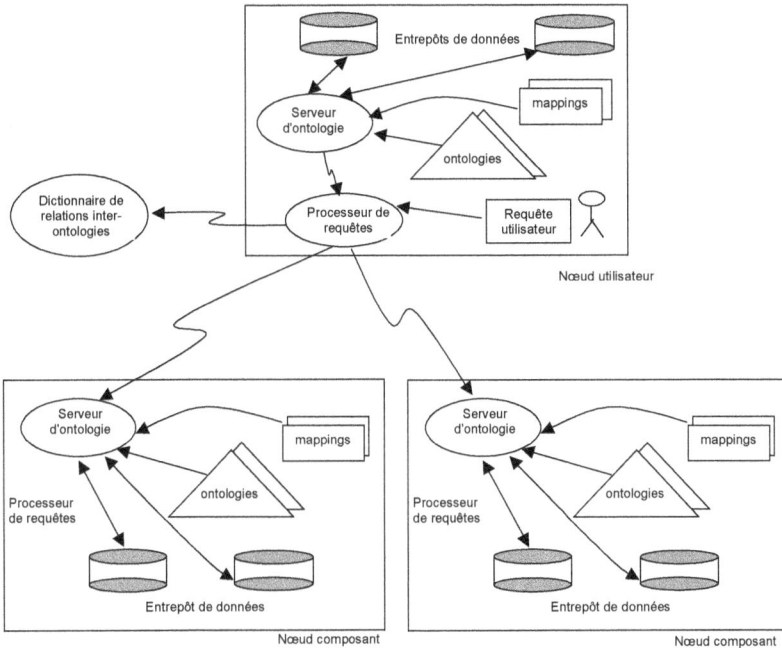

Figure 2-6 : architecture Observer

2.10. Kraft

Le projet Kraft propose une approche orientée agent de la médiation de contexte [PREE99] [VISS99]. La connaissance globale est répartie dans de multiples ontologies, ce qui en fait une approche multi-domaines. Les interactions entre les agents sont réalisées grâce à KQML. La requête utilisateur est transmise vers des agents médiateurs et des agents facilitateurs par l'intermédiaire d'un agent wrapper qui exécute les traductions de langages, protocoles et ontologies des systèmes locaux en standard de l'application Kraft (par exemple SQL/ODBC en SQL).

- *Les agents facilitateurs* répertorient les propriétés des autres agents sous la forme d'une base de connaissances (pages blanches et jaunes). Il localise l'information nécessaire sur les sources d'information et contacte les autres agents facilitateurs aptes à répondre à la requête.

- *Les agents médiateurs* analysent et décomposent les requêtes d'information et fusionnent les informations provenant des autres agents pour répondre à une requête d'un agent utilisateur.

Une session débute lorsque les médiateurs et les ressources se sont fait connaître auprès du facilitateur (performatif KQML Register) en publiant leurs capacités (performatif Advertise). L'agent utilisateur par le biais du wrapper contacte le facilitateur pour que celui-ci lui recommande un agent pour traiter la requête (performatif KQML Recommend-one ou recommend–all). Le facilitateur consulte alors dans sa base interne et renvoie les informations permettant à l'agent utilisateur de communiquer directement avec l'agent qui a publié ses capacités précédemment (performatif Forward). La requête lui est envoyée (performatifs ask-one, ask-all) afin de récupérer les résultats.

Pour résoudre les problèmes d'hétérogénéité sémantique, une ontologie commune contient la terminologie du domaine. Parallèlement pour chaque source de connaissances, une ontologie locale est spécifiée. Pour surmonter les conflits entres ces deux ontologies, des règles de mapping sont définies pour chaque ontologie locale. Les problèmes de relations inter-ontologies sont schématisés sous la forme de hiérarchies de spécialisation/généralisation. Chaque nouveau domaine qui apparaît est défini sous la forme d'une ontologie qui spécifie ces concepts par rapport à ceux d'une autre ontologie.

2.11. Picsel

Le projet Picsel propose un environnement déclaratif de construction de médiateurs pour résoudre le problème de l'intégration de sources d'information préexistantes, distantes et hétérogènes [ROUS02].

Dans le cadre de ce projet, le médiateur définit une interface de requêtes entre un utilisateur et des sources de données. Il est composé de (Figure 2-7):

- un moteur de requêtes génériques qui prend en charge l'accès aux sources locales. A partir d'une requête globale Q, il exécute un ensemble de plans d'exécution locaux qui fournissent un ensemble de réponses obtenues en questionnant les sources d'information locales,
- des bases de connaissances spécifiques aux serveurs d'information qui contiennent le modèle du domaine d'application du serveur et les descriptions des contenus des sources d'information.

La connexion rendant possible la correspondance entre les sources d'information et leurs vues dans le médiateur est établie par des modules d'interface (wrappers).

Picsel se base sur le formalisme CARIN qui représente à la fois le domaine d'application et les contenus des sources d'information pertinentes. CARIN est un langage logique qui combine les logiques de description avec des règles Datalog.

Picsel permet à un utilisateur d'effectuer des recherches globales dans les termes de l'ontologie. L'importance de ce travail réside dans l'exploitation des mécanismes d'inférence pour l'aide à la construction de requêtes.

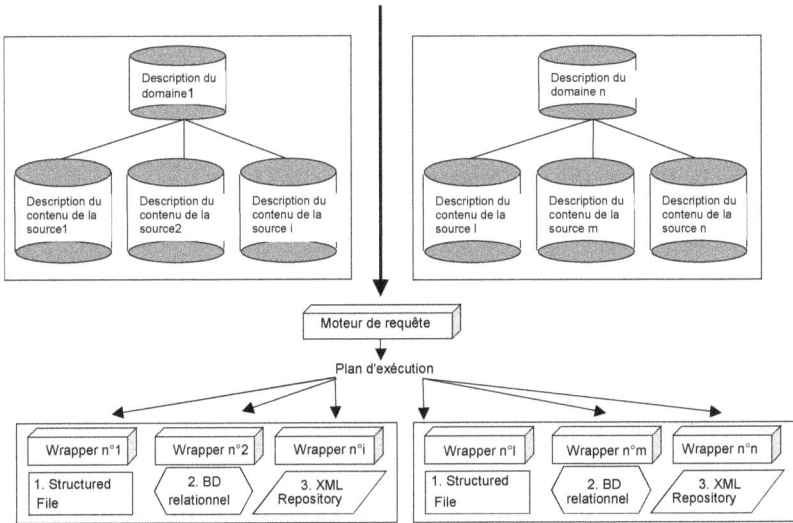

Figure 2-7 : architecture Picsel

3.   Synthèse des solutions existantes

Cette partie a pour objectif de comparer les solutions qui viennent d'être présentées selon différents points :

- typologie des approches (approche à base d'objet, d'agent ou mixte),

- respect des propriétés de l'interopérabilité,

- mode de représentation des données (modèle choisi),

- représentation de la sémantique (façon de représenter l'ontologie, ontologie globale ou multiple),

- approche mono/multi-domaines,

- degré d'automatisation de la résolution des conflits.

3.1. Etude comparative des solutions

3.1.1. Typologie des approches

Les solutions basées sur les agents (Kraft, Déca, Infosleuth), plus récentes, ont tendance à supplanter les architectures à objets (Mind, Tsimmis). L'intérêt de l'agent réside dans ses capacités collaboratives, une forte distribution des tâches et des connaissances, et par la construction d'architectures ouvertes et adaptables.

3.1.2. Respect des propriétés de l'interopérabilité

Il s'agit de vérifier comment les différents projets respectent les propriétés de l'interopérabilité. Les propriétés d'autonomie, d'hétérogénéité et de distribution sont bien respectées par les projets de la seconde génération. L'autonomie est respectée par toutes les approches dans la mesure où leurs propres fonctionnalités ne sont pas modifiées. Cependant, une nuance peut être apportée : en effet, lorsqu'une connaissance complète[6] doit être fournie par chaque base locale, le problème de l'autonomie des sources d'informations se pose (cas de SIMS). Goh [GOH97] remarque que le respect des propriétés de scalabilité, d'évolutivité et de transparence dépend en premier lieu du type de couplage (cf. Tableau 2).

	Scalabilité	Evolutivité	Transparence
Couplage fort	Conception du schéma partagé compliqué par la multiplication des sources	Mise à jour manuelle par l'administrateur système	Transparence respectée, gestion par l'administrateur
Couplage lâche	Tache ardue pour l'utilisateur qui doit gérer une complexité sémantique accrue	Mises à jour au niveau local trop importantes si les sources sont nombreuses	Transparence moins bien respectée puisque la gestion est réalisée par l'utilisateur

Tableau 2 : respect des propriétés selon le couplage

---

[6] Dans le cas de SIMS, pour chaque source d'information sont indiqués le modèle de données, le langage de requête, le contenu de la base de données, le comportement et les contraintes sémantiques.

3.1.2.1. L'évolutivité

De façon générale, l'évolutivité d'un système de courtage de l'information, concrétisée par l'ajout, le retrait ou la modification d'une source d'information, implique :

- l'enregistrement des nouvelles sources de données,

- un mapping complexe des termes dans la terminologie utilisée pour les types de données, les structures de données et les langages de requêtes des sources d'information,

- un mapping des termes vers les autres terminologies enregistrées dans le système de courtage.

La prise en compte de l'ajout et/ou la modification de sources d'information dans les systèmes décrits précédemment est réalisée en fonction du mode de représentation de la sémantique de ces sources:

- En utilisant les concepts du modèle du domaine pour modéliser de nouvelles sources indépendamment des autres sources (SIMS),

- En ajoutant de nouvelles descriptions (Infosleuth, Infomaster, IM),

- En recodant tous les plans d'exécution des requêtes associées (Tsimmis),

- En ajoutant et/ou en modifiant les règles de mapping définies entre les ontologies (Observer, Kraft) qui deviennent très complexes lorsque le nombre de sources est important,

- En instanciant de nouveaux contextes et/ou en modifiant les axiomes de contexte (Coin, Deca).

Les systèmes dans lesquels les requêtes sont résolues de façon dynamique (Coin, Observer, Kraft, Infosleuth, Deca) permettent de mieux gérer la découverte ou la modification de nouvelles sources que la résolution statique (Tsimmis, Dok, SIMS, IM, Infomaster) car la sémantique impliquée est liée à la requête soumise. Le mode de résolution statique implique la modification de la base de connaissances globale dans certains systèmes.

3.1.2.2. La scalabilité

La hausse du nombre de sources d'information implique l'augmentation et la diversification du nombre de conflits ainsi qu'une augmentation du temps de localisation de l'information pertinente, du temps de transmission des requêtes vers toutes ces sources d'information et du temps de réponse des sources d'information.

Les systèmes basés sur une résolution dynamique permettent de mieux tenir compte de la scalabilité grâce au recours à de nombreuses ontologies (Observer, Kraft). En effet, le nombre de relations entre des termes similaires parmi de multiples ontologies est moins important par rapport au nombre total de termes et de relations dans l'ontologie globale. La scalabilité est ainsi mieux gérée avec un petit nombre de relations terminologiques plutôt qu'avec une multitude de relations contenue dans l'ontologie globale.

3.1.2.3. La transparence

Il s'agit du principe de base des architectures fédérées. La transparence de la localisation est obtenue grâce au schéma fédéré vers lequel se font les requêtes utilisateurs. Les architectures de la seconde génération ont des niveaux de transparence différents, fonction du type de couplage et du mode de résolution des conflits. En effet, en mode statique, la transparence se fait par le biais des schémas de fédération alors qu'en mode dynamique, la recherche d'information se fait grâce aux outils, meta-données, contexte ou ontologie. En général, la transparence de localisation et de la représentation des données est respectée.

3.1.3. Modèle de représentation et d'interrogation des données

L'homogénéisation des modèles locaux doit être réalisée à l'aide d'un modèle commun qui permet ainsi la compréhension du schéma des informations ainsi que l'accès uniforme aux données distribuées. Le modèle doit être suffisamment riche pour représenter la sémantique. Les modèles qui ont été utilisés dans les différentes approches sont :

- le *modèle relationnel*. Il est utilisé dans certains projets car de nombreux SI y ont recours et car il dispose d'un nombre restreint de concepts (Infomaster, Information Manifold),

- le *modèle orienté objet*. Il est le plus souvent employé pour représenter les données et les opérations partagées par des SI. Un modèle orienté objet dispose d'une puissance sémantique suffisamment élevée. La plupart de ces modèles sont dérivés du modèle de l'ODMG. Certains projets utilisent des modèles objets étendus (OEM pour Tsimmis, DOM+ pour Dok , Amun pour Deca afin de gérer la sémantique),

- le *modèle logique*. Il est retenu par de nombreuses solutions pour l'interopérabilité sémantique des SI. Ce modèle permet de représenter le schéma des données avec des concepts orientés objet et d'y ajouter un langage à base de règles pour définir les relations et les contraintes sur les objets (F-Logic pour Coin, Loom pour Sims, Kif pour Infosleuth, Carin pour Picsel).

Le langage de requête choisi correspond à un langage de requête classique de type SQL (Infosleuth, Mind, Coin) ou de type OQL (Deca) ou à un langage dit logique (Observer, Kraft) de type Kl-ONE ou KIF.

3.1.4. Représentation de la sémantique

L'utilisation d'ontologie permet le rapprochement sémantique entre des systèmes de bases de données hétérogènes grâce à la description précise des sources de données à laquelle sont ajoutés les liens sémantiques entre les différents concepts.

3.1.4.1. Représentation des ontologies

Les ontologies sont représentées sous forme de :

- informations sur le contexte : sous la forme ensemble de méta–attributs (Coin), d'un ensemble de fonctions de transformations et de termes canoniques (Observer), ou d'une hiérarchie de classes (classe objet et méta-information) (Déca),

- bases de connaissances : sous la forme d'objets et attributs du domaine et leurs relations (SIMS), sous la forme de concepts sémantiques du domaine (Infosleuth), sous la forme de propriétés (IM) de règles et de contraintes (Infomaster) ou d'un formalisme logique combinant un ensemble de règles logiques de type Datalog avec une logique de description (Picsel).

- données enrichies de relations entre les données sous la forme de contraintes (Kraft) à la différence de SIMS, Observer ou Coin où les données sont enrichies par les informations du contexte.

Certains projets n'utilisent pas les ontologies :

- Tsimmis se base sur les médiateurs qui encapsulent des entrepôts. Il n'y a pas de vue descriptive des données ce qui fait que l'utilisateur dépend des médiateurs pour feuilleter l'information contenue dans les entrepôts,

- Dok utilise des "objets virtuels" (Dok les définit comme des spécialisations de méta-objets) pour décrire le domaine.

-

3.1.4.2.   Ontologie globale / multiple

Pour gérer la coopération sémantique entre des informations provenant d'un ou plusieurs domaines, plusieurs approches sont possibles.

- Une **ontologie globale** facilite la tâche d'intégration et l'interopérabilité sémantique provenant de sources différentes. Par contre, la création et la gestion d'une telle ontologie sont difficiles [MENA99]. Son utilisation est "complexifiée" par le grand nombre de concepts et de relations qu'elle contient. SIMS crée un modèle sémantique complet intégrant toute la sémantique des sources locales. Pour Information Manifold comme pour Infosleuth, une base de connaissances centralisée est utilisée pour décrire l'information provenant de domaines différents. Mais, Information Manifold ne dispose pas des fonctionnalités pour traiter les problèmes de conflits entre différents domaines. En effet, la plupart des solutions ne disposent pas de capacités de communication entre les ontologies et l'utilisation d'une seule ontologie pour des applications issues de différents domaines provoque des difficultés de mises à jour.

- L'utilisation de **multiples ontologies** permet de lier chaque ontologie à un domaine spécifique. Il s'agit ainsi de développer l'adaptabilité multi-domaines et de permettre à un ensemble d'ontologies de travailler de façon simultanée dans une architecture distribuée. La flexibilité et la scalabilité sont respectées puisque plusieurs ontologies se partagent la connaissance. Cependant, le choix d'une solution avec plusieurs ontologies a l'inconvénient de poser des problèmes au niveau de la cohérence entre ces multiples ontologies et niveau de résultats de la collaboration entre ces ontologies comme dans Kraft ou Observer. Dans Kraft, la cohérence de la hiérarchie d'ontologies est remise en cause lors du rajout d'un nouveau domaine qui implique le rajout d'une ontologie. De plus la traduction des concepts entre les ontologies peut conduire à des pertes d'information lorsque la phase de généralisation conduit à un hyperonyme trop éloigné.

Quoiqu'il en soit, il y a une évolution de la notion ontologie globale vers l'idée d'ontologies multiples : il vaut mieux gérer plusieurs ontologies car gérer une ontologie globale intégrée implique des problèmes de maintenance, de coût, d'efficacité qui sont difficiles à résoudre [KASH00]. Une trop grande ontologie est difficile à manier par l'utilisateur contraint d'utiliser un vocabulaire commun de référence.

3.1.5. Approche mono-domaine/ multi-domaines

Certains systèmes ne fonctionnent que dans le cadre d'un seul domaine ou l'univers de discours est valable dans ce cadre spécifique (on parlera d'approche mono-domaine) ou dans le cadre de plusieurs domaines tâchant de prendre en compte l'univers du discours de façon plus globale. Par exemple, dans SIMS, on travaille dans le domaine de la planification du transport militaire, il s'agit d'une approche mono-domaine. Les systèmes d'information doivent supporter l'interopérabilité à travers les domaines d'information différents, représentés par des ontologies de domaine spécifiques et variées [KASH00].

3.1.6. Degré d'automatisation de la résolution des conflits

Parmi les projets les plus récents, la plupart présente un couplage plutôt lâche (IM, Infomaster, Infosleuth, Tsimmis) où l'utilisateur a la charge de la résolution des conflits, in-fine. SIMS et MIND présente un couplage fort où la résolution des conflits est réalisée a priori.

3.2. Tableau récapitulatif

Le tableau suivant (cf. Tableau 3) présente les architectures selon différents critères :

- le type d'architecture : à base d'objet ou agent,

- le type d'approche : mono ou multi-domaines,

- le choix d'une ontologie globale ou de multiples ontologies de domaine,

- le mode de résolution des conflits (statique, dynamique),

- le respect des propriétés :

  • les projets Coin, Observer, Kraft, Infosleuth, Déca et Picsel présentent une dynamicité plus importante permettant de mieux gérer l'évolutivité que les projets Tsimmis, Dok, Sims, IM, et Infomaster,

  • le recours aux ontologies de domaine permet de faciliter la scalabilité plutôt que le recours à une ontologie globale,

  • la transparence est plutôt bien respectée par l'ensemble des projets,

- la résolution des conflits : il s'agit de préciser quels types de conflit sont déclarés pris en compte par les projets.

	SI MS	IM	Infom aster	Tsimmis	Dok	Infosleuth	Déca	Coin	Observer	Kraft	Picsel
Architecture à objet	•	•		•	•			•	•		•
Architecture à agents			•		•	•	•			•	
Mono domaine	•	•	•	•	•		•	•			
Multi domaines						•			•	•	•
Ontologie globale	•	•	•			•	•	•			
Ontologie multiple									•	•	•
Mode de résolution des conflits	Stat.	Stat.	Stat.	Stat.	Stat.	Dyn.	Dyn.	Dyn.	Dyn.	Dyn.	Dyn.
Evolutivité	*	*	*	*	*	**	**	**	**	**	**
Scalabilité	*	*	*	**	***	**	*	*	**	**	**
Transparence	**	**	**	**	**	**	**	**	**	**	***
Résolution des conflits sémantiques	nommages	nommages	nommages	seulement conflits de modèles		nommages	nommages	nommages	nommages	nommages	

Tableau 3 : synthèse comparative des projets

3.3. Synthèse

Les solutions présentées ont pour dénominateur commun la volonté d'apporter des outils, des architectures, des méthodologies au problème de la coopération de systèmes d'information. Bien que le nombre de solutions déjà proposées soit important, certains aspects sont imprécis :

- **La résolution des conflits sémantiques.**

Lorsqu'ils s'intéressent aux conflits sémantiques, la plupart des projets ne résolvent que les conflits de nommage (Coin, Kraft, etc). La résolution des conflits des valeurs est guidée par l'utilisateur (Infosleuth), non traitée dans la plupart des cas (Observer, Sims, Infomaster).

- **Les ontologies et le suivi de l'évolution des sources locales.**

L'utilisation des ontologies est utile dans le cadre de la résolution des conflits sémantiques mais elle ne suffit pas à elle seule, car elle souffre des mêmes inconvénients que l'intégration globale [OUKS99]. Les problèmes concernent essentiellement l'identification et la résolution du plus grand nombre possible de conflits de façon correcte mais aussi la prise en compte de l'évolution des sources locales au niveau de l'ontologie. En effet, le fait de faire évoluer le système est difficile puisque chaque changement dans les sources d'information locales doit

64

se refléter au niveau de l'ontologie, celle-ci étant définie à l'avance. Des travaux récents ont souligné la nécessité d'adapter des ontologies aux changements continuels de sémantique des sources de données [KAHN00] [GAL99].

- L'approche multi-domaines et la gestion de la scalabilité et de l'évolutivité

Les solutions ayant une approche multi-domaines, plus adaptées au monde réel, ont plus de difficultés à respecter la scalabilité et l'évolutivité et à résoudre les conflits sémantiques car l'augmentation du nombre des sources à gérer entraîne des problèmes de pertes sémantiques. Ainsi, les solutions représentant la sémantique sur plusieurs domaines ont plus de difficultés à gérer ces propriétés que des solutions ne prenant en compte qu'un seul domaine.

En effet, la scalabilité et l'évolutivité dépendent avant tout de la taille ou du nombre des systèmes d'information qui vont être gérés. Par exemple, en ce qui concerne SIMS, seules les bases de données relationnelles sont traitées sur un seul domaine d'application choisi, on peut se poser la question de la mesure de la scalabilité et de l'extensibilité étant donné ces conditions même si SIMS affirme respecter les propriétés.

La gestion de la scalabilité et de l'évolutivité tient compte également des capacités interactionnelles du système. Ainsi, les approches à base d'agents ont plus de facilité à traiter ces propriétés.

4. Positionnement de l'approche

Les travaux de l'équipe Modeme constituent le point de départ de notre recherche. Cette section présente le positionnement de notre approche.

4.1. L'architecture fédérative existante de l'équipe Modeme

Les travaux de l'équipe MODEME (MODEles, MEthodes pour la conception de systèmes d'information avancés) concernent la définition de processus coopératifs entre sources d'information autonomes et préexistantes réunies au sein d'une fédération [BOUL91] [BOUL95]. Une architecture coopérative basée sur une fédération de systèmes d'information à couplage faible est proposée [BOUL97] [BOUL98] [DUBO97].

Les travaux sont basés sur différentes hypothèses :

- le recours à un couplage lâche entre les sources d'information locales est réalisé. Cette hypothèse est importante à respecter lorsque les sources sont nombreuses et de grande taille,

- un modèle canonique objet ainsi qu'un processus de description de schéma de données : il s'agit d'une représentation dynamique d'un niveau descriptif des sources locales sous la forme de graphe d'objets descriptifs de données, les ODD représentent les données ou connaissances réellement disponibles au niveau local ainsi que leur structure et assurent l'homogénéisation des modèles de données ou de connaissances locales. Les éléments d'information des sources locales (relation, champ de relation, clef primaire, type d'objet, attribut d'objet, etc.) sont décrits afin que chaque source d'information participant à la coopération soit représentée par un ensemble d'ODD.

- le modèle précédent est complété par un processus d'enrichissement permettant de représenter les liens sémantiques entre les schémas décrits,

- la résolution des requêtes globales et des conflits qui en découlent sont réalisés par des processus coopératifs entre les entités du système. Ce processus est basé sur :

• l'analyse de la requête, la création de son profil sémantique et l'initialisation du protocole de coopération qui représente le cadre général du traitement,

• la détermination des données locales pertinentes en fonction des liens sémantiques définis,

• la création de sous-requêtes adaptées aux différentes bases locales,

• la restructuration des données pour l'obtention d'une réponse globale cohérente,

- la flexibilité du système doit être garantie pour que l'ajout ou le retrait des sources locales ne modifie pas l'architecture globale.

En parallèle au traitement sémantique des requêtes est proposé un contrôle d'accès multi-politiques permettant de respecter les profils des utilisateurs locaux [DISS01]. Les droits d'accès aux objets locaux doivent être respectés.

Les travaux de l'équipe MODEME ont ensuite évolué vers l'introduction des techniques issues de l'Intelligence Artificielle Distribuée en proposant une architecture mixte objet/agent [BOUL00] [DUBO00] [SEGU01]. Il est possible d'exploiter la complémentarité de ces deux approches pour définir une architecture mixte objet/agent, étant donné les caractéristiques des systèmes multi-agents (capacité cognitive, mise en œuvre de protocoles d'interaction, etc.) et d'une architecture objet (utilisation d'un modèle unifié pour l'accès aux sources locales, méthodes d'accès aux données via des standards tels que OQL ou ODBC),

4.2. Les objectifs de notre travail

Les améliorations du projet actuel concernent les conflits, les agents et les ontologies. Ainsi nos objectifs se situent à plusieurs niveaux :

- au niveau des conflits : à l'origine, les conflits schématiques sont traités grâce à la construction du niveau objet d'homogénéisation des sources locales, les conflits structurels et les conflits de nom d'entité sont traités. Ces conflits sont résolus lors du traitement de la requête globale par la découverte des liens sémantiques définis. L'objectif par rapport à cela est de:

- permettre la résolution des conflits sémantiques et donc raffiner la description des liens,

- définir certains liens lors du processus d'enrichissement exploités par le système mais permettre également la découverte dynamique de liens (non définis), qui seront ensuite validés par l'utilisateur.

- au niveau de l'évolutivité et de la scalabilité : il s'agit d'améliorer les hypothèses de base de l'architecture en ce qui concerne la flexibilité,

- l'évolutivité est favorisée par le recours à des ontologies multiples qui se partagent la connaissance,

- une approche multi-domaines est proposée tout en préservant la scalabilité.

Pour la réalisation des objectifs, la démarche se situe à deux niveaux:

- au niveau de la mise en œuvre des protocoles d'interaction complexes entre les agents : notre objectif est de mettre en œuvre un système multi-agents dont la résolution des conflits sémantiques est réalisée de façon dynamique grâce à un ensemble de protocoles de coopération.

- au niveau des ontologies multiples évolutives : des ontologies permettent de regrouper des ensembles de concepts et des relations (entre ces concepts). Elles doivent non seulement suivre l'évolution des bases locales mais s'enrichir en fonction des interactions des agents.

Conclusion du chapitre 2

Ce chapitre présente les systèmes de courtage de l'information qui permettent d'apporter des solutions plus dynamiques à la coopération de systèmes d'information grâce à une combinaison de technologies : la médiation, les agents et une représentation efficace de la sémantique des données (méta-données, ontologie ou contexte).

Les projets les plus significatifs sur la coopération de systèmes d'information ont été présentés (SIMS, IM, Infomaster, Tsimmis, Dok, Infosleuth, Déca, Coin, Observer, Kraft et Picsel). Une synthèse comparative basée sur différents critères a permis de mettre en évidence quelques faiblesses.

Les limites de ces solutions se situent au niveau de la résolution des conflits, d'une représentation de la sémantique qui ne permet pas toujours de suivre l'évolution des bases locales et de la faible capacité à traiter la scalabilité lorsque le nombre et la taille des sources d'information augmentent dans le cadre d'approche multi-domaines.

 C'est pourquoi, nous intègrerons les progrès les plus récents réalisés sur les plate-formes multi-agents permettant d'apporter une réponse aux problèmes identifiés.

Ainsi, les deux principales contributions de notre mémoire se situent en terme de résolution de conflits sémantiques et d'ontologie de domaine :

- au niveau de la résolution des conflits de façon dynamique lors du traitement des requêtes grâce à des échanges instaurés au sein d'un système multi-agents,

- au recours à des ontologies de domaine qui suivent l'évolution des bases locales et qui s'adaptent en fonction du dialogue entre les agents du système.

L'objet du chapitre suivant consiste à détailler concrètement l'apport des agents à notre domaine et plus précisément à notre problématique.

Chapitre 3

Choix d'une approche mixte agent-objet dans le contexte de systèmes coopératifs évolutifs et hétérogènes

Si on se réfère à la définition du dictionnaire petit Larousse (du latin "agens", celui qui agit), "un agent est une personne chargée des affaires et des intérêts d'un individu, d'un groupe ou d'un pays, pour le compte desquels elle agit".

A partir du terme agir (faire quelque chose, s'occuper, produire un effet), deux critères importants permettent de caractériser un agent :

- un agent accomplit quelque chose,

- un agent agit à la demande de quelqu'un que ce soit un utilisateur ou un autre agent.

Le terme agent est utilisé dans de nombreuses disciplines telles que les systèmes à base de connaissances, la robotique, le langage naturel, la veille stratégique mais aussi dans d'autres disciplines telles que la philosophie ou la psychologie. Puisque les champs d'application sont vastes, un consensus sur une signification précise est d'autant plus difficile à trouver.

Nous plaçons notre travail dans le cadre d'une volonté d'"agentification" du Système d'Information. Le processus d'agentification consiste à construire un système multi-agents à partir des besoins fonctionnels du système. L'objectif est d'appliquer des techniques d'Intelligence Artificielle déjà existantes (agent, langage entre agents, protocole) à la coopération de systèmes d'information provenant de domaines hétérogènes et à contexte évolutif.

Le chapitre est organisé de la façon suivante. Le but de la section 1 et de la section 2 est d'exposer la théorie des agents et des systèmes multi-agents en mettant en évidence un certain nombre d'éléments que nous retiendrons par la suite pour constituer notre architecture. La section 3 consiste à justifier le recours à ces techniques dans le domaine de la coopération de systèmes d'information.

1. Les principes de base des agents

Les objectifs de cette partie sont de présenter les aspects introductifs sur l'agent, ainsi que ses principales propriétés.

1.1. Concept d'Agent

J. Ferber donne une des premières définitions sur les agents dans [FERB95] : *on appelle agent une entité physique ou virtuelle qui est capable d'agir dans un environnement, qui peut communiquer directement avec d'autres agents, qui est mue par un ensemble de tendances (objectifs individuels, satisfactions d'objectifs), qui possède ses propres ressources dans le cadre d'un environnement qu'il perçoit de façon partielle, qui possède un comportement autonome conséquence de ses croyances, de sa connaissance et des interactions entretenues avec les autres agents.*

Il ressort de cette définition des propriétés clés comme *l'autonomie, l'action, la perception et la communication.*

De nombreux chercheurs tels que M.J Wooldridge et N.R. Jennings [WOOL95] [JENN98], H.S Nwana [NWAN96], J.M. Bradshaw [BRAD97], Y. Shoham [SHOA97] ont affiné ultérieurement la définition d'agent.

Nous **retenons** la définition donnée par J.M Bradshaw [BRAD97] de l'agent logiciel. *Un agent est une entité logicielle qui fonctionne continuellement et de façon autonome dans un environnement particulier, souvent peuplé par d'autres agents et processus. Le besoin de continuité et d'autonomie fait que l'agent supporte des activités d'une manière intelligente et flexible et peut s'adapter à l'environnement sans requérir l'intervention humaine. Un agent qui fonctionne dans un environnement sur une longue période de temps doit être capable d'en retirer une expérience. Dans un environnement composé d'un ensemble d'agents, un agent est capable de coopérer et de communiquer, et éventuellement de migrer de plate-forme en plate-forme pour cela.*

1.2. Les propriétés des agents et leurs liens avec les domaines de recherche

Différentes propriétés ont été recensées dans la littérature concernant les agents. Il s'agit des propriétés de réactivité, de proactivité, de raisonnement, d'autonomie, de mobilité, de communication et de personnalité.

- Réactivité.

La réactivité mesure la capacité pour l'agent d'agir et de réagir de façon sélective et appropriée aux influences informationnelles de son environnement qui est composé des autres agents, des utilisateurs et des sources externes d'information.

- Proactivité/ orientation en fonction de buts.

La proactivité se différencie de la réactivité car l'agent prend l'initiative d'agir lors de circonstances spécifiques. Elle est fortement liée à la réalisation de buts. En effet, la capacité de l'agent à prendre des initiatives nécessite des objectifs bien définis qui ne sont pas uniquement liés à la réaction à des stimuli extérieurs.

- Raisonnement/apprentissage.

La capacité d'un agent en terme de raisonnement et d'apprentissage est variable selon les tâches à accomplir. Elle peut être limitée comme très complexe.

- Autonomie.

L'autonomie d'un agent détermine sa faculté à suivre ses objectifs sans interactions ou commandes provenant de son environnement. Les activités des agents ne requièrent aucune intervention humaine.

- Mobilité.

La mobilité d'un agent qualifie son aptitude à migrer d'une plate-forme vers une autre au sein de réseau de communication. Un des principaux avantages est la non-surchage du réseau car les agents se déplacent pour exécuter les tâches sur place plutôt qu'en envoyant des séries de messages.

- Communication/coopération.

Les interactions qui permettent à un agent d'atteindre des objectifs peuvent être regroupées sous deux catégories :

- **la communication** : il s'agit de la capacité à communiquer avec les utilisateurs et les autres agents grâce à l'utilisation d'un langage de communication commun sous forme de protocoles standardisés. Ce type d'échange ressemble plus aux langages humains qu'aux protocoles typiques de communication entre les programmes,

- **la coopération** : il s'agit de la capacité à collaborer avec les autres agents pour résoudre des problèmes complexes qui dépassent les capacités d'un seul agent. Un langage de communication étendu est nécessaire pour échanger des buts et de la connaissance.

- Personnalité.

Les agents peuvent aussi disposer d'états émotionnels (joie, tristesse, frustration) lorsque leur niveau d'interaction est élevé.

Les agents à haut niveau de complexité peuvent disposer de toutes ces propriétés même si elles sont implantées de façon partielle. Les agents simples avec un bas niveau de complexité ne disposent que d'une ou deux des caractéristiques définies ci-dessus [BREN98] [ETZI95] [FRAN96].

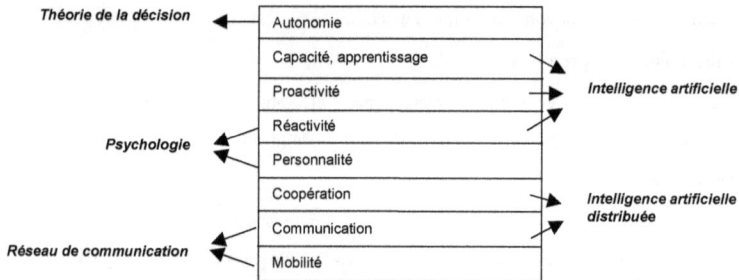

Figure 3-1 : aires d'influence des champs de recherche sur les propriétés d'un agent

Certaines propriétés sont plus importantes que d'autres selon les champs de recherche [BREN98]. La réactivité, proactivité et apprentissage d'un agent sont des champs classiques de l'Intelligence Artificielle. L'Intelligence Artificielle Distribuée s'intéresse à la communication et à la coopération. Les développements dans le domaine des réseaux distribués concernent plutôt les capacités de mobilité et de communication des agents. La théorie de la décision est liée aux prises de décisions et donc à l'autonomie de l'agent. La personnalité et la réactivité de l'agent sont spécifiques aux travaux en psychologie.

1.3. Intelligence d'un agent

L'intelligence, au sens large, est l'aptitude à comprendre et à s'adapter à une situation nouvelle. **L'intelligence d'un agent** est basée sur un agrégat de caractéristiques et concerne la capacité à apprendre, communiquer et être autonome [NWAN96] :

- **sa capacité à apprendre** concerne le fait d'acquérir de la connaissance et de l'information,

- **sa capacité sociale** caractérise les qualités communicationnelles (interactions grâce à des langages de communication),

- **son autonomie** consiste à fonctionner sans aucune forme d'intervention (humaine ou logicielle) et à disposer d'un contrôle total sur ses actions et son état interne.

On distingue ainsi son **intelligence sociale** (capacité à l'action ou à l'autonomie vis-à-vis de son environnement humain ou agent), de son **intelligence propre** qui est définie par trois composants : sa base de connaissances interne, les capacités de raisonnement à partir du contenu de sa base de connaissances et la capacité à s'adapter à partir des changements de l'environnement.

1.4. Catégories d'agents

A partir du niveau d'intelligence des agents, deux catégories existent. On distingue les agents intelligents (agents cognitifs) de granularité forte qui sont capables de résoudre certains problèmes par eux-mêmes, des agents de granularité plus faible qui réagissent simplement aux signaux de leur environnement (agents réactifs) [FERB95] [BREN98].

- Les agents **réactifs** : chaque agent n'est pas individuellement intelligent mais participe à l'intelligence du système [FERB92], en effet le comportement complexe du système provient alors de la combinaison des comportements simples des agents :

- ils réagissent à des évènements sans avoir de comportements de planification ou de satisfaction d'objectifs,

- ils agissent selon un mode Perception/Action. Leur comportement est basé sur un système fonctionnant avec des interactions de type Stimuli/Réponses. En fonction d'une perception donnée, il existe une action appropriée,

- ils ne perçoivent pas l'intelligence de leur modèle interne mais de leur environnement.

- Les agent **cognitifs** : dit " intelligent ", chaque agent dispose d'une base de connaissances comprenant l'ensemble des informations et des savoir-faire nécessaires à la réalisation de sa tâche et à la gestion des interactions avec les autres agents :

- pour satisfaire un objectif, ils ont des comportements de négociation [CHAI92],

- ils sont proches du modèle humain et agissent selon un mode Perception/Décision/Action. Chaque agent agit en fonction de sa connaissance, de ses objectifs et de la perception qu'il a de son environnement,

- ils disposent de possibilités de communication voulant se rapprocher du langage humain.

Les agents **hybrides** sont des agents qui disposent à la fois de capacités de raisonnement et de capacités de réaction. Ils sont le plus souvent utilisés lorsque l'environnement des agents impose des contraintes temps réel.

2. Les Systèmes Multi-Agents (SMA)

Deux domaines nous intéressant ont été identifiés comme faisant partie de l'Intelligence Artificielle Distribuée [BOND88] : la résolution distribuée de problèmes et les systèmes multi-agents.

- La Résolution Distribuée de Problèmes (RDP)

La résolution distribuée de problèmes consiste à étudier la décomposition d'un problème en un nombre d'unités qui coopèrent et qui fournissent des solutions partielles ensuite réunies pour fournir une réponse globale. Cette distribution des tâches permet une optimisation des réponses globales surtout lorsque le problème est complexe et difficile à traiter par un seul processus. On parle de résolution distribuée de problèmes :

- lorsque l'expertise globale du système est distribuée parmi l'ensemble des agents. Chacun dispose d'une compétence spécifique, inégale et restreinte par rapport à l'ensemble du problème à résoudre,

- lorsque le problème est lui-même distribué. Les agents peuvent avoir des compétences semblables.

- Les Systèmes Multi-Agents (SMA)

L'approche centrale qui consiste à résoudre un problème en utilisant un seul agent cause de sérieuses difficulté selon [NWAN96] [SYCA96]. Deux cas de figures peuvent alors se présenter:

- soit l'agent dispose de l'intégralité de la connaissance pour résoudre le problème, ce qui peut engendrer des problèmes de sécurité, de vitesse et de modularité,

- soit l'agent ne peut résoudre tout seul le problème surtout si la tâche à accomplir est complexe.

Dans le deuxième cas, la connaissance doit être distribuée au sein d'un ensemble d'agents autonomes qui se regroupent et communiquent dans l'objectif de résoudre un problème donné. Ils forment ainsi un **système multi-agents** [JENN99] [JENN00]. Ces agents sont caractérisés par un certain niveau de connaissances et d'expertises, parfois hétérogènes, qui doivent être coordonnées dans un objectif de haut niveau.

> Un **système multi-agents** est caractérisé par :
> - des agents qui ont des capacités de résolution de problèmes limités,
> - des données qui sont décentralisées,
> - un mode de calcul asynchrone,
> - aucun contrôle global sur le système multi-agents.

Pour Y. Demazeau, le système multi-agents est composé d'agents mais aussi d'environnements, d'interactions et d'organisations [DEMA95]. Ainsi, lorsque l'on s'intéresse à l'organisation des agents en groupe, on trouve les notions d'organisation, de coordination ou de coopération. Elles visent à étudier le comportement des agents au sein du groupe en terme d'engagements mutuels et globaux vers un objectif commun et à prendre pour modèle les humains.

Au sein d'un Système Multi-Agents, J. Ferber définit le réseau d'accointances par les relations qui unissent ces agents entre eux [FERB95].

Plusieurs termes existent pour définir les échanges entre les agents : "interaction", "communication" et "négociation". Les agents communiquent par le biais d'échanges standardisés, sous la forme de protocoles.

2.1. Les interactions entre les agents

Une interaction est une mise en relation dynamique de deux ou plusieurs agents par le biais d'un ensemble d'actions réciproques. L'interaction est à la base de la constitution d'organisations [MORI77].

On dira que plusieurs agents coopèrent ou encore qu'ils sont dans une situation de coopération, si l'une des deux conditions est vérifiée :

- l'ajout d'un nouvel agent permet d'accroître les performances du groupe,

- l'action des agents sert à éviter ou à résoudre des conflits actuels ou potentiels.

Deux principaux styles d'interaction peuvent être définis :

- le style d'interaction "question/réponse" qui permet à un agent A de demander à un agent B d'exécuter certaines actions. L'agent A est l'initiateur de l'interaction et attend l'information résultant de sa requête (interaction client /serveur),

- le style d'interaction "échange de connaissances" n'implique pas une information bi-directionnelle. Ainsi, l'agent A doit informer l'agent B, lui signaler certains événements ou lui transférer certaines fonctionnalités. Dans ce cas, une interaction peut concerner un ou plusieurs agents et de nouveaux besoins sont requis tels que le "broadcast" ou le "multicast".

2.2. La communication entre les agents

A la base de la coopération, la communication de haut niveau fait partie intégrante de la définition de l'agent. Elle est constituée d'un ensemble de méthodes et de protocoles modélisés à l'aide de langage de communication. Les composants de l'agent liés à la communication regroupent :

- des protocoles de négociation ou des protocoles plus simples qui consistent tout simplement "à vérifier si l'agent contient la connaissance et si ce n'est pas le cas, à rechercher un agent qui sait et qui peut répondre",

- un langage de communication qui permet de donner une indication sur le contenu de la communication (assertion, requête, etc.).

Les **systèmes basés sur l'échange de messages** forment une base flexible pour l'implémentation de stratégies de coordination complexes. Les messages, que les agents échangent entre eux, peuvent être utilisés pour établir des mécanismes de coopération et de communication en utilisant des protocoles définis. Les agents échangent directement entre eux grâce à des envois de messages entre l'agent *expéditeur* (le locuteur) et l'agent *récepteur* (l'interlocuteur).

Cette dernière méthode est employée dans les projets de recherche actuels lors des communications entre les agents qui ne doivent pas traiter les messages simplement comme des faits qu'ils stockent dans leur base de connaissances mais plutôt comme des éléments permettant d'influencer l'environnement.

2.3. La négociation entre les agents

La négociation est un processus de communication itératif lorsque chacun doit défendre certains points de vues, solutions, croyances, connaissances et ce, dans l'objectif d'atteindre un accord. A titre d'exemple, un des principaux protocoles pour la négociation basé sur l'organisation humaine est le réseau contractuel [SMIT80]. Le réseau contractuel reprend le protocole de l'élaboration des contrats dans les marchés publics. La relation entre le client ou *administrateur* ("manager") et les fournisseurs ou *offrants* ("bidders") passe par l'intermédiaire d'un appel d'offre et d'une évaluation des propositions envoyées par les fournisseurs.

- Appel d'offre : un agent manager envoie une requête à tous les agents contractants participants avec la description de la tâche.

- Envoi des propositions des offrants : les offrants élaborent une réponse qu'ils renvoient au manager.

- Attribution du marché : le manager évalue les propositions et sélectionne parmi les propositions un seul des fournisseurs. L'attribution du marché est faite au meilleur offrant.

- Etablissement du contrat : le contractant sélectionné envoie un message signalant qu'il accomplit la tâche requise ou non (il y a alors retour à la troisième étape). Il exécute le travail demandé et informe le manager lors de la fin du travail. Le manager indique aux offreurs déboutés que leur offre a été rejetée.

2.4. Langages et protocoles

La communication entre les agents nécessite une standardisation. Lorsque chaque concepteur développe ses propres agents, la communication devient difficile. Les agents ont besoin d'un langage standard et d'un ensemble de conventions qui les aident dans l'identification, la recherche et l'échange de l'information.

2.4.1. D'un langage de communication agent ...vers les protocoles de communication de haut niveau

Le manque d'adéquation entre les besoins requis par le niveau SMA et les protocoles existants de bas niveau est à l'origine de la création des langages de communication agent. En effet, les appels de procédure à distance, CORBA et les ORB ont le même but, à savoir gérer les échanges d'informations entre des applications distribuées. Cela n'est pas suffisant car les agents doivent être capables de communiquer des informations complexes sur leur contenu et d'échanger tout type d'informations et de connaissances.

Un protocole permet d'organiser les séquences de messages échangés en de véritables conversations structurées de façon similaire à ce que l'on peut observer chez les humains (théorie des actes de langages : requêtes, suggestions, promesses, menaces, etc.).

Marc-Philippe Huget propose la **définition** suivante [HUGE01] : un protocole est un ensemble de règles qui guident l'interaction entre plusieurs agents. Pour un état donné du protocole, il n'existe qu'un nombre fini de messages admis en émission ou en réception. Si un agent accepte d'utiliser un protocole, il choisit de se conformer à ce protocole et d'en respecter les règles.

2.4.2. Présentation des langages de communication existants

Les langages de communication entre les agents KQML et FIPA ACL [CHAI02], se distinguent par la complexité sémantique du discours ainsi que sur la portée des messages.

2.4.2.1. KQML

Le langage KQML [LABR97] a été initié par le groupe de travail du KSE (Knowledge Sharing Effort). Il apporte aux interactions la possibilité de traduire la sémantique du discours, adaptée à la coopération entre agents. L'échange de messages est réalisé à l'aide des primitives de langage que l'on appelle "performatifs" :

- ces performatifs représentent les actes de discours que les agents peuvent utiliser pour communiquer [LABR94],

- les messages KQML sont opaques au contenu en indiquant la nature du message qu'ils transportent (indication sur la nature du message : assertion, réponse, broadcast),

- ils sont regroupés en trois domaines :

- discours (messages d'échanges simples entre les agents) : ask_if, ask_all, tell, describe, stream_all,

- intervention (messages d'erreur et de traitements des informations) : error, sorry, standby,

- facilitation (messages de routage de l'information tels que broadcast, forward, advertise, recommend, recruit, broker).

La plupart des critiques à l'encontre de KQML [COHE97] concerne le problème de consensus car l'interprétation des performatifs varie en fonction des concepteurs d'agents. Par ailleurs, les performatifs existants pré-définis ne suffisent pas à répondre à tous les problèmes de communication.

2.4.2.2.   FIPA ACL

Le langage ACL de la FIPA[7] (Fondation for Intelligent Physical Agent) est fondé sur la théorie des actes de langages et a bénéficié des résultats de recherche de KQML.

FIPA ACL est basé sur des primitives de communication. Il y a quatre actes primitifs (inform, request, confirm, disconfirm) et des actes composés qui sont répartis en cinq catégories (transmission d'information, demande d'information, négociation, action et gestion d'un problème).

La structure des messages en FIPA ACL et en KQML est sensiblement identique : les principaux paramètres sont présentés ci-après.

(<performatif>

: sender <nom>   : nom de l'agent qui envoie le performatif,

: recever<nom>   : nom de l'agent qui reçoit le performatif,

: reply-with <nom>   : identificateur unique du message en vue d'une référence ultérieure (dans : in reply to),

: in reply-to <nom> : référence à un message auquel l'agent est en train de répondre (tiré de : reply-with),

---

[7] http://www.fipa.org.

: language<text>   : nom du langage de représentation utilisé dans le contenu du message
(content),

: ontology<text>   : nom de l'ontologie utilisée dans content, qui sert à identifier la source
                                  du vocabulaire : il s'agit du moyen pour le receveur d'interpréter le
                                  contenu du message,

: protocole <text >   : nom du protocole qui est utilisé dans le message,

: content <état/acte de langage>   : contenu informationnel transporté par le performatif).

FIPA ACL dispose d'une bibliothèque de protocoles explicites pour les échanges de messages.

- Le *Fipa Contract Net Interaction Protocol* présente une application de la négociation entre agents basée sur le principe du réseau contractuel.

- Le *Fipa Query Interaction Protocol* permet à un agent de demander l'exécution d'une action sur un autre agent *(par exemple, un agent peut demander quels sont les services de réservation traités. La réponse est : train, avion, automobiles).*

- Le *Fipa Request Interaction Protocol* permet à un agent de demander à un autre agent l'exécution d'une action *(par exemple un agent demande à un autre agent l'ouverture d'un fichier).*

Les objectifs de FIPA ACL et de KQML sont les mêmes. Certaines divergences justifient l'utilisation d'un langage par rapport à un autre.

- FIPA ACL a utilisé une syntaxe très voisine de KQML : la structure des messages est identique sauf dans les noms des primitives de communications définies (ex "tell" pour KQML, "inform" pour ACL).

- Les primitives d'enregistrement et de facilitation sont traitées diversement. En effet, FIPA ACL ne considère pas ce type de tâches comme des actes de communication (il les définit comme une série d'actions). FIPA ACL ne fournit pas de primitives de facilitation [LABR99].

- FIPA ACL propose une bibliothèque de protocoles alors que KQML fournit seulement un ensemble de performatifs (ils ont cependant la possibilité d'être combinés pour former des protocoles).

- Ils diffèrent également au niveau des descriptions sémantiques. La définition des primitives est différente (il s'agit de pré-conditions et de post-conditions pour KQML; de faisabilité et d'effets pour ACL[8]).

KQML, expérimenté dans les SIC à travers un nombre important de projets [LABR99] a été le langage de communication le plus répandu dans les systèmes multi-agents [BREN98] jusqu'à l'an 2000. Il a été supplanté depuis par FIPA ACL. Les deux raisons qui justifient cette supplantation sont le soin apporté à la description de la sémantique des actes de langages et l'apport d'un ensemble de spécifications très détaillées pour faciliter l'utilisation au sein d'une plate-forme agent (structuration du contenu des messages, transport des messages, bibliothèque de protocoles, etc.). Par conséquent, la plupart des plate-formes actuelles ou en cours de développement sont FIPA "compliant".

3. Les apports de la théorie agent à la coopération de SI

Dans le cadre de la coopération de systèmes d'information hétérogènes, la plupart des architectures d'interopérabilité ont recours au paradigme objet (cf. Chapitre 2), moins de solutions ont recours au paradigme agent pourtant :

- la médiation nécessite une communication de haut niveau qui permet aux agents de dialoguer, déléguer, sous forme de protocole de coopération,

- une architecture de coopération requiert la possibilité :

- d'ajouter, de modifier ou de supprimer des sources de données,

- d'agir collectivement si la connaissance individuelle des composants ne suffit pas au traitement de la tâche.

---

[8] Nous présentons ci-dessus la différence qui sous-tend la sémantique des langages sur un exemple : l'agent A informe l'agent B du fait p.

Tell(A,B,p) en KQML	<A, Inform(B,p)> en FIPA
Pre(A) : Believe(A,p) et Know(A,Want(B,Know(B,s)))	FP (Feasability conditions): A croît que P et ne croît pas
Pre(B): Int(B,Know(B,S))	que B a une quelconque connaissance sur la véracité de
S signifie ici Bellieve (B,p) ou non Bellieve(B,p)	p.
Post(A) : Know (A, Know (B,Believe(A,p)))	RE (rational effects) : A a l'intention que B croît
Post(B) : Know (B; Believe(A,p))	également que p.
Compilation : Know (B, Believe(A,p)	

- les deux tâches à exécuter lors de la coopération de systèmes d'information trouvent des réponses adéquates dans le domaine de l'Intelligence Artificielle Distribuée :

- le traitement des requêtes multi-bases : la coopération voire la collaboration entre les agents permet de résoudre le problème courant c'est-à-dire le traitement des requêtes utilisateurs qui nécessitent de réunir plusieurs sources de données,

- la résolution des conflits issus de l'hétérogénéité des sources de données : les coordinations entre les agents sont formalisées par des protocoles qui permettent de répondre à chaque type de conflits identifiés de façon adaptée.

- une architecture de coopération nécessite la possibilité pour les agents de pouvoir dialoguer à travers plusieurs plates-formes (et de migrer lorsque le besoin s'en ressent) afin de respecter les principes d'autonomie, d'hétérogénéité et de distribution des systèmes d'information locaux.

3.1. L'impulsion initiale pour l'utilisation des SMA

Le paradigme des SMA, métaphore de l'organisation sociale, est utilisé pour la modélisation des SIC. L'intérêt de l'agent est représenté par une forte distribution des tâches et des connaissances, et par la construction d'architectures ouvertes et évolutives. L'impulsion déterminante provient de la croissance de l'information disponible sur Internet et l'utilisation des agents est désormais reconnue comme un des principaux besoins des organisations qui doivent accéder de façon plus flexible et dynamique à des sources d'information distribuées et hétérogènes [BOWM94].

Parmi les conflits, ceux issus de l'hétérogénéité sémantique sont les plus difficiles à prendre en compte [PAPA92] et ont souvent été peu traités. Pour résoudre ce problème, les Systèmes d'Information Intelligents et Coopératifs (SIIC) présentent une variante "intelligente" des systèmes d'information. Selon [FERB95], l'utilisation des agents permet une reconfiguration simple et dynamique de l'ensemble du système et confère à l'architecture un grand niveau de décentralisation pour la gestion du système coopératif.

3.2. Les SMA répondent aux besoins des Systèmes d'Information Coopératifs

Dans le cadre de l'interopérabilité des systèmes d'information, les propriétés des agents qui sont les plus utilisées sont :

- la capacité à traiter des tâches indépendamment qui concerne par conséquent le principe **d'autonomie,**

- le besoin de recherche et d'échange d'informations qui se traduit par la **communication/coopération** entre les agents dès lors qu'un agent n'est pas capable à lui seul de résoudre une requête.

Les SIC utilisent ces propriétés des Systèmes Multi-Agents principalement pour les raisons qui sont décrites ci-après.

- Suivi de l'évolutivité des sources locales.

Les Système Multi-Agents s'adapte à l'évolution des sources d'information locales dont il assure la coopération, grâce aux propriétés intrinsèques de l'agent (actif, autonome, communiquant).

- Niveau sémantique des interactions/communications.

Le modèle d'interaction ressemble à des architectures à objets distribués (CORBA, DCOM) mais la principale différence réside dans le fait que les échanges se situent à un niveau sémantique, sous forme de protocoles de communication. En effet, les problèmes de conflits sémantiques nécessitent des interactions entre les agents (variant de la simple demande d'information à des requêtes complexes) qui se placent au niveau de la connaissance [NEWE82] et se caractérisent par leur flexibilité (résolution de sous-problèmes).

- L'information peut être localisée sur des plates-formes différentes.

Les systèmes d'information coopératifs peuvent être situés sur une même plate-forme mais aussi sur des plates-formes voire sur des sites différents. Les agents peuvent coopérer à travers différentes plate-formes et pour certains, migrer en cas de surcharge du réseau pour s'exécuter localement.

- Des agents spécifiques.

La complémentarité entre différents types d'agents est exploitée. Pour instaurer une dynamique de coopération dans l'objectif de résoudre un problème donné, les projets présentés (cf. Chapitre 2) mettent tous en évidence la spécialisation des agents. Bien que chaque projet utilise ses propres typologies d'agents, on peut les regrouper par catégorie :

- des agents dont le rôle est l'accès aux sites locaux,

- des agents dont le rôle est le découpage des requêtes en sous-requêtes,

- des agents dont le rôle est de maintenir la connaissance du domaine,

- des agents dont le rôle est servir d'interface avec l'utilisateur

La plupart des plates-formes a recours à un agent "facilitateur" qui a la capacité de coordonner les activités des autres agents dans une architecture [GENE97a] et de fournir un ensemble de services (principalement des services pages blanches, pages jaunes).

3.3. Choix d'une approche à base d'agent

Cette section justifie le choix d'une architecture mixte à base d'objets et d'agents.

3.3.1. De l'objet... à l'agent

Un objet est caractérisé par un certain nombre de services (méthodes). Les agents n'invoquent pas des méthodes mais plutôt envoient des requêtes à exécuter [JENN98]. Un objet encapsule un état, modifiable à travers les méthodes que les objets fournissent. Les agents encapsulent un comportement en plus d'un état.

Les évolutions de la programmation orientée objet vers la programmation orientée agent sont présentées par Shoham [SHOA97] dans le Tableau 4.

	Programmation orientée objet	Programmation orientée agent
Unité	Objet	Agent
Etat	Libre	Croyance, capacité, choix, etc.
Procédé d'exécution	Passage de messages et méthode de réponses	Passage de messages et méthode de réponses
Type de messages	Libre	Inform, request, offer, promise, decline,etc
Contraintes sur les méthodes	Non	Honnêteté, consistance

Tableau 4 : programmation orientée-objet et agent

L'approche objet ne peut apporter des solutions à tous les besoins liés à un environnement coopératif, que ce soit sur le plan de ces propriétés elles-mêmes ou des capacités interactionnelles et néglige l'évolution et le dynamisme du système (cf. Tableau 5).

	Objet	Agent
Méthodes	- classe/instance, héritage, encapsulation, envoi de messages (invocation de méthodes), - ni motivation, ni but dans la communication	Enrichissement approche objet : vers la notion d'agent : - connaissance, autonomie, communication, introspection, - comportement de satisfaction d'objectifs
Techniques de coopération	- limitation du concept objet au niveau dynamique, coopératif et cognitif, - mécanismes d'interaction à la charge du programmeur, - pas d'outil pour la résolution des conflits, - limitation concernant les interactions asynchrones	- interactions (communication asynchrone), - communication (langage, sémantique, protocole), - agent facilitateur - gestion dynamique des organisations

Tableau 5 : de l'objet à l'agent

3.3.2. De l'agent…à l'objet

L'approche agent nécessite des ressources objets (cf. Tableau 6) pour la description des ontologies et par la présence de services facilitant les interactions entre les entités (standard de communication objet).

	Agent	Objet
Couche d'homogénéisation sources locales	Base de connaissances de l'agent, ontologie de l'agent	Représentation des sources locales grâce à des objets descriptifs
Interrogation des sources locales	Accès aux données locales	Méthodes d'accès aux données via des standards tels que OQL ou ODBC
Transport	Hétérogénéité, transparence de localisation	ORB : infrastructure de communication entre entités hétérogènes, localisées et contactées de façon transparente

Tableau 6 : de l'agent à l'objet

Conclusion du chapitre 3

Ce chapitre a permis de définir agent, système multi-agents, protocole et langage agent qui seront mis en œuvre dans le cadre d'une agentification du SI. Une approche mixte objet-agent est proposée pour que l'architecture ACSIS vise tous les types de conflits (technique, syntaxique, schématique structurels et sémantique).

L'objet de ce travail se focalise sur la résolution des conflits structurels et sémantiques grâce à un système multi-agents :

- une couche agent est requise pour les aspects suivants :

- le suivi de l'évolution des sources locales grâce aux capacités intrinsèques de l'agent (autonomie, pro-activité, communication),

- le niveau sémantique des messages à envoyer (en message FIPA ACL),

- la coopération des agents à travers des plate-formes différentes,

- la collaboration entre les agents pour la résolution d'un problème : le traitement d'une requête multi-bases,

- la formalisation des échanges grâce à des protocoles d'interaction pour la résolution des conflits (basé sur la bibliothèque de protocoles FIPA ACL),

- des agents qui se répartissent des tâches différentes et sont donc spécialisés.

- une partie objet est justifiée par la présence d'une couche décrivant la connaissance issue des sources locales pour le système multi-agents.

La description du fonctionnement du système fait l'objet du chapitre suivant.

Chapitre 4

Un Système Multi-Agents pour la Résolution des Conflits Sémantiques issus de la Coopération de Systèmes d'Information : le projet ACSIS

L'objectif de cette partie est de décrire l'organisation des interactions au sein des agents du SMA lors de la résolution des conflits sémantiques.

L'architecture proposée nommée ACSIS (Agent pour la Coopération Sécurisée de Sources d'Information) a pour objectif la résolution des hétérogénéités technique, syntaxique, structurelle et sémantique lors de la mise en œuvre d'applications coopérantes. Elle est composée de plusieurs niveaux résolvant ces différents types d'hétérogénéité (cf. Figure 4-1) chacun des niveaux s'attachant à résoudre un ou plusieurs types d'hétérogénéité [COUT03][SEGU03]. Nous nous intéressons à la résolution des conflits structurels et sémantiques.

- Niveau technique

L'hétérogénéité technique entre sources d'information est résolue grâce au middleware CORBA (ce middleware permet de s'affranchir de toutes contraintes de langage, de système d'exploitation et d'environnement d'exécution) et à l'utilisation d'objets CORBA spécifiques permettant d'accéder aux diverses sources de données.

- Niveau syntaxique et schématique

Le niveau d'abstraction des sources d'information locales est représenté par des Objets Descriptifs des Données (ODD) qui permettent de résoudre les conflits syntaxiques et schématiques.

- Niveau structurel et sémantique

L'utilisation d'agents, à ce niveau, permet d'instaurer un environnement flexible (agents capables de répondre à temps, pro-actifs, communiquant) dans le but de traiter les requêtes adressées aux bases de données [PAPA92]. A ce niveau sont réglés les conflits sémantiques.

Le système multi-agents défini est composé principalement de deux types d'agents : les agents d'accès aux sources locales et les agents informationnels.

- Les **Agents d'Accès aux sources locales** (AA) assurent la participation des données locales au processus coopératif en exploitant les Objets Descriptifs des Données et des liens sémantiques entre ces objets, au niveau intra-base.

- Les **Agents Informationnel** (AI) structurent le système d'échange entre les AA durant le processus de traitement des requêtes globales. Ils servent à faciliter les échanges entre les agents et interviennent au niveau des liens sémantiques inter-bases.

Le langage de communication FIPA ACL supporte les échanges entre les agents. Les messages sont décrits dans le cadre de protocole d'interaction entre les agents.

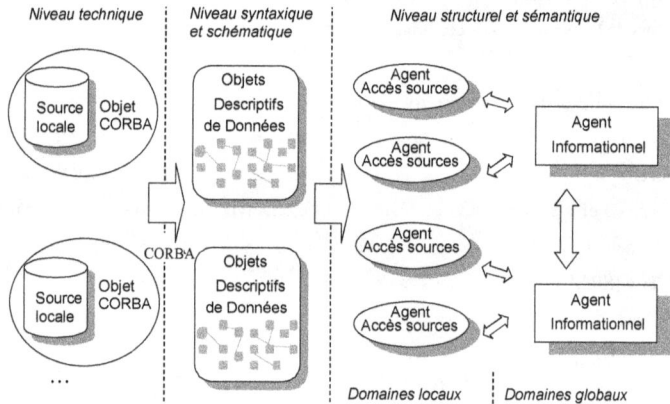

Figure 4-1: architecture coopérative multi-niveaux

Ce chapitre est agencé comme suit. Les sections 1 et 2 présentent la description et le rôle principal des agents du système. La section 3 décrit la mise en œuvre des agents pour la résolution des conflits, à travers la phase de création des entités du système (lors de l'enregistrement d'une nouvelle base de données) et le traitement des requêtes globales.

Enfin la section 4 expose plusieurs exemples de cas d'exécution de requêtes afin d'illustrer les comportements des agents.

1. Description des composants du système

Notre travail a recours aux avantages de l'Intelligence Artificielle Distribuée afin de disposer d'une représentation dynamique des sources locales lors de la diffusion de la requête multi-bases et met en évidence :

- la relative complexité de l'ensemble du système, la relative simplicité des comportements individuels (qui sont limités aux tâches dont ils sont responsables), le recours à des ensembles de solutions partielles (aucun agent pris isolément ne détient la connaissance suffisante pour produire la solution globale) et l'importance de la communication entre les agents (par des protocoles qui déterminent les interactions cognitives (cf. Chapitre 5)),

- l'utilisation de ressources objets (un niveau descriptif qui constitue une couche d'abstraction des sources locales représentées par les Objets Descriptifs).

La résolution des conflits sémantiques est basée sur l'exploitation et/ou la création des liens sémantiques et des objets descriptifs (partie ontologie) par le biais des interactions entre les agents.

1.1. Représentation de la connaissance issue des sources locales

Le respect des propriétés d'autonomie, d'hétérogénéité et de distribution des bases locales nécessite le recours à un niveau d'homogénéisation permettant de décrire les données issues des différentes sources.

Ce niveau d'homogénéisation, appelé aussi niveau descriptif des sources locales, est composé de la représentation des méta-données de sources d'information locales mais aussi des liens sémantiques entre ces données. En effet, le traitement des requêtes multi-bases nécessite l'enrichissement sémantique de la base d'objets descriptifs pour l'obtention de toutes les informations locales pertinentes.

Pour chaque modèle de données, une bibliothèque de type d'objets descriptifs est fournie et son instanciation permet de décrire les structures locales. Cette étape exploite soit des algorithmes d'analyse de schémas utilisés pour la rétro-conception de bases de données, soit des algorithmes de traduction transformant un fichier texte descriptif fourni pour chaque base locale en un ensemble d'objets descriptifs.

Les deux types de base de ce niveau sont les Objets Descriptifs de Données (ODD) et les liens:

- chaque ODD décrit un élément du modèle de données local (par exemple, pour le modèle relationnel, une table, un attribut, etc.),

- les liens qui assurent une fonction d'enrichissement définissent l'appariement entre des ODD en fonction de caractéristiques schématiques, structurelles (agrégation, généralisation) ou en fonction de caractéristiques sémantiques (synonymie, homonymie,etc.). Un lien relie deux ODD.

1.1.1. Description des Objets Descriptifs de Données

On distingue deux hiérarchies : les ODD de type relation/objet et les ODD de type attribut d'objet/attribut de relation :

Les ODD de type relation/objet :
- ODD type d'objet qui permet de décrire une classe,
- ODD relation qui permet de décrire toute relation.

Les ODD de type attribut d'objet/relation :
- ODD attribut d'objet :

  • ODD attribut d'objet valué qui permet de décrire tout attribut de classe,

  • ODD attribut d'objet référence : cet objet permet de décrire un attribut qui stocke une référence (pointeur sur un autre objet).

- ODD attribut de relation :

  • ODD clé de relation,

  • ODD clé étrangère,

  • ODD attribut de relation qui permet de décrire tout attribut de relation monovalué.

Chaque ODD peut être issu du schéma local ou créé, de façon dynamique, lors de l'exécution de requête multi-bases.

- Les **ODD extraits** sont issus des sources locales,

- Les **ODD virtuels** permettent la représentation des liens intra-base de synonymie lorsque l'ODD source ou cible ne se situe pas dans la même source.

1.1.2. Diagramme des Objets Descriptifs de Données

Le schéma suivant (cf. Figure 4-2) illustre la hiérarchie des classes d'Objet Descriptifs de Données. Pour chaque ODD, on décrit les attributs suivants :

- id_source_locale : identifiant permettant de rattacher l'ODD à une base locale (nom et chemin d'accès à la base locale)

- nom : nom décrivant l'ODD,

- extrait : attribut décrivant si l'ODD est extrait (oui/non) afin de distinguer un ODD extrait d'un ODD virtuel.

Pour chaque ODD de type attribut d'objet ou relation :

- longueur : longueur du type de l'ODD,

- type : type de l'ODD (entier, réel, chaîne de caractères),

- unité : unité de l'ODD (euros, dollars, etc.), ce dernier attribut ne sera pas renseigné dans certain cas.

A chaque ODD de type attribut est associé un ensemble de conversions. L'objet conversion permet de convertir l'unité de l'ODD dans l'unité cible (par exemple francs en euros).

Il est composé de l'attribut suivant :

- unité cible : unité cible dans laquelle doit être convertie l'unité de l'ODD.

Une fonction de conversion permet de convertir l'unité source en unité cible.

Pour chaque ODD de type attribut d'objet :

- monovalué : attribut décrivant si l'ODD est monovalué (oui/non) afin de distinguer si l'ODD est monovalué ou multivalué.

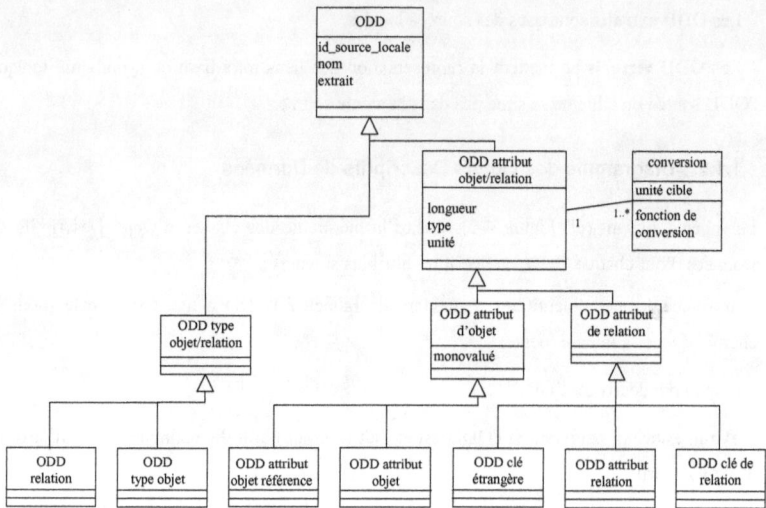

Figure 4-2: diagramme des objets descriptifs de données (UML)

1.1.3. Description des liens

Un lien est établi entre un ODD source et un ODD cible, noté **lien (ODD source, ODD cible).** Les liens structurels et de schéma sont des liens orientés alors que les liens sémantiques ne sont pas orientés (l'ODD peut être indistinctement cible et source et les liens peuvent être créés dans les deux sens).

On distingue deux types de liens :

- les liens reliant des ODD issus d'une même source locale sont appelés liens **intra-base :**

- les liens sémantiques intra-base peuvent être soit définis par un expert du domaine au niveau local, soit découverts lors de la phase d'enregistrement ou lors de la phase d'exécution des requêtes,

- les liens de schéma et de structure sont uniquement des liens intra-base.

- les liens dont les ODD cibles et sources appartiennent à deux sources d'information différentes sont appelés liens **inter-bases :**

- les liens sémantiques inter-bases sont décelés uniquement par le biais de différents protocoles d'interaction mis en œuvre entre les agents.

1.1.3.1. Des liens de schéma intra-base

Les liens de schéma sont automatiquement extraits des bases locales.

- Les liens de **dépendance** permettent de décrire toute relation entre un ODD attribut d'objet ou un ODD attribut de relation et un ODD type objet/relation. *Lien dépendance (ODD attribut, ODD type objet/relation).*

- Les liens de **référencement** permettent de décrire la relation entre un ODD de référencement et un ODD référencé. *Lien référencement (ODD attribut d'objet de référencement, ODD type d'objet), Lien référencement (ODD clé étrangère, ODD clé de relation) dans le cas de relation 1:n ou Lien de référencement (ODD clé de relation, ODD clé de relation) dans le cas de relation n:m.*

1.1.3.2. Des liens structurels intra-base

Les liens structurels concernent la classification propre à chaque schéma de base locale :

- dans le cas d'un schéma relationnel, les liens structurels intra-base sont définis par un expert du domaine,

- dans le cas d'un schéma objet, les liens structurels sont automatiquement extraits des bases locales.

Le cas de généralisation.

- Les liens de **généralisation** (ou hyperonymie) permettent de décrire un lien de spécialisation -> généralisation entre deux ODD (du terme spécialisé ou hyponyme vers le terme général ou hyperonyme). *Par exemple : lien de généralisation (chef, employé).*

- Les liens de **spécialisation** (ou hyponymie) permettent de décrire un lien de généralisation -> spécialisation entre deux ODD (du terme général ou hyperonyme vers le terme spécialisé). *Par exemple : lien de spécialisation (employé, chef).*

Le cas d'agrégation.

Un holonyme correspond à un agrégat (tout) et les méronymes correspondent aux éléments agrégés (partie).

- Les liens d'**holonymie** permettent de décrire un lien de méronymie -> holonymie entre deux ODD (d'un élément agrégé vers un agrégat). *Par exemple: lien d'holonymie (roue ,voiture).*

- Les liens de **méronymie** permettent de décrire un lien d'holonymie -> méronymie entre deux ODD (d'un agrégat vers un élément agrégé). *Par exemple : lien de meronymie (voiture, roue).*

1.1.3.3. Des liens sémantiques intra-base et inter-bases

Une partie des liens **sémantiques** est définie par un expert au niveau local mais le système complétera la liste de liens sémantiques. On distingue les liens d'équivalence sémantique et les liens de différence sémantique tels que :

> **Lien de différence sémantique = lien de (¬équivalence sémantique)**

a) *Des liens d'équivalence sémantique*

- Les liens de **synonymie** permettent de décrire un lien d'équivalence sémantique entre deux ODD alors qu'ils ne disposent pas du même nom.

- Les liens de **similarité** permettent de décrire un lien d'équivalence sémantique entre deux ODD de même nom.

- Les liens de **différences d'échelle** permettent de décrire un lien de différence au niveau de l'échelle de deux ODD de même nom.

b) *Des liens de différence sémantique*

- Les liens de **non synonymie** permettent de décrire un lien de différence sémantique entre deux ODD de nom différents.

- Les liens d'**homonymie** permettent de décrire un lien de différence sémantique entre deux ODD disposant du même nom.

- Les liens **d'échelle** permettent de décrire un lien d'équivalence au niveau de l'échelle entre deux ODD de même nom.

Nature des liens

Les liens d'équivalence sémantique peuvent être de trois types :

- Les liens d'équivalence sémantique **temporaires** sont les liens détectés par le système qui devront être validés. La validation de ces liens par l'utilisateur permet de les transformer en lien permanent ou de les transformer en lien de différence sémantique correspondant (ces derniers seront donc créés de façon définitive et n'auront pas à être validés).

- Les liens d'équivalence sémantique **permanents** sont soit des liens créés par l'expert, soit des liens n'ayant pas besoin de validation, ou soit des liens validés par l'utilisateur.

- Les liens d'équivalence sémantique **de type utilisateur** sont des liens insérés par l'utilisateur.

1.1.4. Diagramme des liens

Le diagramme des liens est composé des liens intra-base (liens de schémas, liens structurels et liens sémantique intra-base) et des liens inter-bases (liens sémantiques inter-bases) et est décrit en Figure 4-3.

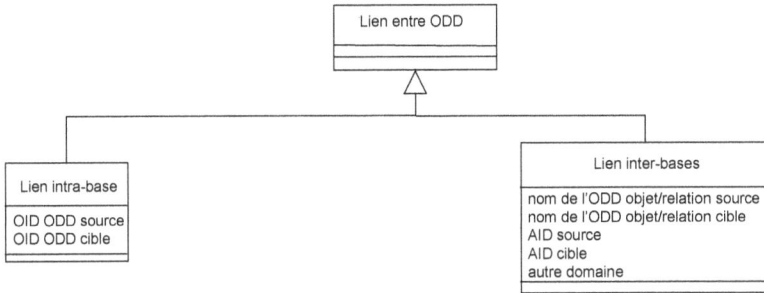

Figure 4-3 : diagramme des liens intra-base et inter-bases (en UML)

- Pour les liens intra-base, on décrit les attributs suivants :

  • OID source : identifiant de l'ODD source,

  • OID cible : identifiant de l'ODD cible.

- Pour les liens inter-bases, on décrit les attributs suivants :

  • nom de l'ODD objet/relation source,

  • nom de l'ODD objet/relation cible,

  • AID source : identifiant de l'agent dont l'ontologie contient le nom d'ODD source,

  • AID cible : identifiant de l'agent dont l'ontologie contient le nom d'ODD cible,

  • autre domaine : cet attribut (oui/non) permet de préciser si le lien provient d'un autre domaine.

Lorsqu'il s'agit de liens entre ODD attribut, on ajoute les attributs (cf. Figure 4-5) :

- nom de l'ODD attribut source,

- nom de l'ODD attribut cible.

Concernant les liens d'échelle et de différence d'échelle entre ODD attribut, on ajoute les attributs :

- unité de l'ODD attribut cible,

- unité de l'ODD attribut source.

Il n' y a pas de liens d'échelle ou de différence d'échelle entre les ODD de type relation/objet.

Pour tous les liens d'équivalence sémantique (intra ou inter-bases) :

- nature : nature du lien (permanent, temporaire ou lien utilisateur).

Les hiérarchies de liens intra-base et de liens inter-bases sont présentées dans les figures suivantes (Figure 4-4 et Figure 4-5).

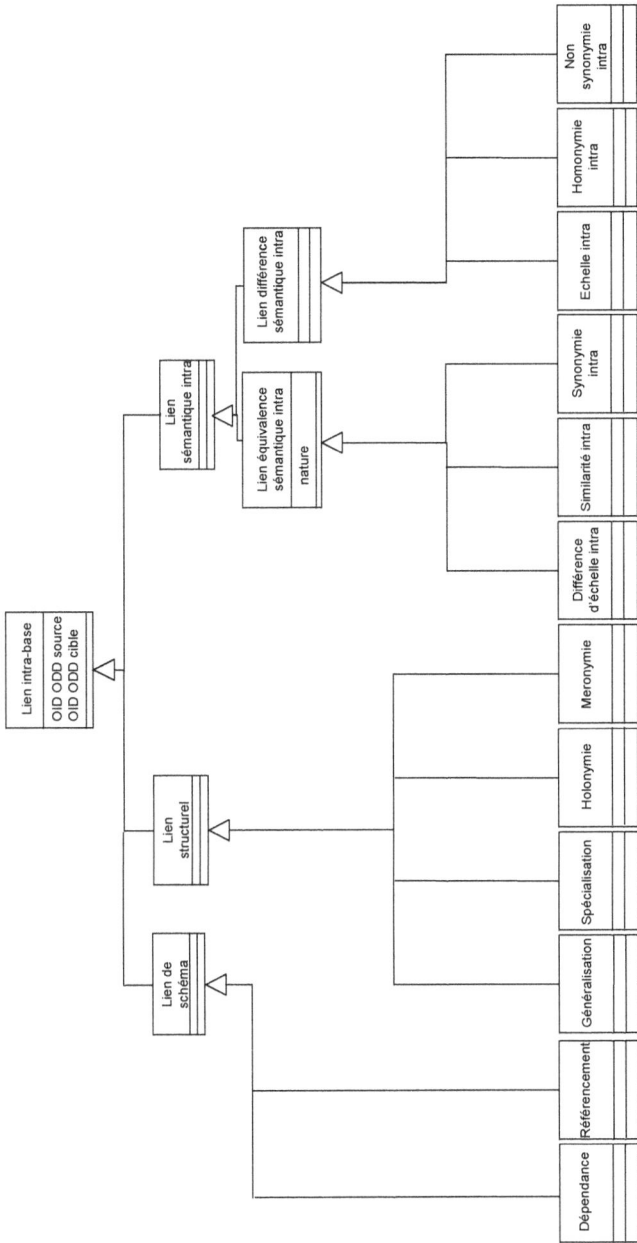

Lien intra-base
OID ODD source
OID ODD cible

Lien sémantique intra

Lien différence sémantique intra

Lien équivalence sémantique intra
nature

Lien structurel

Lien de schéma

Non synonymie intra

Homonymie intra

Echelle intra

Synonymie intra

Similarité intra

Différence d'échelle intra

Meronymie

Holonymie

Spécialisation

Généralisation

Référencement

Dépendance

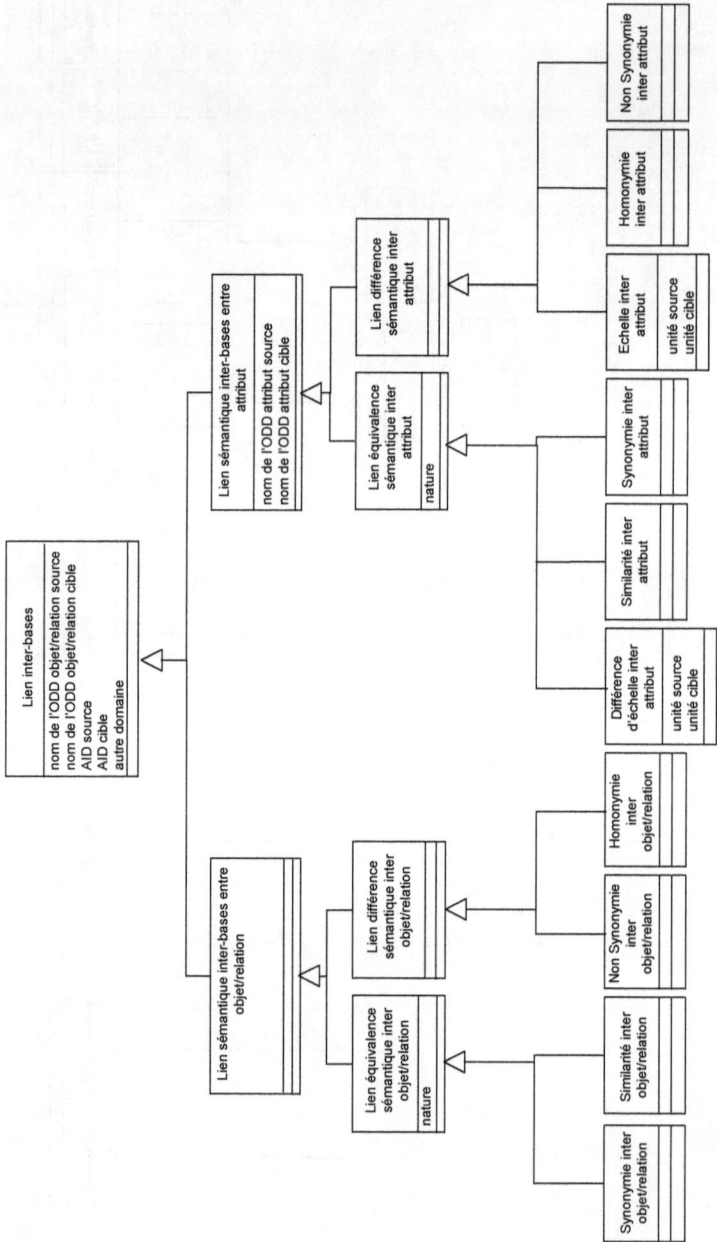

Figure 4-4 : diagramme des liens intra-base (en UML)

Figure 4-5 : diagramme des liens inter-bases (en UML)

La connaissance issue des sources locales forme les ontologies des agents. En effet, une ontologie est une description des concepts et des relations qui peuvent exister pour un agent ou une communauté d'agents (cf. Chapitre 2). Dans ce travail, les concepts correspondent aux objets descriptifs de données et les relations correspondent aux liens entre ces objets.

L'ontologie est composée de un ou plusieurs ODD et des liens entre ces ODD (1..*). Tout composé a au moins un composant. Par contre la destruction du composé n'oblige pas à détruire ses composants (la destruction de l'ontologie n'oblige pas à détruire les liens et les ODD).

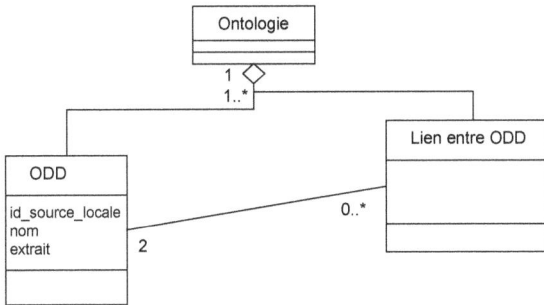

Figure 4-6 : ontologie

La section suivante présente les agents ainsi que la description de leur ontologie.

1.2. Structure interne de l'agent

Les agents de l'architecture ACSIS disposent des modules suivants, les modules ontologie, accointance, raisonnement, communication, comportement (cf. Figure 4-7) :

- le module ontologie est constitué de la connaissance provenant des sources locales (ODD, lien),

- le module accointance est constitué de la liste des agents proche sémantiquement,

- le module communication permet à l'agent les interactions avec son environnement,

- le module raisonnement lui permet de réagir en fonction des stimuli extérieurs,

- le module comportement correspond aux actions accomplies en fonction des messages extérieurs.

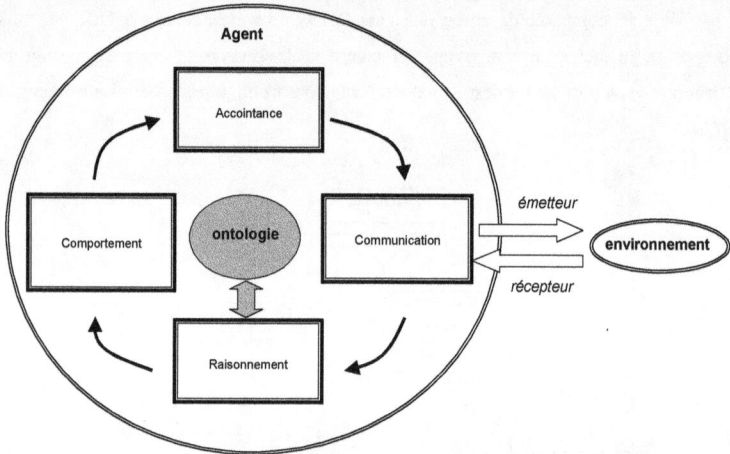

Figure 4-7 : structure interne de l'agent

1.3. Des agents de types différents pour la coopération de systèmes d'information

Les Agents Informationnels organisent le système d'échange durant le processus de traitement des requêtes globales, alors que les Agents d'Accès aux sources locales récupèrent des informations dans les bases de données locales. Chaque Agent d'Accès aux sources locales est lié à un domaine d'une base locale (domaine local). Les domaines locaux proches sémantiquement sont regroupés dans un domaine global lié à un Agent Informationnel. Un troisième type d'agent permet les interactions avec les utilisateurs du système (Agent Interface).

1.3.1. Les Agents d'Accès aux sources locales (AA)

Rôle de l'AA : un AA a accès aux connaissances locales et dispose d'une expertise sur le domaine local. Il reçoit des requêtes en provenance des Agents Informationnels.

Les capacités cognitives de cet agent se situent :

- au niveau de la perception de l'environnement : il acquiert des informations provenant des Agents Informationnels, il s'adapte progressivement et s'enrichit à partir de sa base de connaissances interne (ontologie) et des évolutions provenant du système,

- au niveau des actions : il traduit la requête Q en requête Q' exprimée dans le langage propre de manipulation de données de la base locale et la renvoie, il exécute cette requête Q' sur la base locale, il réceptionne les résultats de l'exécution des requêtes et renvoie les résultats.

Représentation de l'ontologie : l'AA est un agent mono-domaine dont l'ontologie est constituée de la hiérarchie d'objets descriptifs et des liens intra-base.

1.3.2. Les Agents Informationnels (AI)

Rôle de l'AI : un AI est un agent intelligent (pro-actif, réactif et communiquant) qui a accès à des sources d'information multiples, hétérogènes et géographiquement distribuées et qui acquiert, négocie et maintient une information pertinente afin de répondre à des requêtes d'utilisateurs ou d'autres agents [KLUS01].

Les capacités cognitives de cet agent se situent :

- au niveau de la perception de l'environnement : il acquiert des informations provenant de l'extérieur (autre AI ou utilisateur), il s'adapte progressivement et s'enrichit à partir de sa base de connaissances interne (ontologie) et des évolutions provenant du système,

- au niveau des actions : il décompose les requêtes en sous-requêtes,

- au niveau de l'obtention des résultats : il récupère les résultats pour obtenir une solution globale,

- au niveau des capacités de coopération et de communication avec les autres agents durant le processus de traitement des requêtes. Lorsqu'il n'a pas la connaissance suffisante pour répondre à une requête, il a la capacité de trouver la connaissance chez d'autres Agents Informationnels.

Représentation de l'ontologie : l'AI est un agent multi-domaines (mais regroupant des domaines proches sémantiquement) dont l'ontologie est constituée des liens inter-bases.

1.3.3. Un Agent d'Interface (A In)

Un Agent Interface sert d'intermédiaire entre les utilisateurs et les Agents Informationnels.

Les utilisateurs du système peuvent accéder à un ou plusieurs rôles en fonction de leurs responsabilités et leur qualification. Chaque rôle correspond à un ensemble de permissions sur le système [FERR92] et est représenté par une spécialisation de l'agent interface : Agent Expert (AEx) et Agent Utilisateur (AUt).

- Agent Utilisateur : il exécute une requête sans se préoccuper ni de la localisation des données (transparence), ni de la pertinence de sa requête. L'Agent Utilisateur est un utilisateur global du système qui est gestionnaire de la requête. Il aura pour objectif de valider les résultats et de déclencher la ré-exécution de la requête.

Rôle : valide les résultats et a la possibilité d'insérer des liens de synonymie si les résultats ne le satisfont pas.

- Agent Expert local du domaine : il a une connaissance sur le domaine de la base locale. Il définit certains liens intra-base, choisit une approche pour modéliser la base (relationnelle ou objet) et un nom de domaine représentatif.

Rôle : spécifie l' approche (relationnelle,objet) de la base, le nom de domaine et les liens sémantiques.

2. Exploitation des liens

La résolution des conflits sémantiques par les agents consiste à exploiter des liens existants et en créer de nouveaux.

Les liens de schémas (de référencement et de dépendance), les liens de généralisation et d'agrégation et tous les liens sémantiques de type permanent ou temporaire sont exploités au cours des différentes phases d'interactions entre les agents :

- lors de l'envoi des requêtes et sous-requêtes,

- lors de l'évaluation de la capacité des agents à répondre aux requêtes ou sous-requêtes,

- lors de la récupération et de la validation des résultats.

2.1. Créations et mises à jour de liens sémantiques

Au cours de l'organisation du système multi-agents (création des entités du système) et du traitement des requêtes multi-bases, certains liens d'équivalence sémantique sont détectés et seront mis à jour lors de la validation des résultats par l'Agent Utilisateur.

- Création de liens d'équivalence sémantique temporaires :

- les liens de similarité intra-base temporaires/permanents sont détectés lors de la création de l'AA. Des liens de similarité inter-bases temporaires sont détectés lors du rattachement de l'AA à l'AI,

- des liens d'échelle permanents sont détectés lors de la création de l'AA,

- les liens de différence d'échelle temporaires sont décelés lors de la création de l'AA (intra-base) et lors du rattachement de l'AA à l'AI (inter-bases),

- les liens de synonymie temporaires entre les ODD sont créés lors du protocole de traitement de la requête multi-bases (lien intra et inter-bases) et des liens de synonymie inter-bases et intra-base permanents sont créés lors de la validation des résultats par l'utilisateur.

A chaque création de liens d'équivalence sémantique, les agents vérifient que des liens de différence sémantique correspondants n'existent pas. Les mécanismes de création sont détaillés dans la section 3.

- Mise à jour des liens d'équivalence sémantique ou création des liens de différence sémantique.

Suite aux interactions avec l'Agent Utilisateur, les AI mettent à jour les liens d'équivalence sémantique inter-bases et les AA mettent à jour les liens d'équivalence sémantique intra-base : soit ils deviennent des liens d'équivalence sémantique permanents, soit ils sont supprimés. Dans ce cas, les liens de différences sémantiques correspondant seront automatiquement créés. En ce qui concerne les liens de différences d'échelle, l'Agent Utilisateur est alors invité à ajouter lui-même certaines fonctions de conversion (pour la conversion des euros en lire par exemple) ou ajouter des tables de correspondance[9].

---

[9] Exemple de tables de correspondances :

2.2. Inférence sémantique

Dès qu'un lien d'équivalence sémantique est créé de façon permanente, chaque AA ou AI provoque la création de nouveaux liens selon les règles décrites dans la partie suivante.

Nous présentons les propriétés des relations sémantiques (entre les ODD α, β et γ) définies précédemment :

- la synonymie est une relation non réflexive et symétrique,

- l'échelle est une relation réflexive, symétrique et transitive (il s'agit de la relation d'équivalence au niveau de l'échelle entre deux ODD telle que définie en section 1.1.3.3 page 94),

- la différence d'échelle est une relation non réflexive et symétrique,

- la similarité est une relation réflexive, transitive et symétrique,

- l'homonymie et la non synonymie sont des relations non réflexives et symétriques.

On peut inférer de nouveaux liens sémantiques à partir des liens permanents déjà existants.

- A partir des liens de similarité

$$similarité(\alpha,\beta) \wedge similarité(\beta, \gamma) \Rightarrow similarité(\alpha, \gamma)$$

$$similarité(\alpha,\beta) \wedge synonymie (\beta, \gamma) \Rightarrow synonymie(\alpha, \gamma)$$

$$similarité(\alpha,\beta) \wedge homonymie (\beta, \gamma) \Rightarrow homonymie(\alpha, \gamma)$$

$$similarité(\alpha,\beta) \wedge non\ synonymie (\beta, \gamma) \Rightarrow non\ synonymie(\alpha, \gamma)$$

Ces inférences sont justifiées par le fait que si α et β sont liés par un lien de similarité, alors α et β ont le même nom et sont équivalents sémantiquement. Si β est lié par un lien sémantique avec γ, alors α et γ sont liés par un lien de même type.

- A partir des liens d'échelle

Permis	Oui	O
	Non	N

échelle (α,β) ∧ échelle(β, γ) ⇒ échelle (α, γ)

Cette inférence est justifiée par la propriété de transitivité de l'échelle.

échelle (α,β) ∧ différence d'échelle(β, γ) ⇒ différence d'échelle (α, γ)

α, β et γ ont le même nom. De plus, α et β ont la même échelle et β et γ ont des échelles différentes. Alors, α et γ auront la même différence d'échelle.

- A partir des liens de synonymie

synonymie (α,β) ∧ homonymie(β, γ) ⇒ non synonymie(α, γ)

α et β ont la même signification et des noms différents. De plus, β et γ ont des noms identiques et des significations différentes. Alors, α et γ auront des noms différents et des significations différentes.

synonymie (α,β) ∧ synonymie(β, γ) ∧ (α ≠ γ) ⇒ synonymie(α, γ)

Si α et β ont la même signification et si β et γ ont la même signification, alors α et γ ont la même signification. Cependant, si α et γ ont le même nom, un lien a déjà été détecté (similarité ou homonymie). Par contre, si α et γ ont des noms différents, alors il s'agit d'un lien de synonymie.

- A partir des liens structurels : d'hyponymie (spécialisation)   ou   d'hyperonymie (généralisation)

specialisation (α,β) ∧ similarité (α, γ) ⇒ synonymie (β, γ)

Si β est un hyponyme d'α et si α est impliqué dans un lien de similarité avec γ, alors β et γ ont la même signification. Or, comme β est un hyponyme, il n'a pas le même nom que α et n'a par conséquent, pas le même nom que γ. Donc, le lien entre β et γ est un lien de synonymie et pas de similarité.

specialisation (α,β) ∧ homonymie (α, γ) ⇒ non synonymie(β, γ)

Si β est un hyponyme d'α et si α est impliqué dans un lien d'homonymie avec γ, alors β et γ ont des significations et des noms différents. Donc, le lien entre β et γ est un lien de non synonymie.

specialisation (α,β) ∧ synonymie (α, γ) ∧ (β ≠ γ) ⇒ synonymie(β, γ)

Si β est un hyponyme d'α et si α est impliqué dans un lien de synonymie avec γ, alors β est aussi lié sémantiquement avec γ. Cependant, si β et γ ont le même nom, un lien a déjà été créé (similarité ou homonymie). Par contre, si β et γ ont des noms différents alors il s'agit d'un lien de synonymie.

specialisation (α,β) ∧ non synonymie (α, γ) ∧ (β ≠ γ) ⇒ non synonymie(β, γ)

Si β est un hyponyme d'α et si α est impliqué dans un lien de non synonymie avec γ, alors β est aussi lié sémantiquement avec γ. Cependant, si β et γ ont le même nom, un lien a déjà été créé (similarité ou homonymie). Par contre, si β et γ ont des noms différents alors il s'agit d'un lien de non synonymie.

De même, nous avons les mêmes inférences sémantiques avec les liens de généralisation.

géréralisation (α,β) ∧ similarité (α, γ) ⇒ synonymie (β, γ)
géréralisation (α,β) ∧ homonymie (α, γ) ⇒ non synonymie(β, γ)
généralisation (α,β) ∧ synonymie (α, γ) ∧ (β ≠ γ) ⇒ synonymie(β, γ)
généralisation (α,β) ∧ non synonymie (α, γ) ∧ (β ≠ γ) ⇒ non synonymie(β, γ)

3. Mise en œuvre des agents pour la résolution des conflits sémantiques

Les différents types d'agents sont mis en œuvre au sein du système et sont décrits dans leur évolution :

- leur réaction évolue au cours du temps,

- leurs dialogues sont indépendants (il n'y a aucun appel de méthodes entre agents). Les messages correspondent à des performatifs.

3.1. Processus ascendant de création des objets et des agents du système

L'entrée de nouvelles sources ou toute évolution des sources locales déclenche **un processus ascendant et dynamique de création des entités de l'architecture (objet et agent).** Ce processus est présenté à travers un exemple récurrent qui permettra à la fois d'illustrer les différentes créations d'entités mais aussi les interactions entre les agents. Il débute par le rattachement d'une source locale : la création d'un AA représentant une base locale et la création des objets descriptifs des sources locales. Le processus se poursuit par l'enregistrement d'un AA auprès d'un AI. Enfin, la modification et la suppression de sources locales sont également présentées.

3.1.1. Création des objets descriptifs de données

Nous décrivons des extraits de bases de données qui représentent les schémas exportés de trois bases impliquées : source 1, source 2, source 3. Les sources 1 et 2 sont exploitées par un système de gestion de bases de données relationnelles tandis que la source 3 est gérée par un système de gestion de bases de données orientées-objet.

Deux bases de données sont décrites selon le MCD de Merise :

- la source 1 (cf. Figure 4-8) est composée des relations chef (n°SS, nom, salaire, spécificité), équipe (n°équipe, nb personnes, n°SS), employé (n°SS, nom, salaire, n°équipe), travaille (n°SS, nom), projet (nom, type),

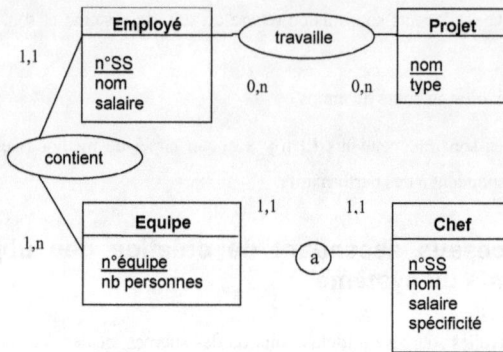

Figure 4-8 : source 1

- la source 2 (cf. Figure 4-9) est composée des relations entreprise (n°entreprise, nom, spécificité, CA en euros) et salarié (n°SS, patronyme, salaire, date naissance, n°entreprise).

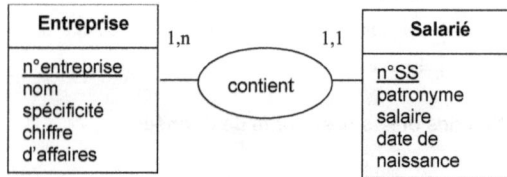

Figure 4-9 : source 2

Une troisième base de données est décrite selon le modèle objet (OMT) :

- la source 3 (cf.

- Figure 4-10) est composée des objets personne (n° SS, nom), salarié (fonction) sous classe de personne et abonnement sportif (n°abonnement, type, durée) référence un salarié.

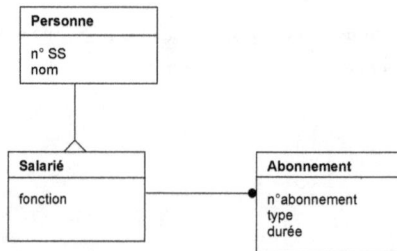

Figure 4-10 : source 3

Chaque objet, relation, attribut contenu dans une base locale est décrit par un Objet Descriptif de Données. Nous présentons les hiérarchies d'objets descriptifs relatives aux trois sources de données. Pour simplifier la représentation des objets descriptifs suivants :

- les liens (de dépendance, de référencement et ceux établis par l'expert) sont illustrés par des flèches,

- le champ unité n'est renseigné que si nécessaire,

- l'attribut extrait n'est pas rajouté sur les schémas suivants car tous les ODD des schémas suivants sont extraits des sources locales (extrait : oui),

- les atttributs proposés sont monovalués.

- **Description des objets descriptifs issus de la source 1 (Figure 4-11)**

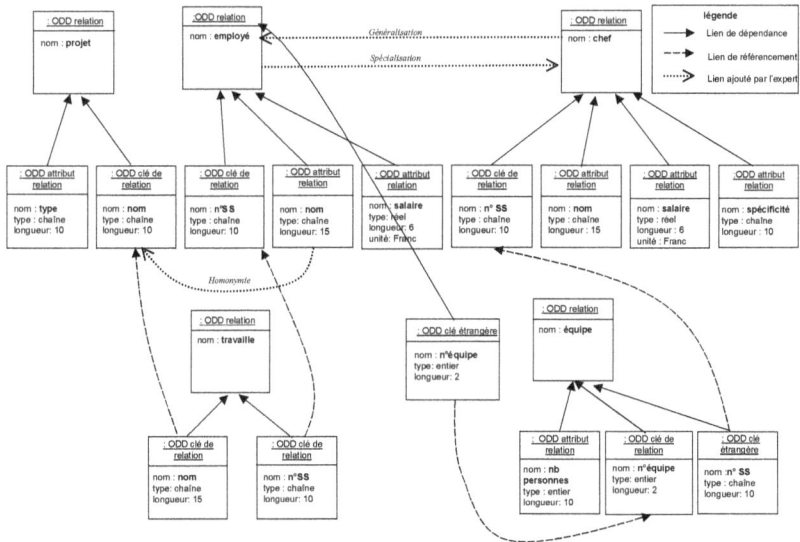

Figure 4-11 : hiérarchie d'objets descriptifs issus de la source 1

- **Description des objets descriptifs issus de la source 2 (Figure 4-12)**

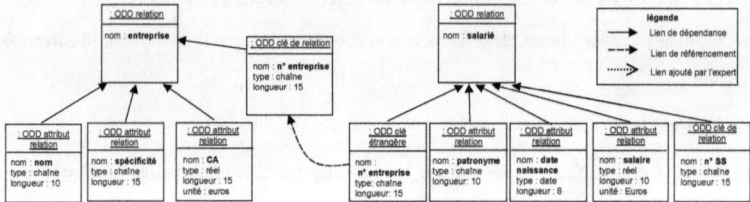

Figure 4-12 : hiérarchie d'objets descriptifs issus de la source 2

- **Description des objets descriptifs issus de la source 3 (Figure 4-13)**

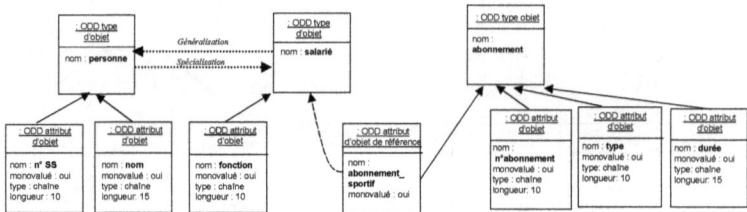

Figure 4-13 : hiérarchie d'objets descriptifs issus de la source 3

3.1.2. Création d'un AA

Un AA est créé par base locale. Le graphe d'objets descriptifs et les liens automatiquement créés à ce niveau (lien de référencement, de dépendance et certains liens structurels selon l'approche choisie) sont encapsulés dans un AA.

Pour chaque AA, l'expert qui crée ou qui gère la base :

- définit les liens sémantiques intra-base ainsi que les liens structurels,

- précise l'approche choisie pour modéliser la base (relationnel, objet),

- spécifie le domaine de l'AA. *Les domaines des AA sont respectivement pour les bases 1,2 et 3: entreprise, masse salariale et loisir* (cf. Figure 4-14). Le **domaine** correspond à un terme représentant de façon explicite l'ontologie.

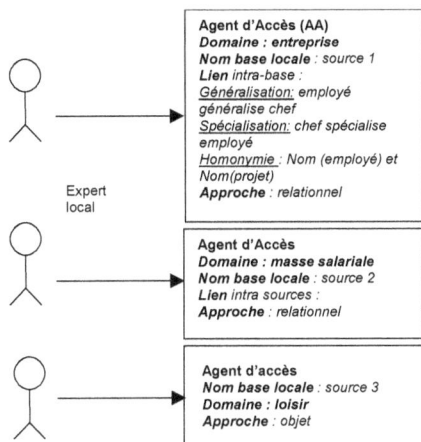

Figure 4-14 : création des AA

Chaque AA, une fois créé, décèle la présence des liens de similarité intra-base s'ils n'ont pas été définis par l'expert du domaine à partir d'une équivalence sémantique sur le nom des ODD.

Si une unité a été détectée entre les ODD de type attribut, des liens de différence d'échelle intra-base temporaires sont supposés car on ne peut pas détecter les liens d'échelle uniquement sur l'équivalence entre les unités. Par exemple, le lien entre *salaire* (franc) et *salaire* (franc) n'est pas un lien d'échelle puisqu'il peut s'agir du franc suisse ou du franc belge. Les liens **de similarité et de différence échelle intra-base de type temporaire** sont créés s'il n'y a pas de liens d'homonymie ou d'échelle correspondant.

Les liens de **similarités et d'échelle intra-base de type permanent** peuvent être créés entre deux ODD de type attribut si les ODD dont ils dépendent sont liés entre eux par des liens de spécialisation/généralisation. En effet, on ne peut avoir de différence d'échelle ni de liens d'homonymie lorsque les ODD sont impliqués dans des liens de spécialisation/généralisation. *Par exemple, l'ODD de type relation chef spécialise l'ODD de type relation employé. Alors il existe un lien de similarité permanent et un lien d'échelle permanent entre l'ODD salaire dépendant de l'ODD chef et l'ODD salaire dépendant de l'ODD employé.*

> *Parmi les trois AA (entreprise, masse salariale et loisir), l'AA entreprise crée des liens permanents :*
>
> *- un lien de similarité permanent entre nom de l'ODD relation employé et nom de l'ODD relation chef,*
>
> *- un lien de similarité permanent entre salaire de l'ODD relation employé et salaire de l'ODD relation chef,*
>
> *- un lien de similarité permanent entre n°SS de l'ODD relation employé et n°SS de l'ODD relation chef,*
>
> *- le lien d'échelle permanent entre salaire de l'ODD relation employé et salaire de l'ODD relation chef.*
>
> *L'AA entreprise ne crée aucun lien temporaire : le lien de similarité temporaire entre nom de l'ODD relation projet et nom de l'ODD relation employé n'est pas créé car il existe un lien d'homonymie défini par l'expert entre ces deux ODD.*

3.1.3. Processus d'enregistrement des AA aux AI

Chaque AA dispose d'un nom de domaine. Chaque AI dispose d'un nom de domaine et d'une liste de domaines qui lui sont proches sémantiquement.

L'AI accepte l'AA dans le réseau d'accointances en fonction de la proximité sémantique. Le réseau d'accointances de l'AI **est composé d'un ensemble d'AA proche sémantiquement**. L'AI dont le domaine est le plus proche sémantiquement de celui de l'AA l'intègre dans son réseau d'accointances. Les interactions sont initiées par la demande de l'AA à être associé à un AI.

Les cas suivants peuvent être distingués :

- si un seul AI dispose du nom de domaine de l'AA, l'AA est accepté dans le réseau d'accointances,

- si plusieurs AI disposent du nom de domaine de l'AA dans leur liste et envisagent de répondre favorablement à la demande de l'AI, l'AA s'enregistre au premier AI qui répond,

- si aucun AI ne dispose du nom de domaine de l'AA dans son graphe de domaine, l'AI refuse le rattachement de l'AA et renvoie la liste des domaines proches sémantiquement :

- l'expert local (présent lors du rattachement d'une base locale au système) a la possibilité de compléter la liste de domaines proches sémantiquement afin que l'AA puisse être rattaché,

- si la liste n'est pas complétée, un nouvel AI est créé. L'intervention de l'expert local consiste à choisir un nom de domaine plus général que celui de l'AA et à choisir une liste de domaines proches sémantiquement pour accepter des nouveaux AA dans le réseau d'accointances. Le nom de domaine de l'AA est alors inséré automatiquement dans la liste des domaines proches sémantiquement.

Lorsque l'AA dont le domaine est entreprise est créé, aucun AI ne correspond, il y a création d'un AI dont le domaine est professionnel par le biais d'un expert. Lorsque l'AA masse salariale est créé, il trouve le domaine professionnel dans la liste et s'y rattache (cf. Figure 4-15).

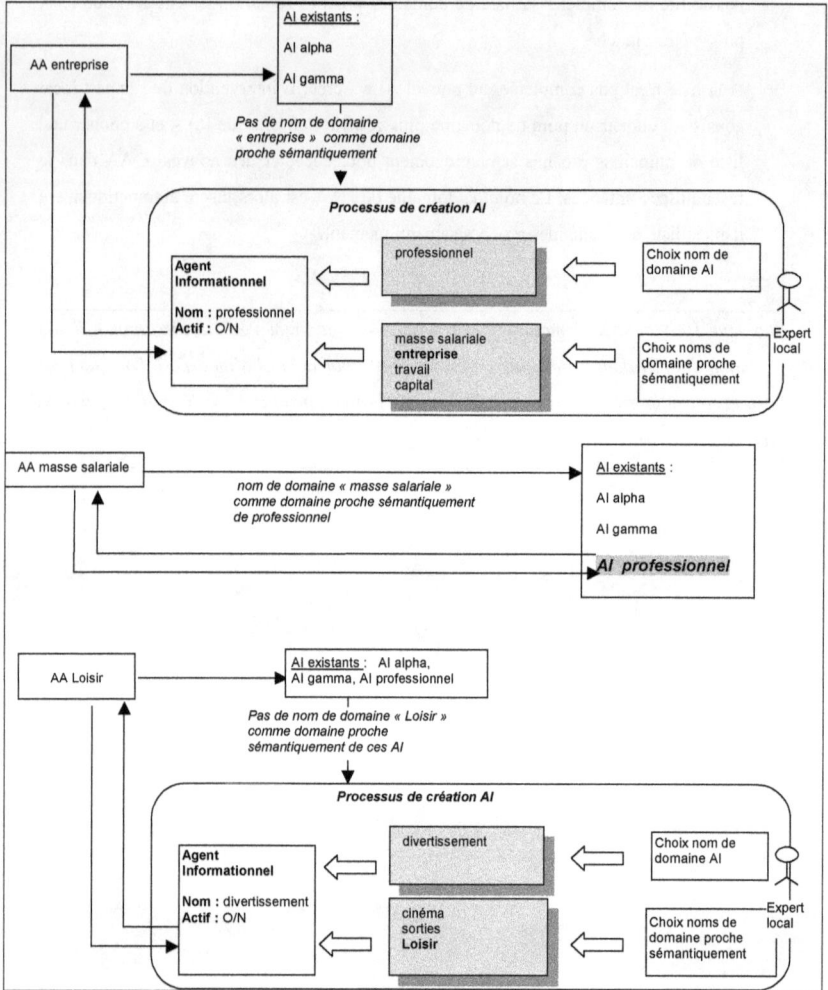

Figure 4-15 : rattachement des AA aux AI : formation du réseau d'accointances

L'AI établit une comparaison basée sur l'équivalence sémantique entre le nom des ODD provenant de l'ontologie de l'AA rattachée et ceux provenant des ontologies des autres AA de son réseau d'accointances. Cette comparaison est effective lorsque l'AA s'est enregistré auprès de l'AI et que le réseau d'accointances est formé de plus d'un AA. Elle permet à l'AI de déceler la présence des liens de similarité et des liens de différence d'échelle inter-bases.

L'AI professionnel crée des liens inter-bases temporaires entre l'AA entreprise et l'AA masse salariale :

- Lien de similarité :

- *salaire de l'ODD employé de l'AA entreprise et salaire de l'ODD salarié de l'AA masse salariale,*

- *salaire de l'ODD chef de l'AA entreprise et salaire de l'ODD salarié de l'AA masse salariale,*

- *nom de l'ODD employé de l'AA entreprise et nom de l'ODD entreprise de l'AA masse salariale,*

- *nom de l'ODD chef de l'AA entreprise et nom de l'ODD entreprise de l'AA masse salariale,*

- *nom de l'ODD projet de l'AA entreprise et nom de l'ODD entreprise de l'AA masse salariale,*

- *spécificité de l'ODD chef de l'AA entreprise et spécificité de l'ODD entreprise de l'AA masse salariale.*

- Liens de différence d'échelle :

- *salaire de l'ODD employé de l'AA entreprise et salaire de l'ODD salarié de l'AA masse salariale,*

- *salaire de l'ODD chef de l'AA entreprise et salaire de l'ODD salarié de l'AA masse salariale.*

L'AI Divertissement ne détecte aucun lien puisqu'il ne dispose que d'un AA dans son réseau d'accointances.

3.1.4. Récapitulatif de la création des liens lors de l'enregistrement d'une base locale

Le tableau suivant (cf. Tableau 7) présente les liens temporaires et permanents créés au cours des étapes précédentes (création de l'AA et rattachement de l'AA à l'AI).

	AA intra-base	AI inter-bases
Liens permanents	**AA entreprise** Lien d'échelle: employé.salaire et chef. salaire Lien de similarité: Employé.nom et chef. nom, employé.salaire et chef.salaire, n°SS.employe et n°SS.chef	
Liens temporaires		**AI professionnel:** Liens de différence d'échelle 1) employé.salaire de l'AA *entreprise* et salarié.salaire de l'AA *masse salariale* 2) chef.salaire de l'AA *entreprise* et salarié.salaire de l'AA *masse salariale* Liens de similarité 3) employé.salaire de l'AA *entreprise* et salarié.salaire de l'AA *masse salariale* 4) chef.salaire de l'AA *entreprise* et salarié.salaire de l'AA *masse salariale* 5) employé.nom de l'AA *entreprise* et entreprise.nom de l'AA *masse salariale* 6) chef.nom de l'AA *entreprise* et entreprise.nom de l'AA *masse salariale* 7) projet.nom de l'AA *entreprise*, entreprise. nom de l'AA *masse salariale* 8) chef.spécificité de l'AA *entreprise* et entreprise. spécificité de l'AA *masse salariale*

Tableau 7 : récapitulatif des liens intra-base et inter-bases créés

3.1.5. Modification et suppression d'un AA

La suppression d'une base locale implique celle des ODD et des liens intra-base. La suppression de l'AA entraîne celle de l'AI uniquement lorsque celui-ci est l'unique AA du réseau d'accointances. Si l'AA n'est pas unique dans le réseau d'accointances, les liens inter-bases sont conservés car ils concernent de la connaissance au niveau global. Puisque les liens concernent alors deux noms d'ODD dont un des deux n'est plus rattaché à une base, l'AID de l'AA correspondant est alors mis à nul.

La <u>modification</u> d'une source locale implique plusieurs cas qui se répercutent au niveau de la couche objets descriptifs de données. Un ODD peut être modifié, supprimé ou ajouté :

- la modification d'un ODD peut concerner le nom, la longueur, le type, etc.

- • S'il s'agit d'une modification sur le nom et de l'unité de l'ODD, il y a création, modification ou suppression de liens intra-base. Par exemple, lorsque l'on remplace un nom d'ODD, le système créera automatiquement un lien de synonymie entre ces deux noms. Si le terme remplacé est impliqué dans un lien de similarité, celui-ci sera supprimé et un lien de synonymie correspondant sera créé. Le protocole de création de liens de similarité et de différence d'échelle sera relancé.

- • S'il s'agit de la longueur ou du type qui est modifié, il n'y a pas de modification des liens intra-base.

- la suppression d'un ODD implique la suppression des liens intra-base concernés par cet ODD. Les liens inter-bases concernés sont maintenus.

- l'ajout d'un ODD implique une modification au niveau de l'ontologie de l'AA et donc la nécessité de relancer un processus de création de liens de similarité et de différence d'échelle intra-base (comme lors de la création de l'AA) basé sur l'équivalence sémantique entre cet ODD et les autres ODD.

Dans le cas où les liens intra-base seraient modifiés (ajout d'un ODD, modification du nom d'un ODD), le processus d'enregistrement des AA aux AI est relancé pour la création des liens inter-bases. Les liens inter-bases déjà existants sont conservés (en annulant l'AID) mais de nouveaux liens inter-bases pourront être créés.

3.2. Traitement des requêtes globales

Un protocole de coopération entre les sources d'information locales doit permettre le traitement des requêtes et la résolution des conflits. Il organise la négociation entre les AI et AA et se compose de différentes phases. Les requêtes sont réalisées en pseudo SQL. Le mode « Select From Where » permet d'identifier table et attribut mais le nom de toutes les tables n'est pas obligatoirement précisé car l'utilisateur global du système n'a pas connaissance de tous les noms de tables.

Plusieurs étapes importantes balisent le traitement d'une requête multi-bases :

- transmission de la requête : la requête est transmise de l'Agent Utilisateur vers chaque AI qui exploite les liens inter-bases de synonymie et diffuse la requête aux AA,

- évaluation sémantique de la requête : chaque AA évalue son ontologie en fonction de la requête soumise en exploitant les liens de synonymie et d'homonymie intra-base (connaissance sur les ODD en fonction de termes de la requête reçue). Chaque AA crée de nouveaux liens de synonymie intra-base à partir des liens de référencement existants et des éléments de la requête. Après avoir reçu les réponses des AA, l'AA crée des liens de synonymie inter-bases.

Si aucun AA ne peut répondre à la suite de cette étape, l'AI a recours à l'utilisation de lien de synonymie d'un autre domaine pour relancer la requête et l'évaluation sémantique,

- découpage de la requête en sous-requêtes : à partir des résultats de l'étape précédente, les requêtes sont découpées par l'AI,

- recherche et validation des résultats des sous-requêtes. Les sous-requêtes sont modifiées en fonction des liens structurels, des liens de synonymie et du modèle de la base locale au niveau de l'AA, et transmises à l'AI. Lors de la récupération des résultats, les liens de différence d'échelle sont exploités. Les résultats des sous-requêtes parviennent à l'AUt qui les valide et les liens correspondants à valider sont mis à jour au niveau de l'AA ou de l'AI.

Ces étapes sont présentées de façon détaillée ci-après.

3.2.1. Transmission de la requête

L'Agent Utilisateur transmet la requête aux Agents Informationnels. Chaque AI utilise **les liens inter-bases de synonymie temporaires et permanents** de son ontologie entre les termes correspondants aux éléments de la requête soumise et modifie la requête avec les synonymes découverts. Chaque AI transmet chaque requête modifiée vers les AA de son réseau d'accointances.

3.2.2. Evaluation sémantique de la requête

Chaque AA évalue le contenu de son ontologie en fonction de la requête soumise (étape 1). Si aucun AA n'a de connaissance sur les éléments de la requête, l'AI recherche auprès des autres AI des liens de synonymie inter-bases qui pourraient permettre à ses AA de répondre à la requête (étape 2) et il y a retour à l'étape 1.

Chaque AA décèle ensuite des liens de synonymie intra-base temporaires (étape 3) qui sont renvoyés à l'AI. Chaque AI qui réceptionne ces liens intra-base peut en déduire des liens inter-bases temporaires (étape 4).

3.2.2.1. Connaissance sur les éléments de la requête

Chaque AA évalue les objets descriptifs de données en fonction des éléments contenus dans la requête soumise (nom des attributs et des tables). Chaque AA décèle la connaissance sur les noms d'ODD de type objet/ relation et/ou des ODD attributs contenus dans sa hiérarchie correspondant aux éléments de la requête soumise en fonction des **liens de synonymie intra-base**. Les AA tiennent compte aussi des liens **d'homonymie intra-base.** En effet, la connaissance ne peut être décelée sur deux termes homonymes, seule est renvoyée la connaissance requise par la requête.

Chaque AA compare l'unité des attributs sélectionnés dans la requête avec l'unité des ODD disposant de la connaissance. A partir de là, l'AA crée des liens de différence d'échelle intra-base (qui seront à valider) entre un OID nul (car correspondant au terme de la requête) et l'OID de l'ODD contenu dans l'ontologie.

3.2.2.2. Recherche des liens de synonymie inter-bases

Si aucun AA ne dispose de connaissance sur les termes de la requête, l'Agent Informationnel fait une demande aux autres Agents Informationnels. Chaque AI qui reçoit la demande recherche les liens inter-bases dont un des deux noms d'ODD impliqué est identique :

- aux éléments spécifiés dans la requête (nom des attributs et des tables),

- à tous les noms liés par les liens de synonymie de l'AI aux éléments de la requête (*les synonymes de synonymes*).

Le lien est spécifique à chaque AI car il concerne un domaine précis. Il sera donc utilisé de façon temporaire par l'AI demandeur. L'AI, qui utilisera ses liens, modifiera la requête et produira autant de requêtes que de combinaisons possibles. Les liens inter-bases temporaires utilisés seront à valider par l'Agent Utilisateur. Si le lien est validé par l'Agent Utilisateur :

- un lien inter-bases permanent est créé si les deux termes concernés se trouvent dans deux AA différents,

- un lien intra-base permanent est créé si les deux termes se trouvent dans le même AA.

Si aucun des liens précédents n'a pu être créé, on établit un lien à l'aide d'un ODD virtuel dès qu'un terme se trouve dans un AA.

3.2.2.3. Création de liens de synonymie et de similarité intra-base temporaires

Cette méthode consiste à déceler des liens de synonymie (temporaires dans un premier temps) sans requérir l'intervention de l'Agent Utilisateur. Il s'agit de supposer la présence de liens de synonymie et de liens de similarité grâce aux liens de référencement en comparant les éléments de la requête soumis aux noms des ODD de l'ontologie de chaque AA (cf. section 3.2.2.1). Ces liens devront être ensuite validés par l'Agent Utilisateur.

On distingue deux façons de détecter la présence de liens de synonymie et de similarité intra-base temporaires au niveau de la clause from/where par le biais des liens de référencement ou au niveau de la clause where en comparant les attributs.

a)   *Clause From/ clause where*

Un **ODD** de type objet /relation **référencé** est un ODD trouvé à partir d'un ODD de type objet/relation donné par le biais des liens de dépendance et de référencement selon la méthode suivante :

- ODD de type relation

Dans le cas d'une relation 1:1 ou 1: n (cf. Figure 4-16) :

- l'ODD clé étrangère dépend de l'ODD de type relation donné,

- l'ODD clé de relation est référencé par l'ODD clé étrangère,

- l'ODD clé de relation est dépendant de l'**ODD de type relation "référencé"**.

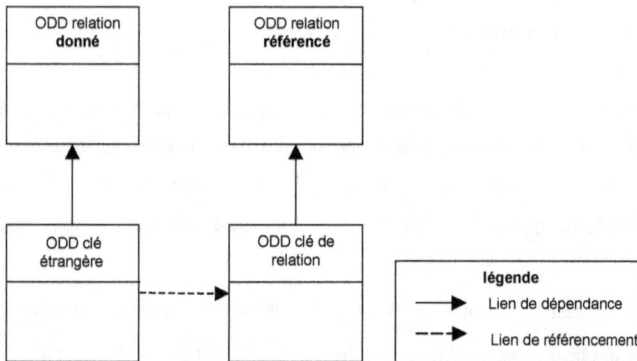

Figure 4-16 : ODD relation référencé cas 1:n

120

Le cas inverse est aussi vrai, à partir d'un ODD relation donné,

- l'ODD clé de relation dépend de l'ODD de type relation donné,

- l'ODD clé de relation est référencé par l'ODD clé étrangère,

- l'ODD clé étrangère est dépendant de l'**ODD de type relation "référencé"**.

Dans le cas d'une relation n : m (cf. Figure 4-17):

- l'ODD clé de relation dépend de l'ODD de type relation donné,

- l'ODD clé de relation référence l'ODD clé de relation,

- l'ODD clé de relation dépend de l'ODD relation,

- ensuite, l'ODD clé de relation dépend de l'ODD relation,

- l'ODD clé de relation référence l'ODD clé de relation,

- l'ODD clé de relation dépend de l'**ODD type de relation "référencé"**.

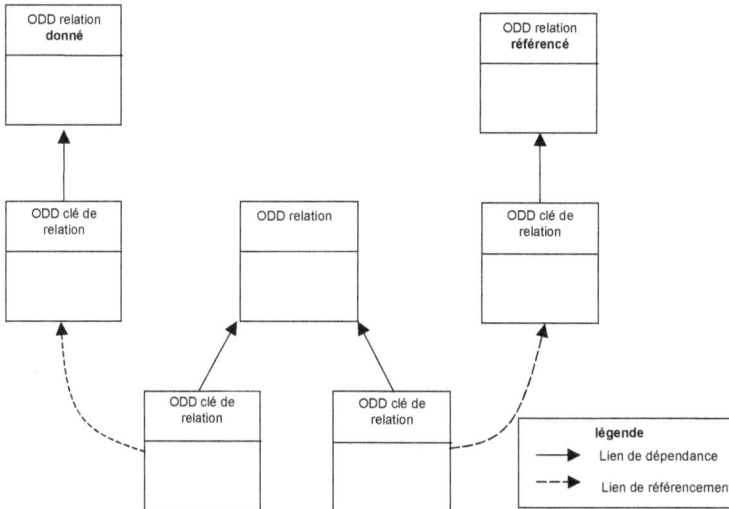

Figure 4-17 : ODD relation référencé cas n:m

- **ODD de type objet (cf. Figure 4-18) :**

  • l'ODD attribut d'objet de référence dépend de l'ODD de type d'objet donné,

  • l'ODD attribut d'objet de référence référence **l'ODD de type objet "référencé".**

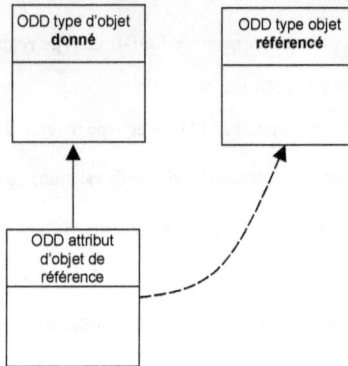

Figure 4-18 : ODD type objet référencé

Le cas inverse est aussi vrai, à partir d'un ODD type d'objet donné :

  • l'ODD attribut d'objet de référence référence l'ODD de type d'objet donné,

  • l'ODD attribut d'objet de référence dépend de **l'ODD de type objet "référencé".**

Pour chaque terme de la requête équivalent à une table de la clause « From » ou « Where » dont l'ODD de type relation /objet correspondant n'a pas été détecté dans l'ontologie, l'AA sélectionne les ODD référencés correspondants (aux ODD trouvés).

Si aucun attribut n'est spécifié dans la requête ou si les attributs spécifiés dans la requête correspondent aux ODD attributs dépendant des ODD de type relation ou objet référencés, on établit alors un lien de synonymie intra-base temporaire entre l'ODD référencé et le nom de l'élément de la requête soumise. Il est créé grâce à un ODD de type/objet relation **virtuel** dont le nom est celui de la table soumise.

Le lien est établi s'il n'y a pas de liens de non synonymie déjà créés entre ces deux termes.

Lorsque les attributs spécifiés dans la requête correspondent aux ODD attributs dépendant de l'ODD référencé, un lien de similarité intra-base temporaires est créé entre cet ODD attribut et les attributs de la requête (si aucun lien d'homonymie n'existe entre ces deux termes).

b) *Clause Where*

Cette seconde méthode ne détecte les liens de synonymie et de similarité temporaires seulement si aucun lien de synonymie temporaire n'a été décelé selon la méthode précédente décrite en section a).

Si un ODD de type attribut est équivalent à l'attribut de la requête soumise et que l'ODD de type relation/objet dont l'ODD attribut dépend est différent du nom de la table soumise ; on établit un lien de synonymie intra-base temporaire entre l'ODD de type relation/objet et le nom de la table soumise. Pour représenter cet élément, il y a création d'un ODD virtuel de même nom que le nom de la table.

3.2.2.4. Création des liens de synonymie inter-bases temporaires.

Les liens inter-bases sont créés à partir des liens intra-base précédents. Chaque AA qui a créé des liens intra-base lors de l'étape précédente, renvoie vers l'AI le type de lien (synonymie) et les termes concernés (dont le nom de l'ODD virtuel correspondants).

Chaque AI diffuse alors dans son réseau d'accointances le nom d'ODD virtuel. Un AA répond lorsqu'il possède un ODD de nom équivalent au nom de l'ODD virtuel.

L'AI établit donc un lien de synonymie inter-bases temporaire entre l'ODD de type relation/objet (identique au nom de l'ODD virtuel) et entre l'ODD de l'AA dont il a reçu le lien intra-base. Si un ODD attribut dépendant de l'ODD de type relation/objet est identique à l'ODD attribut virtuel créé, on établit un lien de similarité inter-bases entre l'ODD attribut et l'ODD de l'AA dont il a reçu le lien.

3.2.3. Découpage de la requête en sous-requêtes.

En fonction des noms d'ODD renvoyés par les AA (cf. section 3.2.2), l'AI connaît le sous-ensemble d'AA disposant d'un ou plusieurs ODD équivalent(s) aux termes de la requête.

L'AI effectue un découpage de la requête en sous-requêtes. Il diminue ainsi la complexité de la requête et ne sélectionne que le sous-ensemble d'AA nécessaire à l'exécution des requêtes sur les bases locales.

Les sous-requêtes contiennent les éléments synonymes qui remplacent les éléments de la requête (en utilisant **les liens de synonymie inter-bases temporaires** issus de l'étape précédente section 3.2.2.4). Pour les termes qui ne sont pas remplacés, la sous-requête ne conserve que les éléments de la requête sur lesquels l'AA dispose de connaissance.

Chaque AI renvoie les sous-requêtes appropriées vers les AA de son réseau d'accointances pour récupérer les données.

3.2.4. Recherche et validation des résultats des sous-requêtes.

3.2.4.1. Modification des sous-requêtes

Chaque sous-requête reçue par l'AA est modifiée :

- en fonction des liens de synonymie temporaire ou permanent (cf. étape 3.2.2.1),

- en fonction du modèle de la base locale (en OQL ou SQL) grâce à des fonctions de traduction dont dispose chaque AA,

- en fonction des liens structurels : seuls les liens de spécialisation sont exploités pour la récupération des données locales dans le cadre de l'approche relationnelle, tous les liens structurels sont exploités dans le cadre de l'approche objet.

3.2.4.2. Récupération des données locales

La récupération des données locales est réalisée grâce aux requêtes locales exécutées sur les bases dans le formalisme approprié.

Au niveau local, lorsque des liens de **différences d'échelle intra-base de type permanent** existent, les données récoltées sont converties directement afin de présenter les données dans le format attendu par l'Agent Utilisateur si des fonctions de conversion sont stockées au niveau des ODD et si une unité est spécifiée dans la requête.

Dans le cas d'un lien de **différence d'échelle intra-base de type temporaire**, l'Agent Utilisateur en sera averti et pourra insérer une fonction de conversion après avoir valider ce lien.

Les liens de différences d'échelle intra-base créés en 3.2.2.1 concernant la différence d'échelle entre le terme attribut soumis dans la requête et l'ODD concerné sont également envoyés pour avertir l'Agent Utilisateur sous forme de liens à valider.

Les éléments de réponses sont stockés au niveau de chaque AI jusqu'à ce que toutes les réponses des AA contractants soient parvenues. Lorsque **des liens de différences d'échelle inter-bases temporaires** existent (détectés lors de la phase d'enregistrement) et concernent les termes de la requête, ils sont envoyés afin d'avertir l'Agent Utilisateur. Lorsque les liens de différences d'échelle inter-bases sont validés (mis à permanent), l'Agent Utilisateur peut alors insérer des fonctions de conversions au niveau du ou des ODD concernés.

L'objectif de ce travail étant de résoudre les problèmes de représentations différentes de la sémantique au niveau des schémas, le processus d'homogénéisation et de restructuration des résultats comprenant la gestion des incohérences et/ou contradiction entre les résultats au niveau de chaque AI n'est pas traité. Cependant, l'approche choisie à base d'échanges collaboratifs entre les agents permettra d'étendre le rôle des AI à la négociation des résultats provenant des bases locales.

3.2.4.3.   Validation des résultats

Les AI transmettent leurs réponses à l'Agent Utilisateur qui organisera les résultats de façon à ce que l'utilisateur puisse visualiser les résultats pour chaque base locale (pour chaque AA) et les liens sémantiques exploités à valider (intra-base et inter-bases).

L'Agent Utilisateur valide les résultats et les liens d'équivalence sémantique intra et inter-bases. Les liens d'équivalence sémantique sont mis à jour (de temporaire à permanent) ou supprimés. Dans ce dernier cas, des liens de différence sémantique correspondants sont alors créés.

Pour chaque résultat de sous-requêtes et en plus des liens correspondants, l'Agent Utilisateur peut insérer de nouveaux liens de synonymie en fonction des résultats satisfaisants ou non pour permettre une optimisation de la résolution de la requête (ce seront des liens de type utilisateur qui seront vérifiés par l'expert).

Lorsque l'Agent Utilisateur insère un nouveau lien, une ou plusieurs créations seront effectuées par l'AA ou l'AI concerné :

- un lien inter-bases de type utilisateur est créé si les deux termes concernés se trouvent dans deux AA différents,

- un lien intra-base de type utilisateur est créé si les deux termes se trouvent dans le même AA.

Si aucun des liens précédents n'a pu être créé, on crée un lien intra-base à l'aide d'un ODD virtuel dès qu'un terme se trouve dans un AA.

Des sous-requêtes (au niveau AI ou au niveau AA) sont relancées dans plusieurs cas :

- lorsque des liens intra-base ne sont pas validés, les sous-requêtes sont relancées au niveau des AA,

- lorsque des liens inter-bases ne sont pas validés, les sous-requêtes sont relancées au niveau des AI,

- lorsque des liens sont insérés par l'utilisateur : **il y a création de liens de synonymie** de type utilisateur. Seules les parties modifiées de la requête sont relancées vers les AA, les résultats des autres parties étant conservés au niveau de chaque AI.

- lorsque des fonctions de conversion sont insérées par l'utilisateur : quand l'Agent Utilisateur a inséré une fonction de conversion entre des unités (envoyé sous forme de liens validés vers les AI qui transmettent aux AA), la sous-requête correspondante doit être relancée

4. Exemples de résolution de conflits par le traitement de plusieurs requêtes

Le type des conflits résolus étant fonction de la requête soumise (la résolution des conflits est réalisée de façon dynamique (cf. Chapitre 2)), différentes requêtes multi-bases sont présentées pour illustrer le fonctionnement du système décrit.

4.1. Description des requêtes

Les requêtes qui sont envoyées au système sont des requêtes multi-domaines. Cependant, afin de simplifier le déroulement des exemples suivants, les deux premières requêtes concernent un seul domaine (on suppose qu'un seul AI est activé : l'AI *professionnel*), les deux requêtes suivantes concernent plusieurs domaines (les deux AI *professionnel* et *divertissement* sont activés).

Les deux premières requêtes concernent les ontologies des Agents d'Accès *entreprise* et *masse salariale*. Les deux schémas suivants (Figure 4-19, Figure 4-20) présentent uniquement les sous-ensembles des ontologies concernées par les requêtes.

Figure 4-19

légende
Lien de dépendance
Lien de référencement
Lien ajouté par l'expert

: ODD relation
nom : projet

:ODD relation
nom :employé

Généralisation
Spécialisation

: ODD relation
nom : chef

: ODD attribut relation
nom : type
type : chaîne
longueur : 10

: ODD clé de relation
nom : nom
type : chaîne
longueur : 10

: ODD clé de relation
nom : n°SS
type : chaîne
longueur : 10

: ODD attribut relation
Nom : nom
type : chaîne
longueur : 15

: ODD attribut relation
nom : salaire
type : réel
longueur : 6
unité : Franc

: ODD clé de relation
nom : n° SS
type : chaîne
longueur : 10

: ODD attribut relation
nom : nom
type : chaîne
longueur : 15

: ODD attribut relation
nom : salaire
type: réel
longueur : 6
unité : Franc

:ODD attribut relation
nom : spécificité
type : chaîne
longueur : 10

Homonymie

: ODD relation
nom : travaille

: ODD clé de relation
nom : nom
type : chaîne
longueur : 15

: ODD clé de relation
nom : n°SS
type : chaîne
longueur : 10

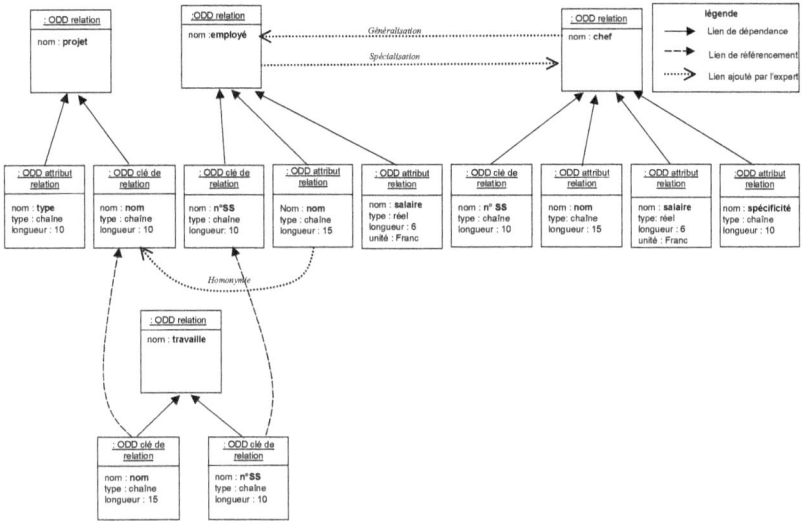

Figure 4-19 : sous-ensemble de l'ontologie de l'AA *entreprise*

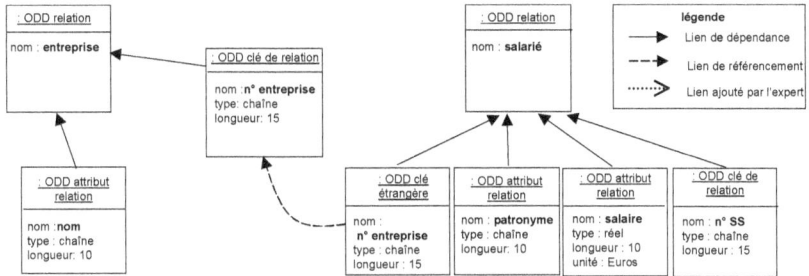

Figure 4-20

: ODD relation
nom : entreprise

: ODD clé de relation
nom :n° entreprise
type: chaîne
longueur : 15

: ODD relation
nom : salarié

légende
Lien de dépendance
Lien de référencement
Lien ajouté par l'expert

: ODD attribut relation
nom :nom
type : chaîne
longueur: 10

: ODD clé étrangère
nom :
n° entreprise
type : chaîne
longueur : 15

: ODD attribut relation
nom : patronyme
type : chaîne
longueur : 10

: ODD attribut relation
nom : salaire
type : réel
longueur : 10
unité : Euros

: ODD clé de relation
nom : n° SS
type : chaîne
longueur : 15

Figure 4-20 : sous-ensemble de l'ontologie de l'AA *masse salariale*

4.1.1. Exécution de la requête n°1

> **Requête n°1: Select * from salarié where projet.nom="ACSIS"** .

- Transmission de la requête

La requête est transmise de l'Agent Utilisateur vers l'AI *professionnel*. Celui–ci envoie la requête aux agents de son réseau d'accointances : l'AA *masse salariale* et l'AA *entreprise*.

- Evaluation sémantique de la requête :

- Connaissance sur les éléments de la requête

Chaque AA recherche dans son ontologie les ODD correspondant à la requête soumise ainsi que les liens :

- **AA entreprise** : l'AA *entreprise* détecte la connaissance sur l'ODD *projet* (ODD de type relation), sur l'ODD *nom* (ODD clé de relation de l'ODD *travaille*), sur l'ODD *nom* (ODD clé de relation de l'ODD *projet*). Le lien d'homonymie entre *nom*(*projet*) et *nom* (*employé*) ne permet pas à l'AA de détecter l'ODD *nom* (ODD attribut de relation de l'ODD *employé*). Le lien de généralisation entre *chef* et *employé* ne permet pas à l'AA de détecter la connaissance sur l'ODD *nom* (ODD attribut de relation de l'ODD *chef*).

- **AA masse salariale**: l'AA *masse salariale* détecte la connaissance sur *salarié* (ODD de type relation).

- Création de liens de synonymie intra-base temporaire :

- **AA entreprise** : l'ODD *travaille* est lié à l'ODD *projet* par sa clé de relation (*nom*) (lien de référencement). L'ODD *travaille* est lié à l'ODD *employé* par sa clé de relation n°SS (lien de référencement). Ce dernier lien de référencement permet de supposer qu'ODD *employé* est synonyme de l'ODD *salarié*. Un lien de synonymie intra-base temporaire est créé entre l'ODD *employé* et un ODD virtuel *salarié* qui est conçu pour représenter ce lien. Le lien est créé car il n'y a pas d'attribut sélectionné dans la requête pour salarié (cf. section 3.2.2.3).

- **AA masse salariale** : le lien de référencement entre *salarié* et *entreprise* permet d'établir un lien de synonymie intra-base temporaire entre l'ODD *entreprise* et un ODD *projet* virtuel. Or l'ODD *nom* dépend de l'ODD *entreprise* (lien de dépendance), le lien est créé car il y a cohérence avec l'attribut soumis dans la requête (attribut *nom*). L'AA stocke un lien de synonymie intra-base temporaire entre *entreprise* et *projet* et un lien de similarité intra-base temporaire entre *nom* (*entreprise*) et *nom* (*projet*). Il y a création de l'ODD virtuel *nom*.

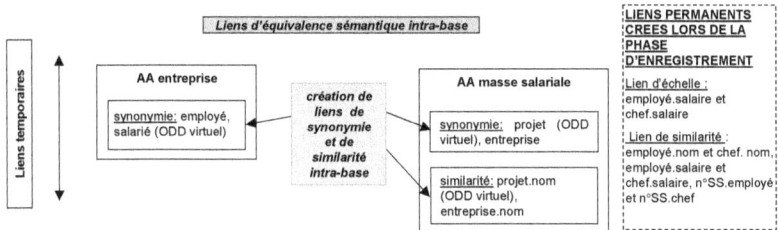

Figure 4-21 : création de liens de synonymie intra-base

- Création de liens de synonymie et de similarité inter-bases temporaires

A partir des liens intra-base, l'AI *professionnel* recherche dans les AA de son réseau d'accointances s'il possède un ODD disposant du même *nom* que celui de l'ODD virtuel pour établir le lien de synonymie temporaire au niveau inter-bases.

L'AA *entreprise* a établi un lien de synonymie temporaire entre *salarié* et *employé*. L'AI *professionnel* décèle que l'AA *masse salariale* dispose de l'ODD *salarié*. Par conséquent, l'AI crée un lien inter-bases temporaire entre *employé* (AA *entreprise*) et *salarié* (AA *masse salariale*).

L'AA *masse salariale* a établi un lien de synonymie temporaire entre *projet* et *entreprise*. L'AI *professionnel* décèle que l'AA *entreprise* dispose de l'ODD *projet*. Par conséquent, l'AI *professionnel* crée un lien de synonymie inter-bases temporaire entre *projet* (AA *entreprise*) et *entreprise* (AA *masse salariale*).

L'AA *masse salariale* a établi un lien de similarité temporaire entre *projet.nom* et *entreprise.nom*. L'AI décèle que l'AA *entreprise* possède *projet.nom*. L'AI crée un lien inter-bases temporaire entre *projet.nom* et *entreprise.nom*. Mais ce lien n'est pas créé (il a déjà été établi lors de la détection des liens de similarité lors du rattachement de l'AA).

129

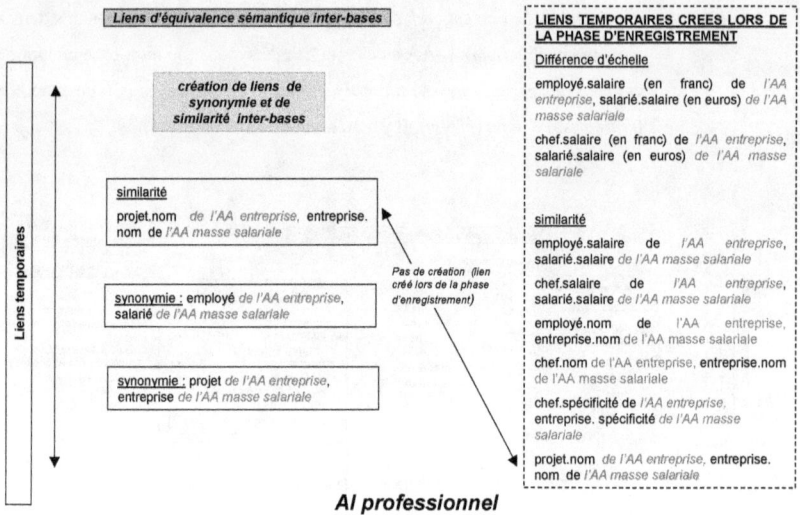

Figure 4-22 : création de liens de synonymie inter-bases

- Découpage de la requête globale en sous-requêtes

En tenant compte du lien de synonymie temporaire entre *employé* et *salarié*, l'AI envoie la sous-requête suivante à l'AA *entreprise* « Select * from employé where projet.nom="ACSIS" ».

L'AI envoie la sous-requête suivante à l'AA *masse salariale* « Select * from salarié where entreprise.nom="ACSIS" ».

- Recherche et validation des résultats des sous-requêtes

L'AA *entreprise* récupère tous les employés travaillant sur le projet de nom ACSIS en traduisant la requête en SQL. Pour chaque sous-requête, les liens intra-base à valider sont envoyés.

La sous-requête « Select * from employé, projet, travaille where employé. n°SS=travaille.n°SS and travaille.nom=projet.nom and projet.nom= "ACSIS" » est exécutée.

L'AA *masse salariale* récupère tous les salariés dont le nom d'entreprise est ACSIS .

La requête SQL suivante est exécutée « Select * from salarié, entreprise where entreprise. n°entreprise=salarié.n°entreprise and entreprise.nom= "ACSIS" ».

130

Les résultats de la sous-requête de l'AA *entreprise* et le lien de synonymie correspondant à valider entre *employé* et *salarié* sont envoyés vers l'AI qui transmet à l'Agent Utilisateur.

Les résultats de la sous-requête de l'AA *masse salariale* avec les liens correspondants à valider (synonymie entre *projet* et *entreprise*, similarité entre *projet.nom* et *entreprise.nom*) sont envoyés également vers l'Agent Utilisateur.

Le rôle de l'Agent Utilisateur est de :

- confirmer le lien de synonymie entre *salarié* et *employé* qui va être stocké dans l'AI et aussi dans l'AA *entreprise*,

– infirmer le lien de synonymie entre *entreprise* et *projet*, le lien de similarité entre *entreprise.nom* et *projet.nom*. Les liens seront transformés en liens d'homonymie dans l'AA *masse salariale*, mais aussi dans l'AI.

Les liens non-validés entre *entreprise* et *projet* impliquent qu'une nouvelle sous-requête au niveau de l'AI doit être envoyée à l' AA *masse salariale* sans tenir compte de ce lien. La sous-requête « Select * from salarié » est envoyée vers l'AA *masse salariale*.

Les deux schémas ci-dessous (Figure 4-23, Figure 4-24) présentent le récapitulatif de la découverte et de la validation des liens faisant suite à la requête. Le premier schéma présente la mise à jour des liens intra-base, le second la mise à jour des liens inter-bases.

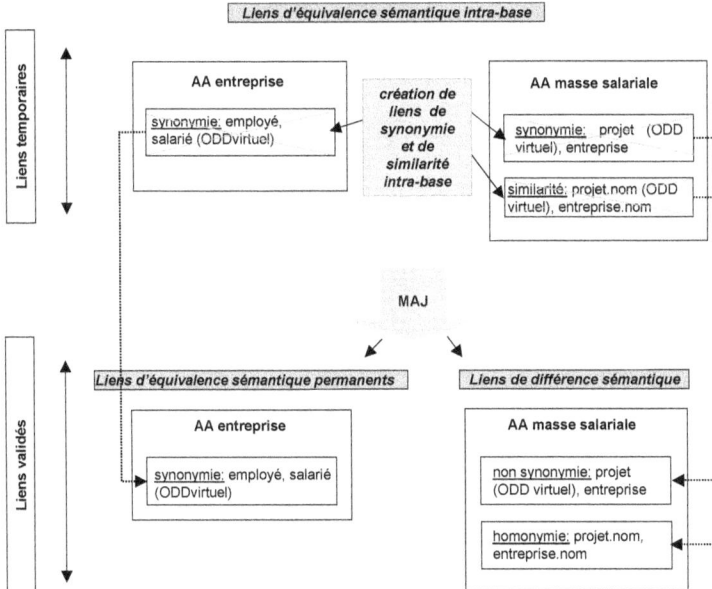

Figure 4-23 : validation des liens intra-base après exécution de la requête n°1

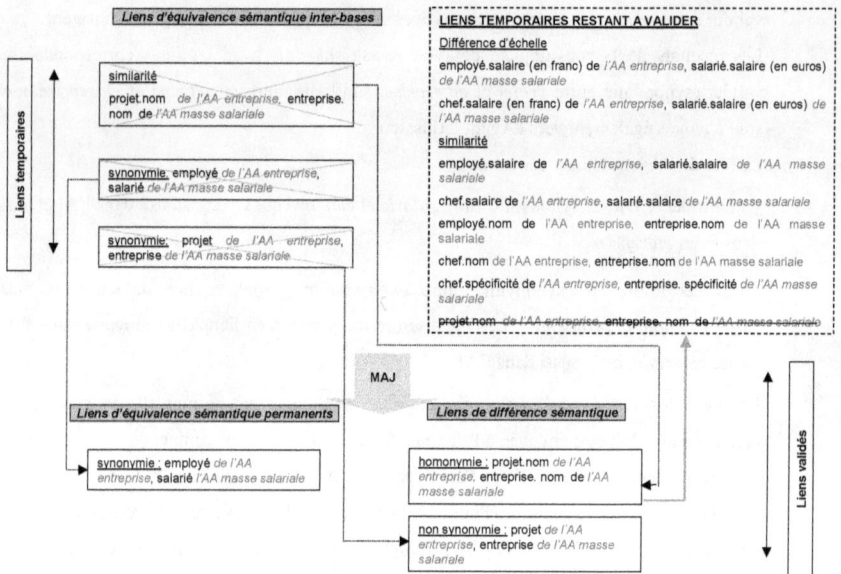

Liens d'équivalence sémantique inter-bases

similarité

projet.nom *de l'AA entreprise,* entreprise.nom *de l'AA masse salariale*

synonymie : employé *de l'AA entreprise,* salarié *de l'AA masse salariale*

synonymie : projet *de l'AA entreprise,* entreprise *de l'AA masse salariale*

Liens temporaires

LIENS TEMPORAIRES RESTANT A VALIDER

Différence d'échelle

employé.salaire (en franc) de *l'AA entreprise,* salarié.salaire (en euros) *de l'AA masse salariale*

chef.salaire (en franc) de *l'AA entreprise,* salarié.salaire (en euros) *de l'AA masse salariale*

similarité

employé.salaire de *l'AA entreprise,* salarié.salaire *de l'AA masse salariale*

chef.salaire de *l'AA entreprise,* salarié.salaire *de l'AA masse salariale*

employé.nom de *l'AA entreprise,* entreprise.nom de *l'AA masse salariale*

chef.nom de *l'AA entreprise,* entreprise.nom de *l'AA masse salariale*

chef.spécificité de *l'AA entreprise,* entreprise.spécificité de *l'AA masse salariale*

projet.nom *de l'AA entreprise,* entreprise.nom *de l'AA masse salariale*

MAJ

Liens d'équivalence sémantique permanents

synonymie : employé *de l'AA entreprise,* salarié *l'AA masse salariale*

Liens de différence sémantique

homonymie : projet.nom *de l'AA entreprise,* entreprise.nom *de l'AA masse salariale*

non synonymie : projet *de l'AA entreprise,* entreprise *de l'AA masse salariale*

Liens validés

AI professionnel

Figure 4-24 : validation des liens inter-bases après exécution de la requête n°1

4.1.2. Exécution de la requête n°2

Requête n°2: select * from employé where employé.nom= "dupont"

- Transmission de la requête

L'Agent Informationnel diffuse la requête aux AA de son réseau d'accointances en utilisant le lien mis à jour à la suite de la requête n°1 (le lien de synonymie entre *employé* de l'AA *entreprise* et *salarié* de l'AA *masse salariale* a été mis à jour dans l'AI *professionnel*). L'AI diffuse donc « Select * from employe where employé.nom= "dupont" » vers l'AA *entreprise* et «Select * from salarié where salarié.nom="dupont" » vers l'AA *masse salariale*.

- Evaluation sémantique de la requête :

• Connaissance sur les éléments de la requête

L'AA *entreprise* détecte la connaissance sur *employé* (ODD de type relation) et sur l'ODD *nom* (ODD attribut de relation de l'ODD *employé*).

L'AA *masse salariale* détecte la connaissance sur *salarié* (ODD de type relation).

- Découpage de la requête en sous-requêtes

L'AI envoie la requête à l'AA *entreprise* « Select * from employé where employé.nom= "dupont" ».

L'AI envoie aussi la requête en à l'AA *masse salariale* « Select * from salarié».

- Recherche et validation des résultats

L'AA *entreprise* récupère des employés existants de nom dupont mais, grâce au lien de spécialisation, il y a aussi obtention de tous les chefs de nom dupont par l'envoi des sous-requêtes « Select * from employé where employé.nom= "dupont" » et « Select * from chef where chef.nom= "dupont" ».

L'AA *masse salariale* récupère tous les salariés dont le nom de salarié est "dupont" par l'envoi de la sous-requête « Select * from salarié ».

En visualisant les résultats des sous-requêtes, les résultats correspondant aux résultats de la deuxième sous-requête ne satisfont pas l'utilisateur qui insère un nouveau lien. Il s'agit du lien de synonymie entre *patronyme* (*salarié*) et *nom* (*employé*). L'AI déduit qu'il y a un lien de synonymie entre *nom* et *patronyme* et le lien inter-bases de synonymie de type utilisateur est ainsi mis à jour entre l'ODD attribut *nom* dépendant de l'ODD *employé* de l'AA *entreprise* et entre l'ODD attribut *patronyme* dépendant de l'ODD *salarié* de AA *masse salariale*. Comme *chef* est la spécialisation d'*employé*, un lien de synonymie de type utilisateur est aussi créé entre l'ODD attribut *nom* dépendant de l'ODD *chef* de l'AI *entreprise* et l'ODD *patronyme* dépendant de l'ODD *salarié* de l'AA *masse salariale*.

L'AI renvoie la sous-requête « Select * from salarié where salarié.patronyme="dupont" » à l'AA *masse salariale*. L'AA *entreprise* ne sera pas contacté.

Le schéma ci-dessous (cf. Figure 4-25) présente le récapitulatif de la découverte et de la validation des liens faisant suite à la requête en ce qui concerne la mise à jour des liens inter-bases.

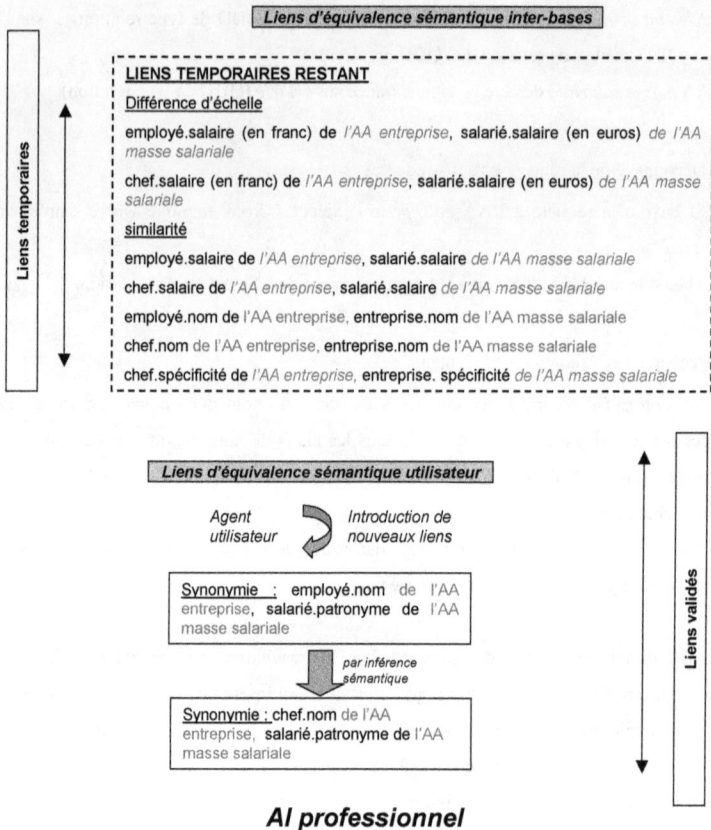

Figure 4-25 : validation des liens inter-bases après exécution de la requête n°2

4.1.3. Exécution de la requête n°3

> **Requête n°3: Select * from employe where employé.patronyme= "Dupont"**

Cette requête s'adresse à l'ensemble des bases, la Figure 4-26 présente le sous-ensemble de l'ontologie de l'AA loisir.

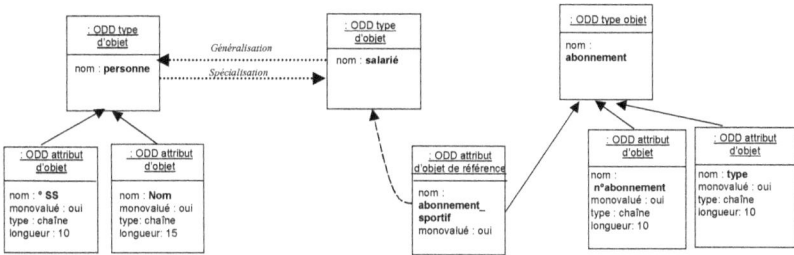

Figure 4-26 : sous-ensemble de l'ontologie de l'AA loisir

- Transmission de la requête :

L'agent interface diffuse la requête aux deux AI (*divertissement* et *professionnel*) :

- **L'AI** *divertissement* diffuse la requête « Select * from employe where employé.patronyme= "dupont" ».

- **L'AI** *professionnel* utilise les liens de synonymie inter-bases issus de la requête précédente :

    - lien de synonymie inter-bases entre l'ODD attribut *nom* dépendant de l'ODD *employé* de l'AA *entreprise* et l'ODD attribut *patronyme* dépendant de l'ODD *salarié* de l'AA *masse salariale*,

    - lien de synonymie inter-bases entre l'ODD attribut *nom* de l'ODD *chef* de l'AA *entreprise* et entre l'ODD attribut *patronyme* dépendant de l'ODD *salarié* de l'AA *masse salariale*.

    L'AI *professionnel* diffuse la requête « Select * from employé where employé.nom="dupont" » et « Select * from salarié where salarié.patronyme= "dupont" » vers l'AA *masse salariale*.

- Evaluation sémantique de la requête :

- Connaissance sur les éléments de la requête

Chacun des AI va évaluer la connaissance des agents de son réseau d'accointances :

    - **AI** *professionnel* : l'AA *entreprise* détecte la connaissance sur *employé* (ODD de type relation), *nom* (ODD attribut de relation de l'ODD *employé*). L'AI *masse salariale* détecte la connaissance sur *salarié* (ODD de type relation) et *patronyme* (ODD attribut de relation de l'ODD *salarié*).

135

- **AI** *divertissement* : l'AA *loisir* ne dispose pas de connaissances sur les éléments de la requête soumise.

• Recherche des liens de synonymie inter-bases

Etant donné que l'AA *loisir* est l'unique AA rattaché à l'AI *divertissement*, celui-ci ne reçoit aucune réponse positive d'AA. L'AI *divertissement* demande aux autres AI s'il dispose de liens sémantiques inter-bases sur les éléments de la requête. L'AI *professionnel* dispose des liens suivants qu'il renvoie à l'AI *divertissement* :

- le lien inter-bases de synonymie entre l'ODD *employé* (de l'AA *entreprise*) et l'ODD *salarié* (de l'AA *masse salariale*),

- le lien inter-bases de synonymie entre l'ODD attribut *nom* dépendant de l'ODD *employé* de l'AA *entreprise* et entre l'ODD attribut *patronyme* dépendant de l'ODD *salarié* de AA *masse salariale*,

- le lien inter-bases de synonymie entre l'ODD attribut *nom* dépendant de l'ODD *chef* de l'AI *entreprise* et l'ODD *patronyme* dépendant de l'ODD *salarié* de l'AA *masse salariale*.

Les liens de synonymie inter-bases temporaires de type autre-domaine, qui seront utilisés pour le découpage en sous-requêtes, devront être validés par l'utilisateur.

- Découpage de la requête en sous-requêtes

L'AI *professionnel* diffuse la requête « Select * from employé where employé.nom="dupont" » et « Select * from salarié where salarié.patronyme= "dupont" » vers l'AA *masse salariale* et l'AA *entreprise*.

L'AI *divertissement* envoie les sous-requêtes « Select * from salarié where salarié.nom = "dupont" » ,
« Select * from salarié where salarié.patronyme = "dupont" », « Select * from employé where employé.patronyme = "dupont" » , « Select * from employé where employé.nom = "dupont" » , « Select * from chef where chef.nom = "dupont" », « Select * from chef where chef.patronyme = "dupont" » vers l'AA *loisir*.

- Recherche et validation des résultats

Etant donné les liens de généralisation/spécialisation entre *chef* et *employé*, l'AA *entreprise* exécute les deux sous-requêtes « Select * from employé where employé.nom="dupont" » et « Select * from chef where chef.nom= "dupont" ».

L'AA *loisir* peut alors répondre à la requête « Select * from salarié where salarié.nom = "dupont" ». Le lien de généralisation entre *salarié* et *personne* permet d'exécuter la requête « Select * from personne where personne.nom = "dupont" » (cf. section 3.2.4.1 car il s'agit de l'approche objet). L'AA *loisir* traduit la requête en requête OQL (adaptée à la base locale objet). La requête est « Select p from p in personne where p.nom = "dupont" ».

Chaque AI envoie les résultats provenant des sous-requêtes à l'Agent Utilisateur. L'AI *divertissement* transmet les résultats de la sous-requête ainsi que les liens temporaires de type autre domaine. Les liens ainsi validés, l'AA établit les liens de synonymie correspondants intra-base à l'aide d'un ODD virtuel car un seul AA dispose du terme *employé* et du terme *nom*.

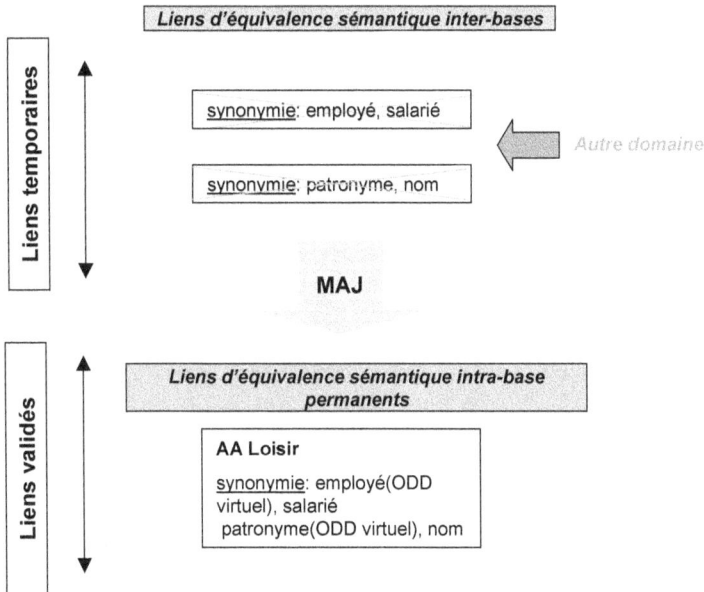

Figure 4-27 : validation des liens intra-base après exécution de la requête n°3

4.1.4. Exécution de la requête n°4

> **Requête n °4 : Select * from employé where employé.salaire>1000 euros and abonnement.type ="année"**

- Transmission de la requête

En utilisant les liens validés, l'AI *professionnel* diffuse la requête « Select * from employé where employé.salaire>1000 euros and abonnement.type="année" » vers l'AA *entreprise* et « Select * from salarié where salarié.salaire>1000 euros and abonnement.type="année" » vers l'AA *masse salariale*.

L'AI *divertissement* diffuse «Select * from employé where employé.salaire>1000 euros and abonnement.type="année" ».

- Evaluation sémantique de la requête :

- Connaissance sur les éléments de la requête :

    - **AI *professionnel*** : l'AA *entreprise* détecte la connaissance sur *employé* (ODD de type relation), *salaire* (ODD attribut de relation de l'ODD *employé*). L'AA *masse salariale* détecte la connaissance sur *salarié* (ODD de type relation), *salaire* (ODD attribut de relation de *salarié*).

      L'AA entreprise crée un lien de différence d'échelle intra-base entre l'attribut de la requête (salaire en euros) et l'attribut salaire (euros).

      L'AA masse salariale crée un lien de différence d'échelle intra-base entre l'attribut de la requête (salaire en euros) et l'attribut salaire (francs).

    - **AI *divertissement*** : l'AA *loisir* détecte la connaissance sur *salarié* grâce au lien de synonymie intra-base *employé/salarié* (ODD type d'objet), sur *abonnement* (ODD type d'objet), sur *type* (ODD attribut d'objet de ODD *abonnement*).

- Création des liens de synonymie intra-base :

Les liens intra-base suivants sont créés par les AA rattachés à l'AI *professionnel* :

    - **AA *entreprise*** : l'ODD *travaille* est lié à l'ODD *projet* par sa clé de relation (*nom*) (lien de référencement). L'ODD *travaille* est lié à l'ODD *employé* par sa clé de relation n°SS (lien de référencement). L'AA établit un lien de synonymie intra-base temporaire entre l'ODD *projet* et un ODD de type relation virtuel *abonnement* car il existe un ODD attribut *type* dépendant de l'ODD *projet*. L'AA ne crée pas de lien de synonymie intra-base temporaire entre l'ODD *abonnement* et l'ODD *équipe* car lorsque l'attribut est sélectionné dans la requête (abonnement.type), on vérifie la correspondance : l'ODD équipe n'est pas relié par des liens de dépendance à un ODD attribut *type*.

-   **AA *masse salariale*** : l'AA *masse salariale* ne crée pas de liens de synonymie temporaire entre *entreprise* et *abonnement* car l'ODD *entreprise* n'est pas relié par des liens de dépendance à un ODD attribut *type* (idem que pour le point précédent on vérifie la correspondance).

- <u>Découpage de la requête en sous-requêtes :</u>

   • **L'AI *professionnel*** découpe la requête et envoie la sous-requête « Select * from employé where employé.salaire>1000 and projet.type="année" » vers l'AA *entreprise* et « Select * from salarié where salarié.salaire>1000 » à l'AA *masse salariale*,

   • **L'AI *divertissement*** découpe la requête et envoie la sous-requête « Select * from salarié where abonnement.type = "année" ».

- <u>Validation et recherche des résultats</u>

Chaque AA traduit la requête en requête SQL ou en requête OQL.

L'AA *entreprise* exécute la requête en SQL « Select * from employé, projet, travaille where employé.n°SS=travaille.n°SS and travaille.nom=projet.nom and employé.salaire>1000 and projet.type="année"» .

L'AA *masse salariale* exécute la requête « Select * from salarié where salarié.salaire> 1000».

L'AA *loisir* exécute la requête en OQL « Select s from s in salarié, a in abonnement where a.type="année" and a in s.abonnement sportif».

Les AA envoient les résultats des sous-requêtes et les liens à valider vers chaque AI (le lien de synonymie entre *projet* et *abonnement*, le lien de différence d'échelle intra-base entre l'attribut de la requête (salaire en euros) et l'attribut salaire (francs) concernant l'AA *entreprise* et le lien de différence d'échelle intra-base entre l'attribut de la requête (salaire en euros) et l'attribut salaire (francs) concernant l'AA masse salariale). L'AI *professionnel* détecte un lien de différence d'échelle inter-bases temporaire entre l'ODD *salaire* de l'AA *masse salariale* et l'ODD *salaire* de l'AA *entreprise*.

Les résultats de la sous-requête exécutée par l'AA *entreprise* ne satisfont pas l'Agent Utilisateur et le lien de synonymie intra-base (le lien de synonymie entre *projet* et *abonnement*) n'est pas validé.

De plus, l'Agent Utilisateur détecte des incohérences au niveau des réponses entre les résultats provenant de l'AA *entreprise* et de l'AA *masse salariale* au niveau des salaires.

L'Agent Utilisateur averti d'une incompatibilité possible entre le terme de la requête attribut et l'ODD salaire valide un lien de différence d'échelle intra-base entre l'attribut de la requête (salaire en euros) et l'attribut salaire (francs), qui devient un lien permanent. Il ne valide pas le lien de différence d'échelle entre l'attribut de la requête (salaire en euros) et l'attribut salaire (euros) qui devient un lien d'échelle.

Le lien de différence d'échelle inter-bases temporaires entre l'ODD *salaire* de l'AA *entreprise* et de l'ODD *salaire* de l'AA *masse salariale* est "transformé" en lien de différence d'échelle permanent.

L'Agent Utilisateur insère une fonction de conversion permettant de convertir les francs en euros. Cette fonction de conversion est envoyée vers l'AI qui l'envoie à l'AA *entreprise* puisque la fonction de conversion a été ajoutée au niveau des résultats provenant de l'AA *entreprise*. Cette fonction de conversion sera ajoutée à l'ODD *salaire* dont l'unité est le franc (de l'AA *entreprise*) et permettra de convertir les francs en euros.

Les données récoltées sont converties afin de présenter les données dans le format attendu par l'AI lors de l'envoi des sous-requêtes. L'AI *professionnel* récupère les données provenant de l'AA *entreprise* et de l'AA *masse salariale*. L'AA *entreprise* récupère les salariés dont le salaire en franc est supérieur à 6,55957 *1000 euros et l'AA *masse salariale* des salariés dont le salaire en euros est supérieur à 1000 euros.

Les deux schémas ci-après (Figure 4-28, Figure 4-29) présentent le récapitulatif de la découverte et de la validation des liens faisant suite à la requête. Le premier schéma présente la mise à jour des liens intra-base, le second la mise à jour des liens inter-bases.

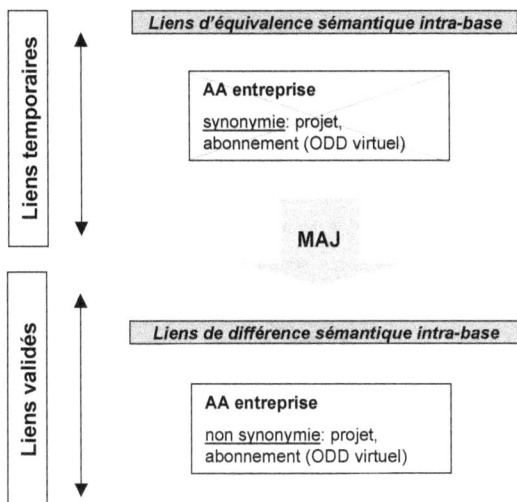

Figure 4-28 : validation des liens intra-base après exécution de la requête n°4

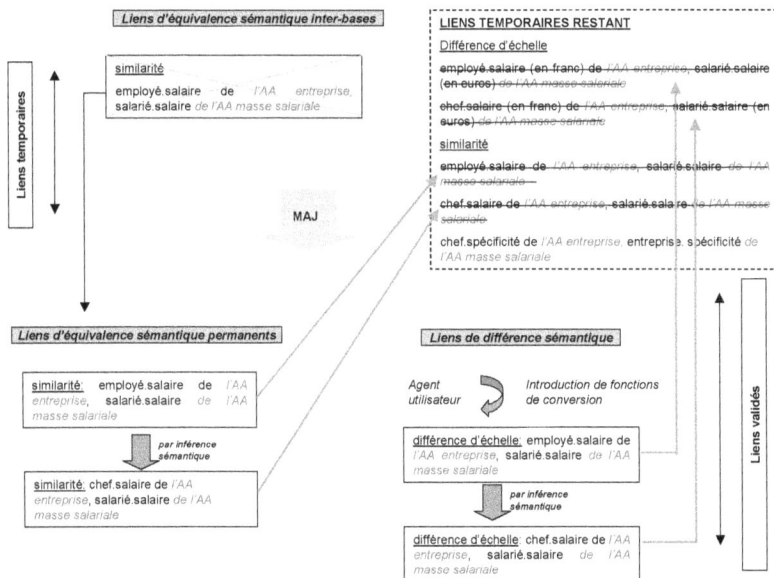

Figure 4-29 : validation des liens inter-bases après exécution de la requête n°4

4.2. Récapitulatif de la création des liens au cours de l'exécution des requêtes

Les deux tableaux suivants (cf. Tableau 8 et Tableau 9) présentent la mise à jour des liens réalisés par chaque agent : les trois Agents d'Accès aux sources locales et l'Agent Informationnel. L'exécution des requêtes a montré que le processus d'exploitation et de découverte des liens est dynamique. Certains liens découverts de façon temporaire lors de la phase d'enregistrement d'une base locale sont mis à jour, d'autres liens restent à valider lors de prochains traitements de requêtes.

Mise à jour des liens par les AA

Liens d'équivalence sémantique permanents	*Liens de différence sémantique*
AA entreprise synonymie: employé, salarié (ODD virtuel) similarité: employé.nom, chef. nom synonymie: projet, abonnement (ODD virtuel)	**AA masse salariale** non synonymie: projet (ODD virtuel), entreprise homonymie: projet.nom, entreprise.nom
AA Loisir synonymie: employé, salarié (ODD virtuel) nom, patronyme (ODD virtuel)	

Tableau 8 : mise à jour des liens pour les AA *entreprise, loisir* et *masse salariale*

Liens d'équivalence sémantique permanents	Liens de différence sémantique
AA entreprise synonymie: employé, salarié (ODD virtuel) similarité: employé.nom, chef. nom synonymie: projet, abonnement (ODD virtuel)	**AA masse salariale** non synonymie: projet (ODD virtuel), entreprise homonymie: projet.nom, entreprise.nom
AA Loisir synonymie: employé, salarié (ODD virtuel) nom, patronyme (ODD virtuel)	

Tableau 9 : mise à jour des liens pour les AA *entreprise, loisir* et *masse salariale*

Liens d'équivalence sémantique	Liens de différence sémantique
AI professionnel synonymie: employé *de l'AA entreprise,* salarié *l'AA masse salariale* chef.nom *de l'AA entreprise,* salarié.patronyme *de l'AA masse salariale* employé.nom *de l'AA entreprise,* salarié.patronyme *de l'AA masse salariale* similarité: employé.salaire *de l'AA entreprise,* salarié.salaire *de l'AA masse salariale* chef.salaire *de l'AA entreprise,* salarié.salaire *de l'AA masse salariale*	**AI professionnel** homonymie: projet.nom *de l'AA entreprise.* entreprise. nom *de l'AA masse salariale* non synonymie: projet *de l'AA entreprise,* entreprise *de l'AA masse salariale* différence d'échelle: employé.salaire de *l'AA entreprise,* salarié.salaire *de l'AA masse salariale* chef.salaire de *l'AA entreprise,* salarié.salaire *de l'AA masse salariale*

Tableau 10 : mise à jour des liens pour l'AI *professionnel*

Conclusion du chapitre 4

L'objectif de ce chapitre est de décrire le système multi-agents ACSIS en mettant en évidence la résolution de conflits sémantiques. Différents types d'agents sont décrits :

- les **Agents d'Accès aux sources locales (AA)** qui assurent la participation des données locales en exploitant la couche d'objets descriptifs de données ainsi que les liens intra-base entre ces objets,

- les **Agents Informationnels (AI)** regroupent les AA proches sémantiquement dans un réseau d'accointances, découpent les requêtes en sous-requêtes et ont accès aux sources locales par le biais des AA pour répondre à des requêtes d'utilisateur ou d'autres AI.

Un troisième type d'agent nommé Agent d'Interface (rôle d'Utilisateur ou d'Expert) sert d'intermédiaire entre les utilisateurs du système et les Agents Informationnels.

Chaque type d'agent dispose de connaissances sémantiques. La connaissance des agents est représentée sous la forme d'ontologies de domaine évolutives (constituées des ODD et des liens entre ces ODD) :

- la connaissance du domaine global est constituée des liens inter-bases pour l'Agent Informationnel,

- la connaissance du domaine local est constituée des liens intra-base et de la hiérarchie d'objets descriptifs pour l'Agent d'Accès aux sources locales.

La résolution des conflits sémantiques par les agents consiste à gérer les liens sémantiques de leur ontologie au cours de l'enregistrement d'une base locale au système mais aussi lors de l'exécution de requêtes multi-bases. La gestion des liens sémantiques réside dans l'exploitation des liens existants et dans la création de liens (temporaires) à valider par l'Agent Utilisateur. Ainsi, lors de chaque exécution de requêtes et lors de l'enregistrement de chaque nouvelle base locale, les ontologies des agents évoluent.

Le fonctionnement du système multi-agents pour la résolution de conflits basés sur des ontologies de domaine évolutives est indissociable d'une réelle coopération entre les agents du système dont les interactions prennent une place prépondérante et seront détaillées lors du chapitre suivant.

Le Chapitre 5 décrira les choix de conception et d'implémentation du système comprenant la description des différents protocoles qui interviennent dans la coopération entre agents ainsi que le comportement propre à chaque agent.

Chapitre 5

Conception du système

A partir des différentes interactions entre les entités du système (agent et objet) décrites dans la partie précédente, l'objectif de ce chapitre est de concevoir et implanter les principaux protocoles d'interaction.

Le choix d'une architecture mixte objet/agent contraint à respecter un formalisme rigoureux dans la mesure où les objets et les agents ne se situent pas au même niveau : dans la partie suivante les échanges entre agents sont décrits sous forme de protocoles en langage de modélisation AUML et les échanges vers les objets sous forme de diagrammes en UML ou d'algorithmes.

Le chapitre est organisé de la façon suivante. Les protocoles d'interactions entre les agents sont décrits en section 1. La section 2 présente le comportement de chaque agent au sein de ces protocoles.

1. Protocole d'interaction entre agents en AUML

Un langage d'analyse conception de système multi-agents nommé AUML est proposé par [ODEL00] et fournit une extension d'UML dans le contexte agent. La représentation graphique de protocoles d'interaction tire son origine des diagrammes de séquences de UML. Un protocole est représenté par son nom, les différents rôles des agents impliqués dans les interactions, et un diagramme qui représente les différents messages qui peuvent être échangés. Les différents rôles des agents sont décrits par la forme suivante <u>instance-1…instance-n/rôle-1…rôle-m : class</u> [BAUE01]. Les diagrammes de séquences en AUML ont recours à des connecteurs pour représenter :

- l'envoi de façon concurrente de plusieurs messages : le **ET** (cf. Figure 5-1 a),

- l'envoi de un ou plusieurs messages : le **OU inclusif** (cf. Figure 5-1 b),

- l'envoi d'un seul message parmi une liste : le **OU exclusif** (cf. Figure 5-1 c).

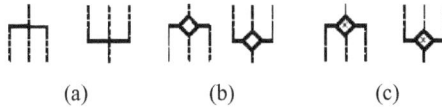

(a)   (b)   (c)

Figure 5-1 : les connecteurs en AUML

On distingue deux principaux protocoles d'interaction :

- un protocole d'enregistrement d'une base locale au système,

- un protocole de traitement des requêtes globales.

1.1. Protocole d'enregistrement des AA aux AI

Le protocole d'enregistrement des AA aux AI est constitué de deux sous-protocoles qui se suivent chronologiquement, le sous-protocole de rattachement des AA aux AI et le sous-protocole de création de liens de similarité et de différence d'échelle inter-bases.

1.1.1. Le sous-protocole de rattachement des AA aux AI

Il fonctionne selon le principe du réseau contractuel (contract net protocol), il s'agit de déterminer l'identité de l'AI qui enregistre l'AA dans son réseau d'accointances.

- Appel d'offre : les interactions sont initiées dès la demande de rattachement de l'AA à l'AI. L'AA envoie une requête à tous les AI avec son nom de domaine et la description de la tâche à réaliser (enregistrement d'un AA dont le domaine est sémantiquement proche dans le réseau d'accointances de l'AI). Cet appel d'offre correspond au performatif *call for proposal.*

- Envoi des propositions des offrants : chaque AI répond en fonction de sa capacité à traiter la demande (performatif *refuse*, *propose* ou *not understood*).

- Attribution du marché : l'AA manager évalue les propositions des AI et en sélectionne une seule : il s'agit de la proposition du premier AI qui répond favorablement à la demande de l'AA. Celui-ci reçoit un performatif *accept-proposal* et les autres un performatif *reject-proposal.*

- Etablissement du contrat : l'AI sélectionné envoie un message signalant qu'il accomplit ou non la tâche requise (performatif *inform* ou *failure*). Si performatif est *inform,* l'AI a effectué la tâche d'enregistrement.

147

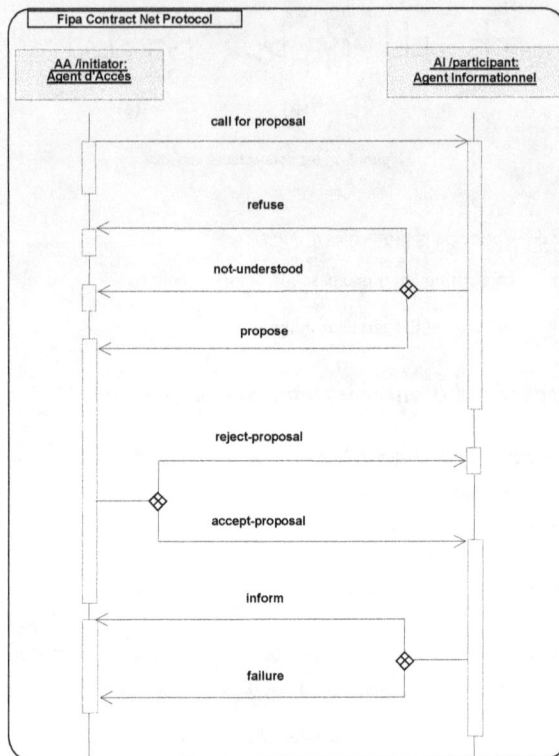

Figure 5-2 : sous-protocole de rattachement

1.1.2. Le sous-protocole de création de liens de similarité et de différence d'échelle inter-bases

Dès que la tâche d'enregistrement a été effectuée, l'AI établit une comparaison entre les ODD de l'ontologie de l'AA rattaché et les ontologies des autres AA de son réseau d'accointances. Ce protocole se base principalement sur le Fipa Query Protocol qui consiste à demander à un agent l'exécution d'actions spécifiques.

- Envoi de noms d'ODD : l'AA envoie le nom de chaque ODD à l'AI (performatif *inform*) s'il s'agit d'ODD de type relation/objet. Lorsque les ODD sont de type attribut d'objet/relation, le nom des ODD de type relation/objet correspondants sont envoyés ainsi que l'unité si l'attribut unité est non vide.

148

- Transmission aux AA du réseau d'accointances : l'AI demande à chaque AA de son réseau d'accointances leur nom d'ODD équivalent aux noms d'ODD de l'AA créé (performatif *query-ref*).

- Acceptation ou refus de traiter la demande de l'AI : chaque AA décide de refuser ou d'accepter la demande de l'AI (performatif *refuse* ou *agree*).

- Traitement de la demande : chaque AA renvoie tous les noms (et l'unité) de chacun de ses ODD qu'il a détectés équivalents (performatif *inform*) ou un performatif indiquant qu'il a échoué (performatif *failure*).

L'AI crée des liens de similarité inter-bases temporaires entre chaque ODD de nom équivalent. L'AI crée aussi des liens de différence d'échelle inter-bases temporaires entre chaque ODD de nom équivalent et disposant chacun d'un attribut unité non vide.

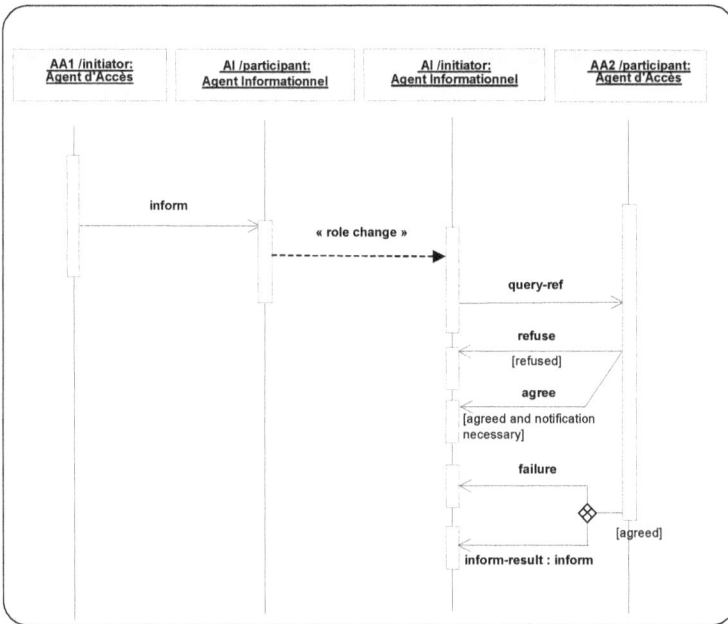

Figure 5-3 : sous-protocole de création de liens de similarité et d'échelle inter-bases

149

1.2. Protocole de traitement des requêtes globales

Le protocole de traitement des requêtes globales est constitué de cinq sous-protocoles, le sous-protocole de transmission de la requête, le sous-protocole de recherche de liens de synonymie inter-bases, le sous-protocole de création de liens de synonymie inter-bases temporaires, le sous-protocole d'exécution des sous-requêtes et de transmission des résultats et enfin le sous-protocole de création de liens de synonymie inter ou intra-base permanent/utilisateur à partir de la validation utilisateur.

1.2.1. Le sous-protocole de transmission de la requête

Il fonctionne selon le principe du Fipa Query Protocol, il s'agit de déterminer le sous-ensemble d'AA disposant de connaissances suffisantes pour la récupération des données locales.

- Transmission de la requête : la requête est transmise de l'Agent Utilisateur à l'Agent Informationnel (performatif *request*).

- Envoi de la requête : l'AI envoie les requêtes à tous les AA (performatif *query_ref*).

- Acceptation ou refus de traiter la demande de l'AI : l'AA évalue le contenu de son ontologie à partir du nom des ODD qu'il détecte équivalent au terme de la requête. Chaque AA répond en fonction de sa capacité à traiter la demande en tenant compte des liens d'homonymie intra-base (performatif *refuse*, *agree*).

- Traitement de la demande: chaque AA renvoie le nom de chacun de ses ODD qu'il a détectés équivalents (performatif *inform*) ou un performatif indiquant qu'il a échoué (performatif *failure*).

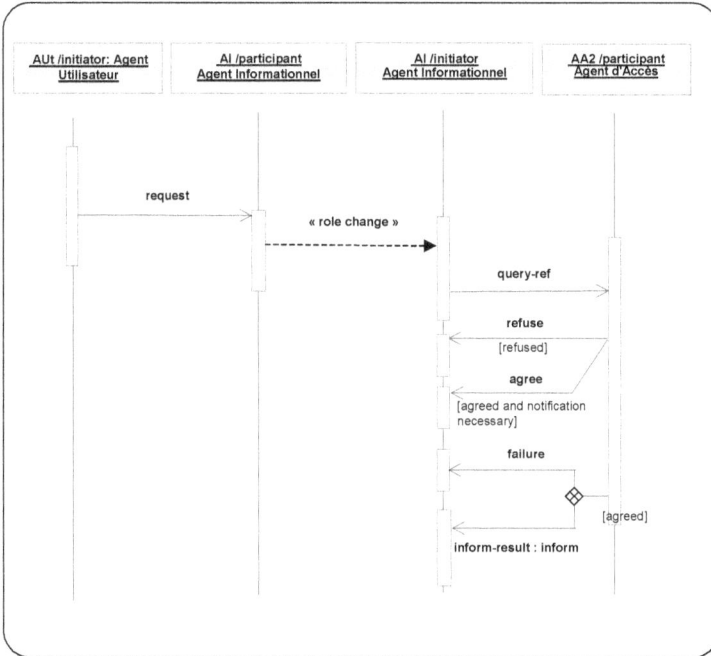

Figure 5-4 : sous-protocole de transmission de la requête

1.2.2. Le sous-protocole de recherche de liens de synonymie inter-bases

Le sous-protocole se base sur le Fipa Query Protocol. Dès que les AA ne peuvent pas répondre à l'envoi de la requête par l'AI (performatif *refuse* du sous protocole précédent), l'AI recherche les liens inter-bases des autres AI.

- Envoi de la demande : l'AI demande aux autres AI si ceux-ci disposent de liens inter-bases concernant les éléments de la requête (performatif *query_ref*).

- Acceptation ou refus de traiter la demande de l'AI : chaque AI évalue s'il dispose de liens de synonymie concernant les termes de la requête ou liens de synonymie concernant des termes synonymes d'éléments de la requête (performatif *refuse*, *agree*).

- Traitement de la demande : chaque AI renvoie les liens de synonymie avec les termes concernés (performatif *inform*) ou un performatif indiquant qu'il a échoué (performatif *failure*). Ce renvoi des liens de synonymie de l'AI contacté déclenche la création des liens de

151

synonymie de type autre domaine au niveau de l'AI demandeur. Ces liens devront être validés pour cet AI par l'Agent Utilisateur.

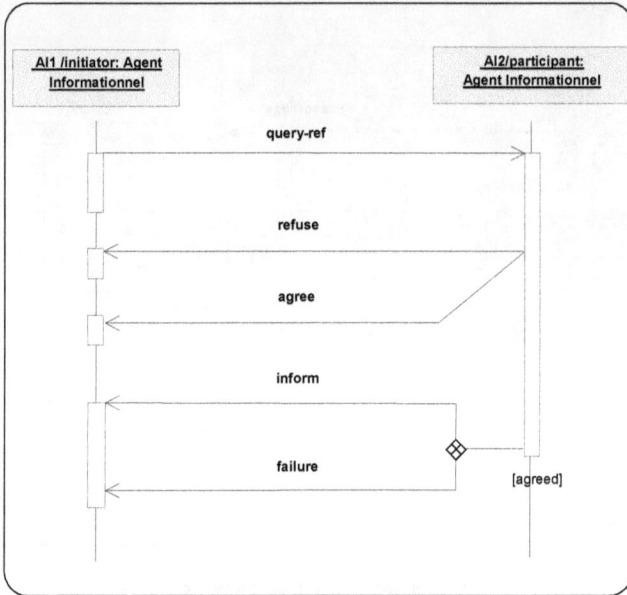

Figure 5-5 : sous-protocole de recherche de liens de synonymie inter-bases

1.2.3. Le sous-protocole de création de liens de synonymie inter-bases temporaires

Il fonctionne selon le principe du Fipa Query Protocol.

- Transmission des liens de synonymie intra-base : ce protocole débute par la transmission provenant de l'AA, du lien avec le "couple" (nom, noms d'ODD virtuels créés) concerné (perfomatif *inform*).

- Envoi des noms d'ODD virtuel : l'AI demande aux AA de son réseau d'accointances s'ils disposent d'un nom d'ODD équivalent aux noms d'ODD virtuel (performatif *query_ref*).

- Acceptation ou refus de traiter la demande de l'AI : chaque AA évalue s'il dispose de noms équivalents (performatif *refuse, agree*).

- Traitement de la demande : chaque AA renvoie les noms d'ODD de type objet/relation et attribut (performatif *inform*) ou un performatif indiquant qu'il a échoué (performatif *failure*).

L'AI établit des liens de synonymie et de similarité inter-bases temporaires entre les AA dont il a reçu le lien et l'AA qui lui renvoie le performatif *inform*. Pour la description graphique, nous renvoyons à la Figure 5-3.

1.2.4. Le sous-protocole d'exécution des sous-requêtes et de transmission des résultats

Il se base sur le Fipa Query Protocol.

- Envoi de la requête : l'AI envoie les sous-requêtes à tous les AA (performatif *query_ref*) en tenant compte des liens de synonymie inter-bases temporaires.

- Acceptation ou refus de traiter la demande de l'AI : chaque AA exécute les sous-requêtes par le biais des ODD en fonction des liens (cf. section 3.2.4.1) et répond en fonction de sa capacité à traiter (performatif *refuse*, *agree*).

- Traitement de la demande: chaque AA renvoie les données locales (performatif *inform*) et les liens à valider intra-bases ou un performatif indiquant qu'il a échoué (performatif *failure*).

- Transmission des résultats : chaque AI renvoie à l'Agent Utilisateur les résultats qu'il a obtenus et les liens à valider inter-bases performatif *inform*.

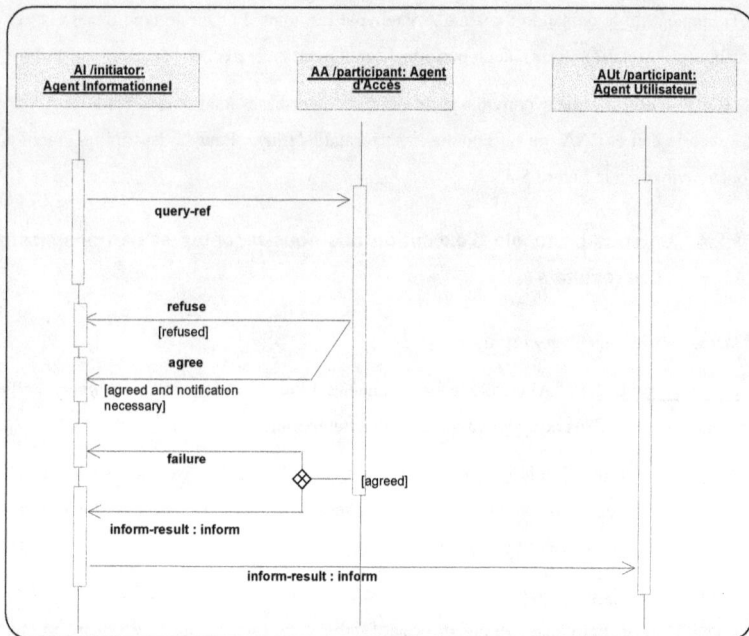

Figure 5-6 : sous-protocole d'exécution des sous-requêtes et de transmission des résultats

1.2.5. Le sous-protocole de création de liens de synonymie inter ou intra-base de type permanent ou de type utilisateur à partir de la validation utilisateur

Il fonctionne selon le principe du Fipa Query Protocol. Ce sous-protocole est utilisé dans deux cas :

- lorsque des liens sont insérés par l'Agent Utilisateur,

- lorsque des liens de type autre domaine sont validés par l'Agent Utilisateur.

Ce protocole permet de créer soit des liens inter-bases, soit des liens intra-base en fonction des réponses des agents contactés.

- <u>Transmission des liens à valider</u> : ce protocole débute par la transmission par chaque Agent Utilisateur du lien qui a été validé *(pour l'objet Lien à valider, le champ à valider est VRAI)* (perfomatif *inform*).

154

- Envoi des noms : l'AI demande aux AA de son réseau d'accointances s'ils disposent du couple de termes concernés par le lien (performatif *query_ref*).

- Acceptation ou refus de traiter la demande de l'AI : chaque AA évalue s'il dispose de noms équivalents (performatif *refuse*, *agree*).

- Traitement de la demande : chaque AA renvoie les noms d'ODD de type objet/relation et attribut (performatif *inform*) ou un performatif indiquant qu'il a échoué (performatif *failure*).

Un lien de synonymie inter-bases est créé au niveau de l'AI entre deux AA lorsque chaque AA dispose d'un ODD équivalent au terme concerné par le lien (l'autre AA disposant de l'autre terme). Un lien intra-base est créé si les deux termes se trouvent dans le même AA. Si aucun des liens précédents n'a pu être créé, on crée un lien intra-bases à l'aide d'un ODD virtuel dès qu'un terme se trouve dans un AA.

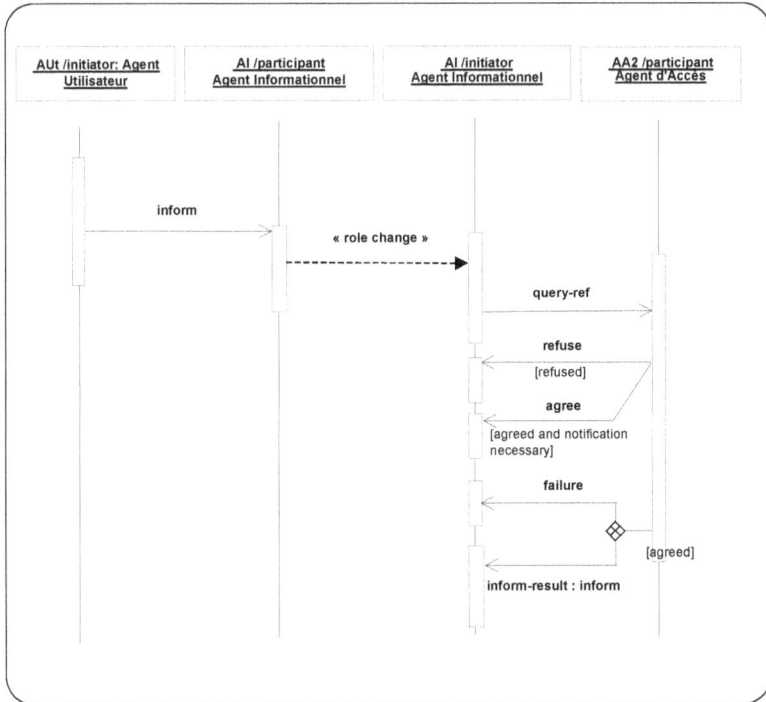

Figure 5-7 : sous-protocole de création de liens de synonymie inter ou intra-base permanent ou utilisateur à partir de la validation utilisateur

Nous avons présenté les protocoles d'interaction concernés par l'Agent Utililisateur (rôle d'exécution de la requête et de mise à jour des liens), l'Agent Expert est concerné par la création de liens sémantiques intra-bases sous la forme d'un protocole (il n'est pas décrit ici mais se présente selon le même principe que les autres protocoles de type *query-ref*).

1.3. Ordonnancement des protocoles

Le protocole d'enregistrement est composé de deux sous-protocoles qui se suivent séquentiellement (cf. Figure 5-8).

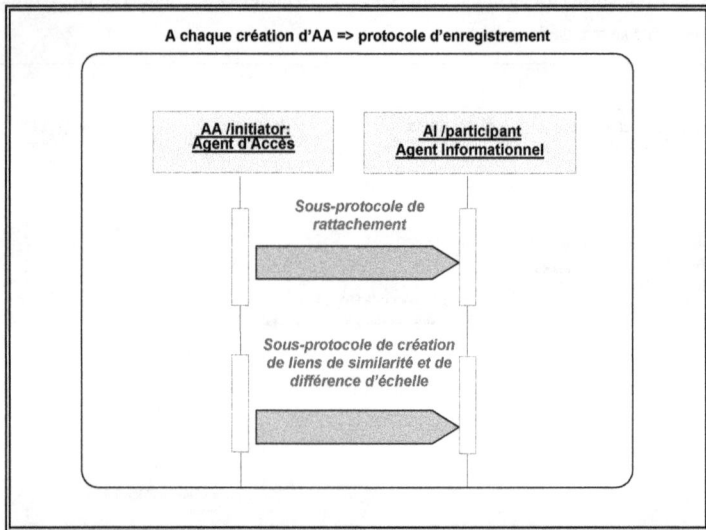

Figure 5-8 : protocole d'enregistrement

Le protocole de traitement des requêtes globales est constitué de sous-protocoles dont l'ordre est présenté dans le schéma suivant. Cet ordre n'est pas uniquement chronologique car le sous-protocole de recherche de liens de synonymie inter-bases fait partie du sous-protocole de transmission de la requête (cf. Figure 5-9).

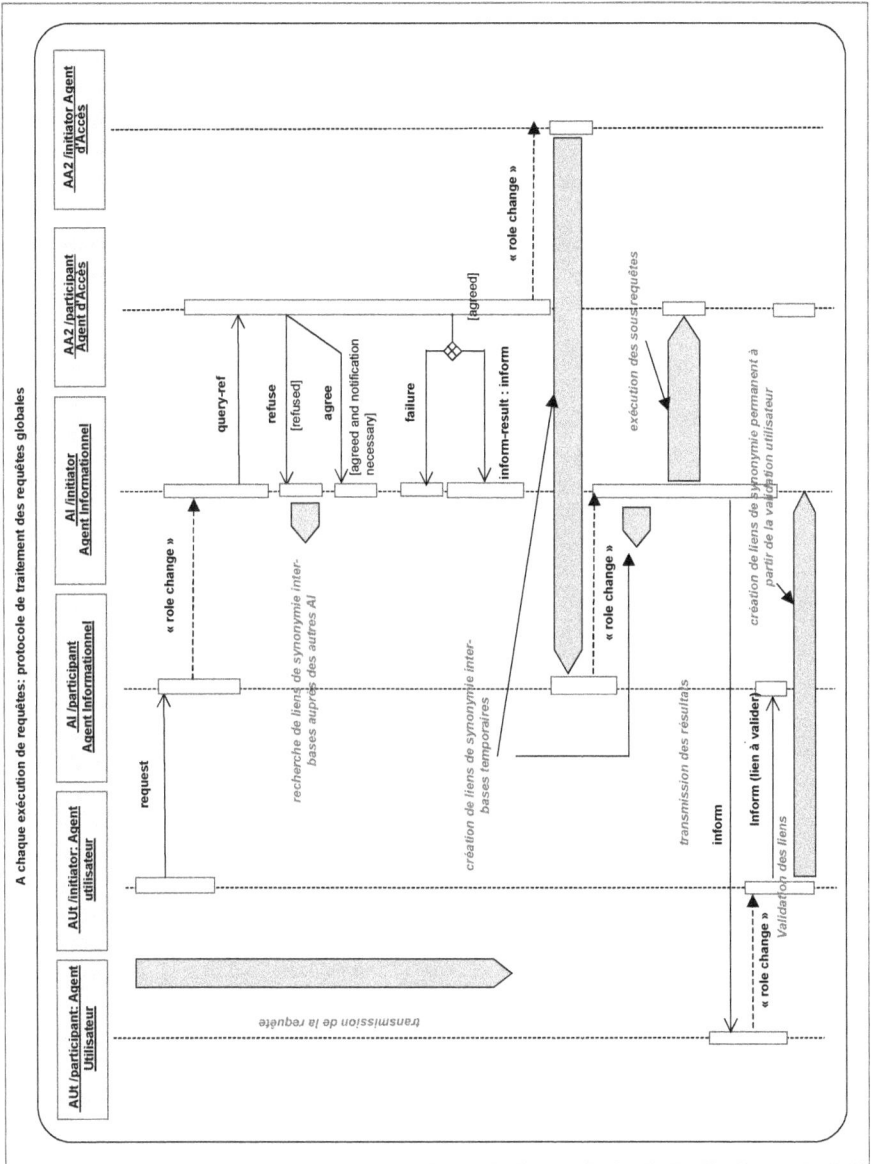

Figure 5-9 : protocole de traitement de la requête globale

2. Comportement des agents : interactions vers les hiérarchies d'objets

L'objectif de cette partie est de présenter la conception du système. Les échanges entre les objets et les agents du système sont décrits sous forme de diagrammes et d'algorithmes. Nous reprenons l'exemple du Chapitre 4 pour illustrer la phase d'organisation du système (cf. Chapitre 4.3.1) et d'exécution des requêtes (cf. Chapitre 4.3.2) en terme d'agents et d'objets.

2.1. Processus de création des objets et des agents du système

2.1.1. Création d'un AA

Un Agent d'Accès, créé par l'Agent Expert du domaine en spécifiant l'approche (relationnelle, objet) et le nom du domaine, entraîne la création des objets descriptifs de données à partir des sources locales.

A partir de la hiérarchie d'objets descriptifs de données, l'Agent Expert définit des liens structurels et des liens sémantiques intra-base (de type permanent) qui sont ajoutés à l'AA. Pour cela, il choisit le type de liens. Selon le type de liens choisis, des ODD de type relation/objet ou de type attribut d'objet/relation sont proposés.

- les liens structurels sont établis entre des ODD de type relation/objet,

- les liens de synonymie/ de non synonymie sont établis entre tout type d'ODD,

- les liens de similarité/d'homonymie sont établis entre des ODD de type attribut d'objet/relation,

- les liens d 'échelle sont établis entre des ODD de type attribut d'objet/relation.

Il choisit ensuite les ODD cibles et sources parmi la liste des ODD qui lui sont proposés. Le lien de type correspondant entre les deux OID des ODD cibles et sources est créé.

Les liens décelés au cours des parties suivantes ne doivent être créés que s'ils n'existent pas déjà (cette condition ne sera pas prise en compte dans les diagrammes suivants).

Cette étape de création de l'AA ainsi que des liens sémantiques intra-base est présentée en Figure 5-10.

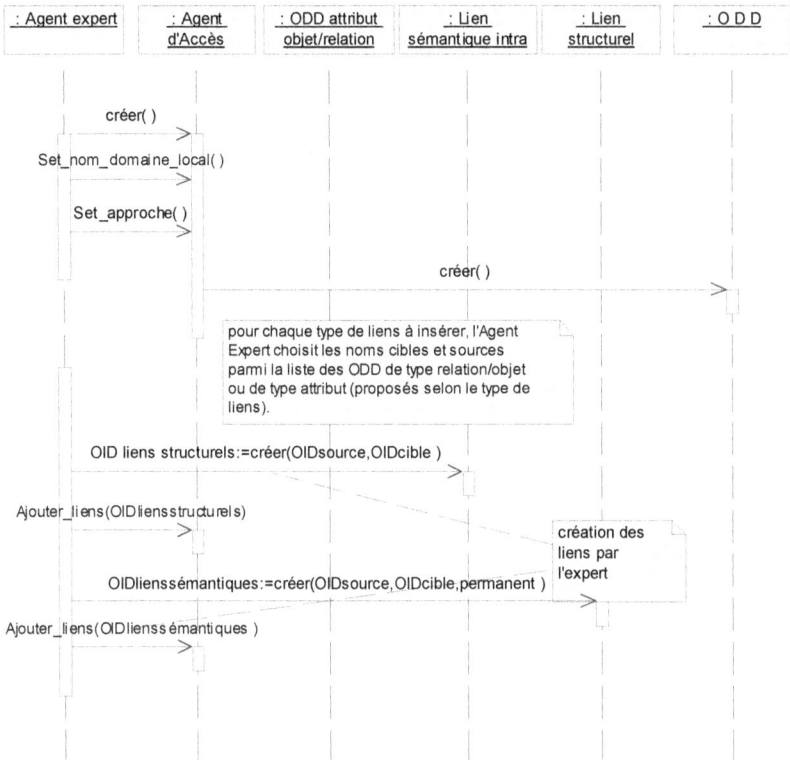

Figure 5-10 : création de l'AA et des liens par l'Agent Expert

Pour illustrer la création des différents objets, nous reprenons à nouveau l'exemple traité dans le Chapitre 4 (cf. Chapitre 4, section 3.1.2 , page 110). Les objets liens structurels et sémantiques (intra-base) suivants sont définis par l'expert lors de la création de l'AA *entreprise*. Les liens de spécialisation/généralisation entre *employé* et *chef* et le lien d'homonymie entre nom (ODD attribut de l'ODD *projet*) et nom (ODD attribut de l'ODD *employé*) sont aussi décrits (cf. Figure 5-11 et Figure 5-12).

Liens structurels:

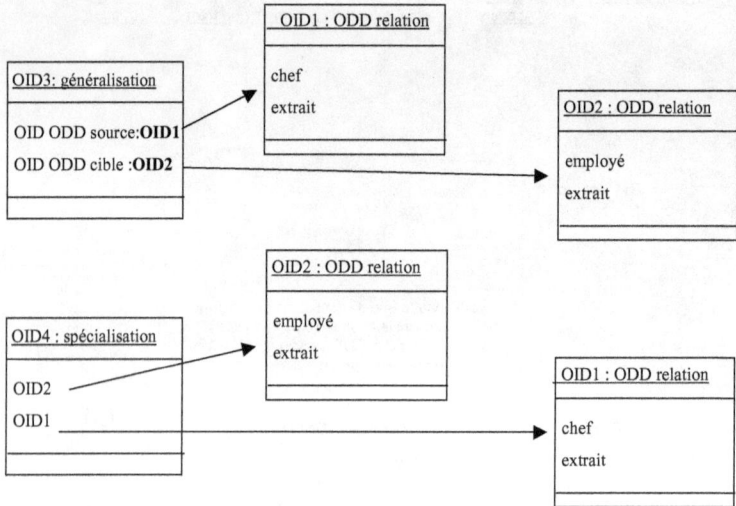

Figure 5-11 : liens structurels définis au niveau de l'AA *entreprise*

Liens sémantiques

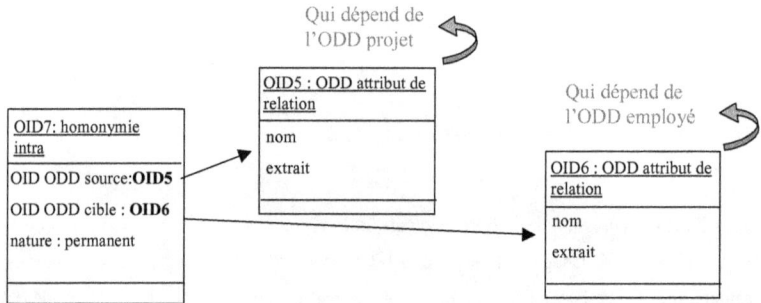

Figure 5-12 : liens sémantiques définis au niveau de l'AA *entreprise*

Mise à jour de la liste des liens dans les AA: les liens créés sont ajoutés à la liste de liens de l'AA. Aucun lien n'est rajouté à l'AA *masse salariale*.

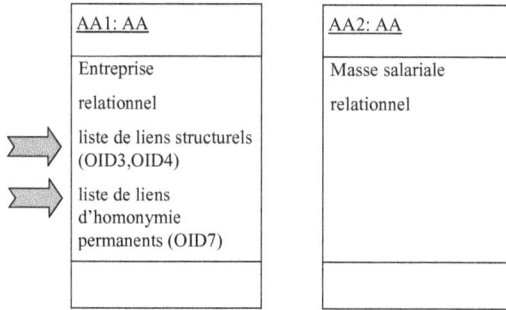

AA1: AA	AA2: AA
Entreprise	Masse salariale
relationnel	relationnel
liste de liens structurels (OID3,OID4)	
liste de liens d'homonymie permanents (OID7)	

Figure 5-13 : ajout des liens à l'AA

Chaque AA détecte automatiquement des liens de similarité, d'échelle et de différence d'échelle (présenté en Figure 5-14 et Figure 5-15).

- Des liens de similarité sont décelés grâce à une équivalence sémantique entre les ODD de type attribut s'il n'y a pas de liens d'homonymie existants. Des liens de similarité de type permanent sont créés entre deux ODD de type attribut si les ODD de type objet/relation dont ils dépendent sont impliqués dans des liens de généralisation et/ou spécialisation. Si les ODD ne dépendent pas d'ODD de type objet/relation impliqués dans des liens de spécialisation/généralisation, les liens créés sont de type temporaire.

- Des liens d'échelle sont créés directement si les ODD de type objet/relation (dont ils dépendent) sont impliqués dans des liens de généralisation et/ou spécialisation.

- Des liens de différence d'échelle temporaires sont décelés entre deux ODD de type attribut lorsque des unités ont été détectées en plus d'une équivalence sémantique (s'il n'y a pas de liens d'échelle déjà existants).

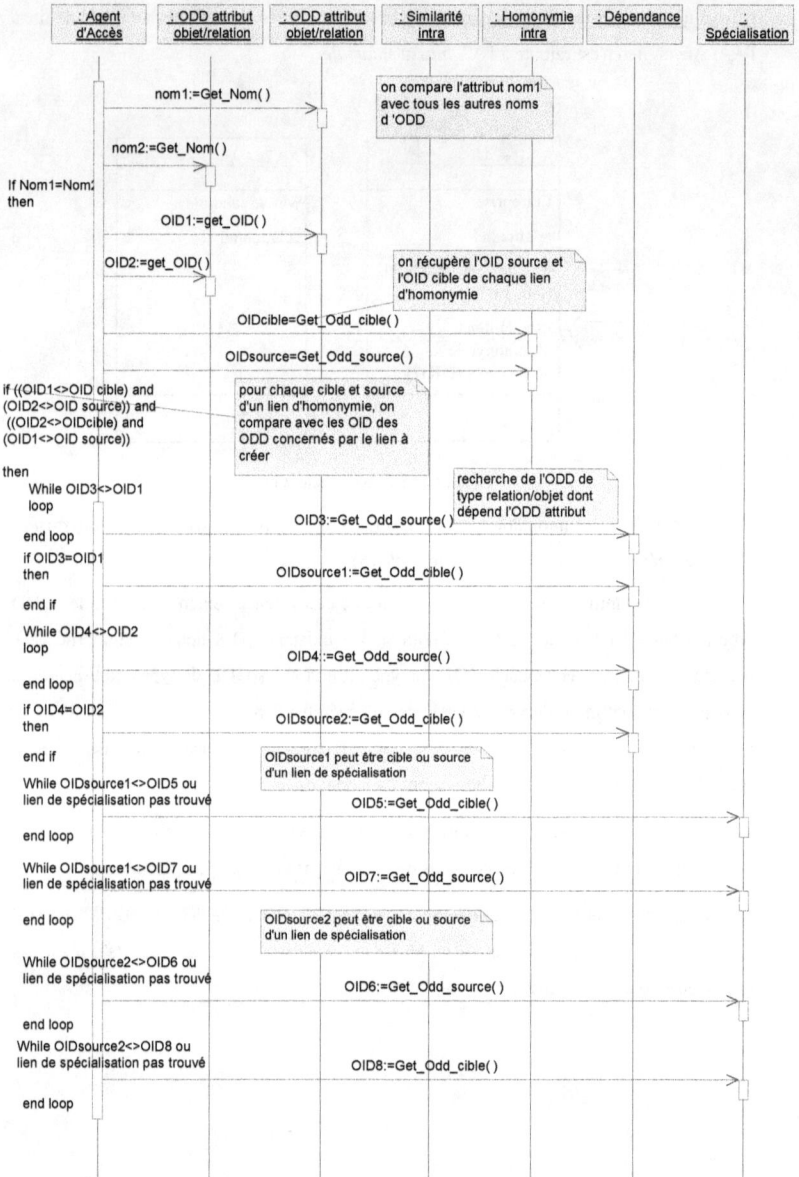

Figure 5-14 : création des liens de similarité, d'échelle et de différence d'échelle intra-base

Agent d'Accès | ODD attribut objet/relation | ODD attribut objet/relation | : Similarité intra | : Homonymie intra | : Dépendance | : Echelle intra | : Spécialisation | : Différence d'échelle intra

if ((OIDsource1=OID5) and (OIDsource 2= OID6))
or ((OIDsource1=OID7) and (OIDsource2=OID8))
or ((OIDsource1=OID5) and (OIDsource2= OID6))
or ((OIDsource1=OID7) and (OIDsource2=OID6))
then

si l'ODD est impliqué dans un lien de spécialisation => le lien est créé de façon permanente sinon de façon temporaire

si ODD1 et ODD2 ont tous les deux l'attribut unité non vide, on récupère l'OID cible et l'OID source de chaque lien de différence d'échelle

OIDliensim:=créer(OID1,OID2,permanent)

OIDcible3:=Get_Odd_cible( )

OIDsource3:=Get_Odd_source( )

si il n'y a pas de liens de différence d'échelle, le lien d'échelle est créé

if ((OID1<>OIDsource3) and (OID2<>OIDcible3)) and ((OID2<>OIDsource3) and (OID1<>OIDcible3))

then   OIDlienéchelle:=créer(OID1,OID2)

end if
else   OIDliensim:=créer(OID1,OID2,temporaire)

if ((OID1<>OIDsource3) and (OID2<>OIDcible3)) and ((OID2<>OIDsource3) and (OID1<>OIDcible3))

then   OIDliendifférenceéchelle:=créer(OID1,OID2,temporaire)

end if   Ajouter_liens(OIDliensim)
   Ajouter_liens(OIDlienéchelle)
   Ajouter_liens(OIDliendifférenceéchelle)
end if
end if
end if

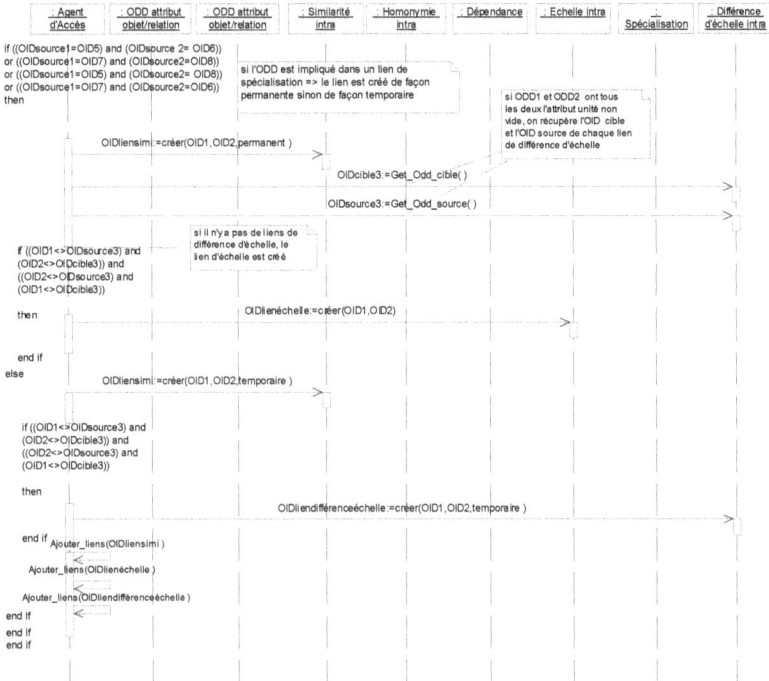

Figure 5-15 : création des liens de similarité, d'échelle et de différence d'échelle intra-base (suite)

Dans l'exemple (cf. Chapitre 4, section 3.1.2, page 110), seul l'agent d'accès *entreprise* détecte certains liens sémantiques. Aucun lien n'est créé pour l'AA *masse salariale*. Des liens de similarité et d'échelle permanents sont établis (cf. Figure 5-16 et Figure 5-17). Les liens de similarité temporaires et les liens de différence d'échelle intra-base temporaires ne sont pas créés dans cet exemple.

Liens de similarité:

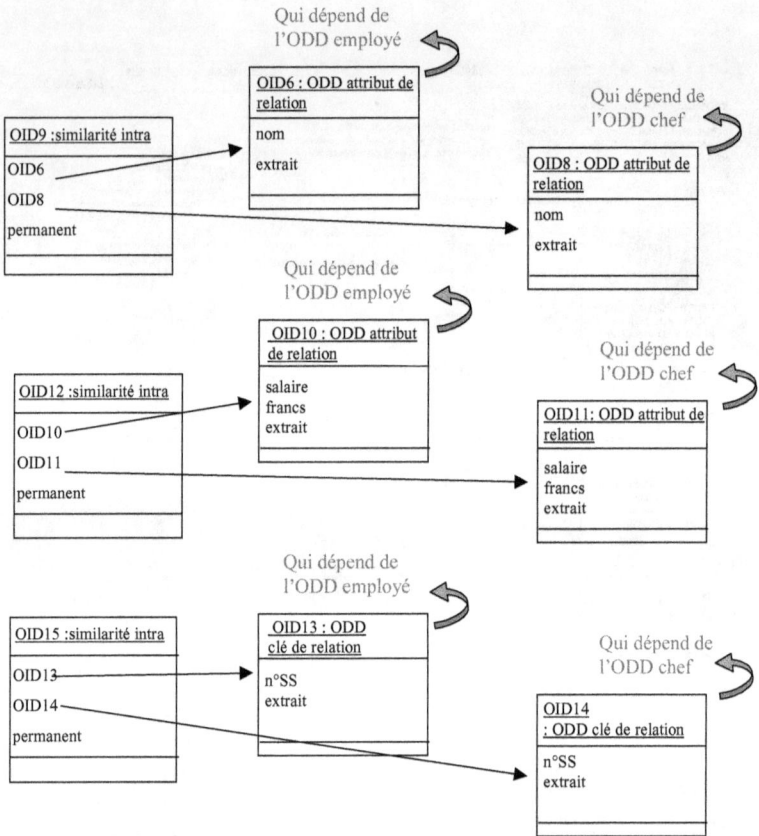

Figure 5-16 : liens de similarité créés par l'AA *entreprise*

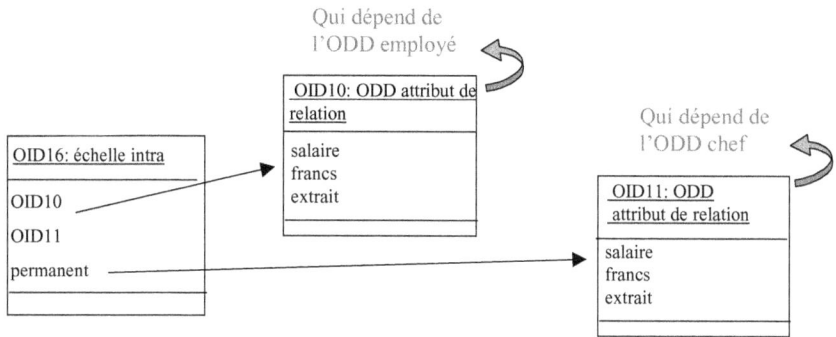

Figure 5-17 : liens d'échelle créés par l'AA *entreprise*

<u>Mise à jour de la liste des liens dans les AA</u> (cf.Figure 5-18) : les liens créés sont ajoutés à la liste de liens de l'AA *entreprise* (des liens de similarité et d'échelle permanents).

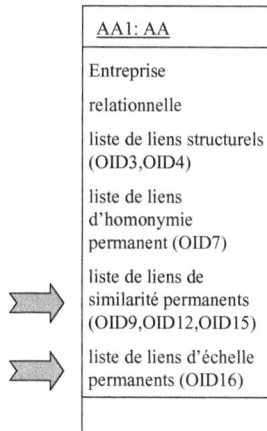

Figure 5-18 : ajout des liens sémantiques à l'AA *entreprise*

2.1.2. Processus d'enregistrement des AA aux AI

- Instanciation du sous-protocole de rattachement : les AA (AA1 et AA2) se rattachent à l'AI en fonction du nom de leur domaine (respectivement *entreprise*, *masse salariale*) selon le protocole de rattachement présenté en section 1.1.1). S'il n'y a pas de rattachement possible, l'agent expert peut rajouter des domaines à l'AI existant et rattacher l'AA ou bien il y a création d'un AI par un expert avec un domaine global et une liste de domaines proches. Le diagramme de création d'un AI est présenté ci-dessous (cf. Figure 5-19).

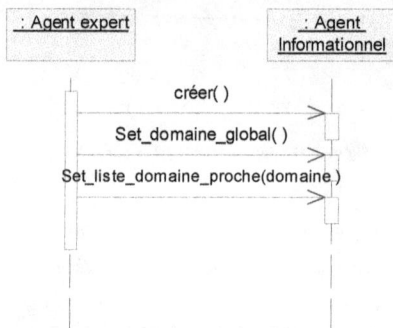

Figure 5-19 : création d'un AI

- Instanciation du sous-protocole de similarité et de différence d'échelle inter-bases : chaque AA, une fois rattaché, instancie le protocole afin que l'AI crée des liens de similarité et de différence d'échelle temporaires inter-bases. Chaque AA transmet le nom (et l'unité) de ses ODD afin que l'AI établisse la comparaison avec les ODD des AA de son réseau d'accointances. Le nom et l'unité parviennent à l'AA sous forme de query-ref. Lorsqu'il s'agit d'un ODD attribut, on renvoie également le nom d'ODD de type relation/objet correspondant. Le comportement de l'AA lors de la réception du message query-ref est décrit dans le diagramme suivant.

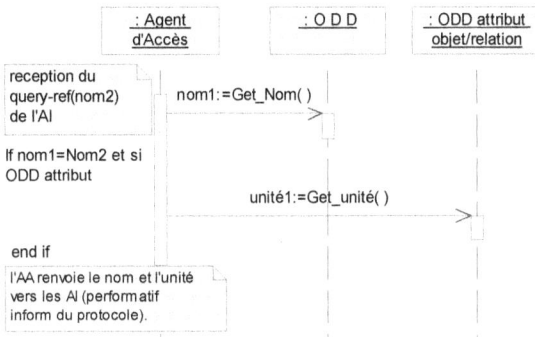

Figure 5-20 : recherche terme équivalent au cours du protocole de création de liens d'échelle et de similarité inter-bases

A partir des réponses provenant des AA (performatif *inform* du protocole), l'AI crée des liens de similarité et de différence d'échelle inter-bases entre les ODD de l'AA qui a instancié le protocole et les ODD des autres AA qui ont répondu. La création des liens au niveau de l'AI est présentée dans le diagramme suivant (cf. Figure 5-21).

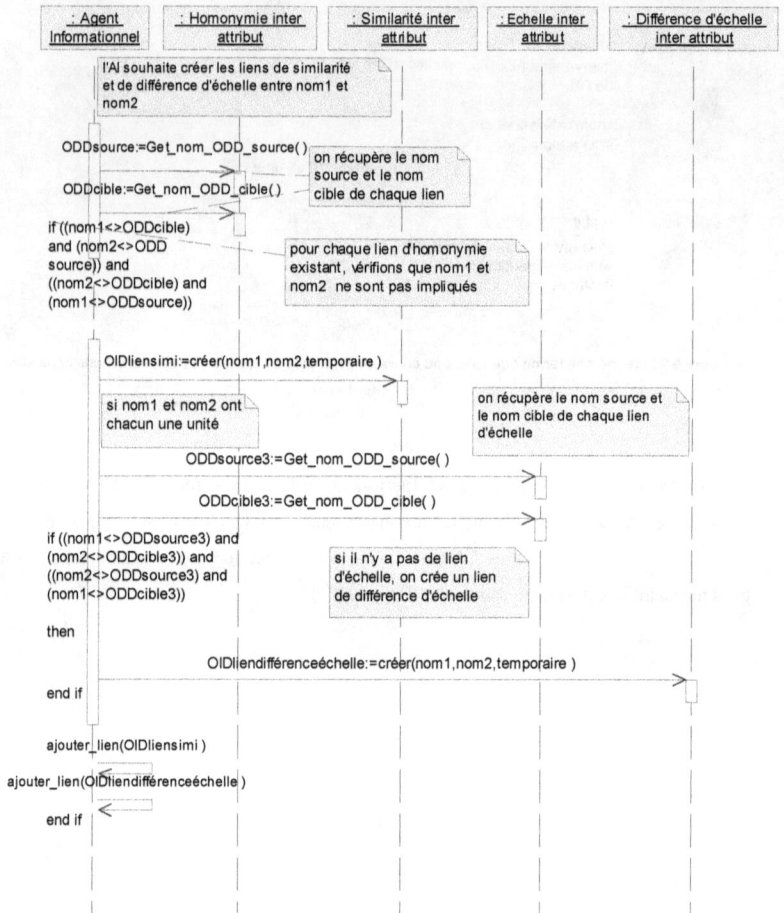

Figure 5-21: création des liens de similarité et de différence d'échelle inter-bases

Au niveau de l'exemple, la création de liens consiste à détecter liens de similarité et de différence d'échelle suivants (cf. Chapitre 4, section 3.1.3, page 112). Les liens sont présentés dans les diagrammes suivants (cf. Figure 5-22 et Figure 5-23).

Liste de liens similarité inter-bases:

OID17 : similarité inter attribut
nom ODD attribut source : **salaire**
nom ODD attribut cible : **salaire**
nom ODD objet/relation source : **employé**
nom ODD objet/relation cible : **salarié**
AA source : **AA1**
AA cible : **AA2**
nature du lien : **temporaire**

OID18 : similarité inter attribut
nom ODD attribut source : **salaire**
nom ODD attribut cible : **salaire**
nom ODD objet/relation source : **chef**
nom ODD objet/relation cible : **salarié**
AA source : **AA1**
AA cible : **AA2**
nature du lien : **temporaire**

OID19 : similarité inter attribut
nom ODD attribut source : **nom**
nom ODD attribut cible : **nom**
nom ODD objet/relation source : **employé**
nom ODD objet/relation cible : **entreprise**
AA source : **AA1**
AA cible : **AA2**
nature du lien : **temporaire**

OID20 : similarité inter attribut
nom ODD attribut source : **nom**
nom ODD attribut cible : **nom**
nom ODD objet/relation source : **chef**
nom ODD objet/relation cible : **entreprise**
AA source : **AA1**
AA cible : **AA2**
nature du lien : **temporaire**

OID21 : similarité inter attribut
nom ODD attribut source : **nom**
nom ODD attribut cible : **nom**
nom ODD objet/relation source : **projet**
nom ODD objet/relation cible : **entreprise**
AA source : **AA1**
AA cible : **AA2**
nature du lien : **temporaire**

OID22 : similarité inter attribut
nom ODD attribut source : **spécificité**
nom ODD attribut cible : **spécificité**
nom ODD objet/relation source : **chef**
nom ODD objet/relation cible : **entreprise**
AA source : **AA1**
AA cible : **AA2**
nature du lien : **temporaire**

Figure 5-22 : liens de similarité inter-bases créés au niveau de l'AI *professionnel*

OID23: différence échelle inter attribut	OID24: différence échelle inter attribut
nom ODD attribut source : **salaire** nom ODD attribut cible : **salaire** nom ODD objet/relation source : **employé** nom ODD objet/relation cible : **salarié** unité cible: **francs** unité source: **euros** AA source : **AA1** AA cible : **AA2** nature du lien : **temporaire**	nom ODD attribut source : **salaire** nom ODD attribut cible : **salaire** nom ODD objet/relation source : **chef** nom ODD objet/relation cible : **salarié** unité cible: **francs** unité source: **euros** AA source : **AA1** AA cible : **AA2** nature du lien : **temporaire**

Figure 5-23 : liens d'échelle inter-bases créés au niveau de l'AI *professionnel*

Mise à jour de la liste des liens dans l'AI: les liens de similarité et d'échelle sont mis à jour dans l'AI (cf. Figure 5-24).

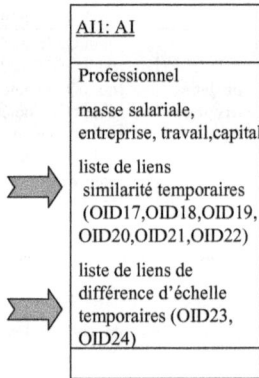

AI1: AI
Professionnel
masse salariale, entreprise, travail, capital
liste de liens similarité temporaires (OID17,OID18,OID19, OID20,OID21,OID22)
liste de liens de différence d'échelle temporaires (OID23, OID24)

Figure 5-24 : ajout des liens dans l'AI *professionnel*

2.2. Traitement des requêtes globales

Le traitement des requêtes implique des objets supplémentaires (requêtes et liens à valider) dont la description figure dans le diagramme de classes suivant (cf. Figure 5-25).

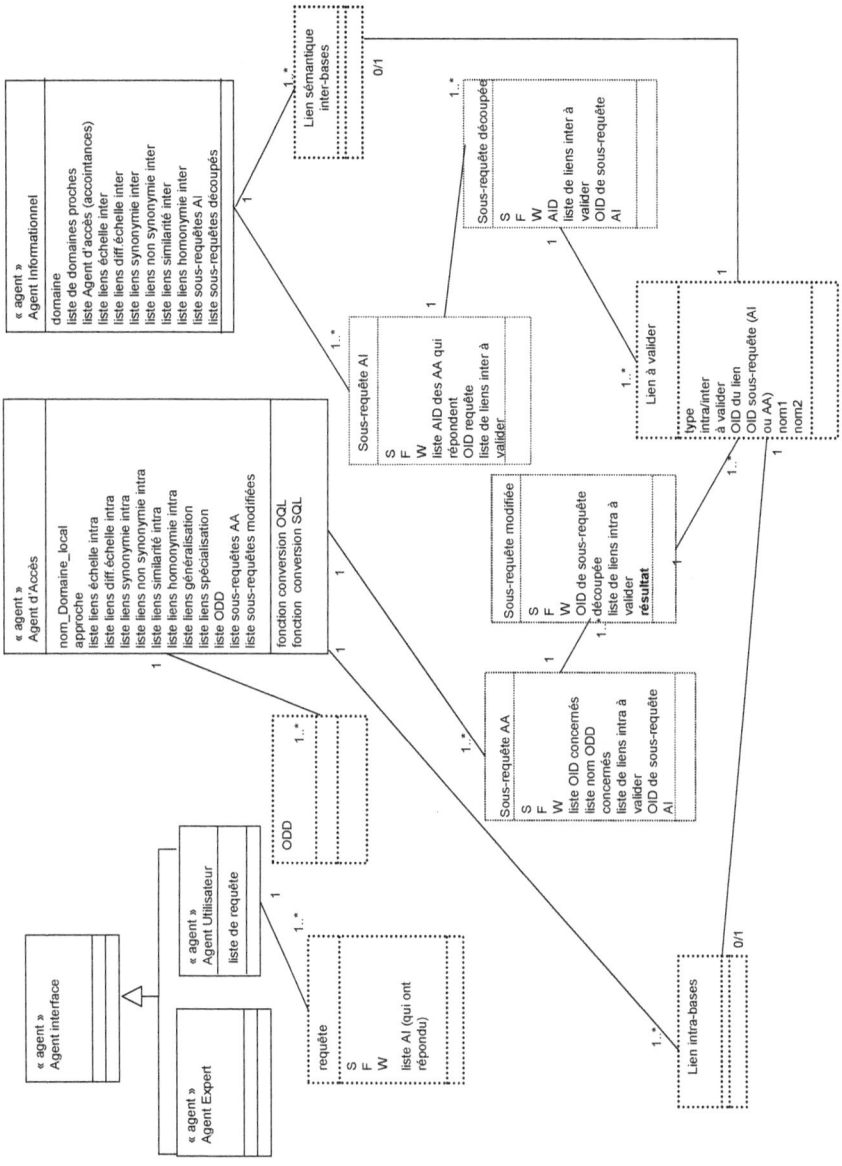

Figure 5-25 : diagramme de classes pour le traitement des requêtes

Dans cette partie concernant la conception du système, nous reprenons le traitement de la requête n°1 « Select * from salarié where projet.nom="ACSIS" » du chapitre IV (cf. Chapitre 4, section 4.1.1).

Pour compléter, nous reprendrons l'exemple des deux autres requêtes pour illustrer deux cas précis :

- l'exemple de la requête n°2 (cf. Chapitre 4, section 4.1.2) pour illustrer l'insertion d'un lien de type utilisateur,

- l'exemple de la requête n°3 (cf. Chapitre 4, section 4.1.3.) pour illustrer l'utilisation de liens provenant d'un autre domaine.

- <u>instanciation du sous-protocole de transmission de la requête</u> : le protocole est instancié par l'Agent Utilisateur qui exécute une requête (cf. Figure 5-26).

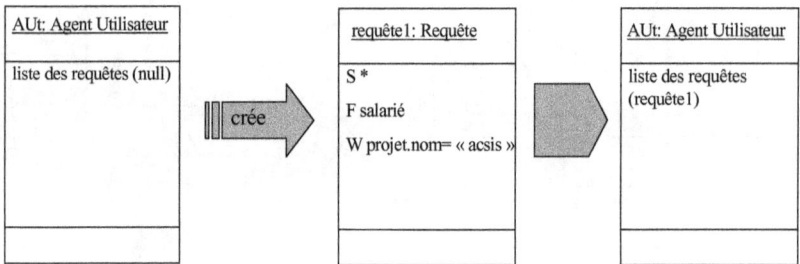

Figure 5-26 : instanciation de la requête

La requête est transmise de l'Agent Utilisateur aux Agents Informationnels par le sous-protocole. Pour chaque objet requête transmis par le biais de performatifs, l'Agent Informationnel récupère les termes du Select, du From et du Where.

A chaque lien de synonymie inter-bases (entre attribut ou entre objet/relation) décelé sur les termes de la requête, chaque Agent Informationnel remplace le terme de la requête par le terme synonyme et crée une instance de sous-requête AI (cf. Figure 5-27 à partir des liens de synonymie inter-bases inter ODD objet/relation[10]).

---

[10] Le procédé est semblable pour les ODD attributs.

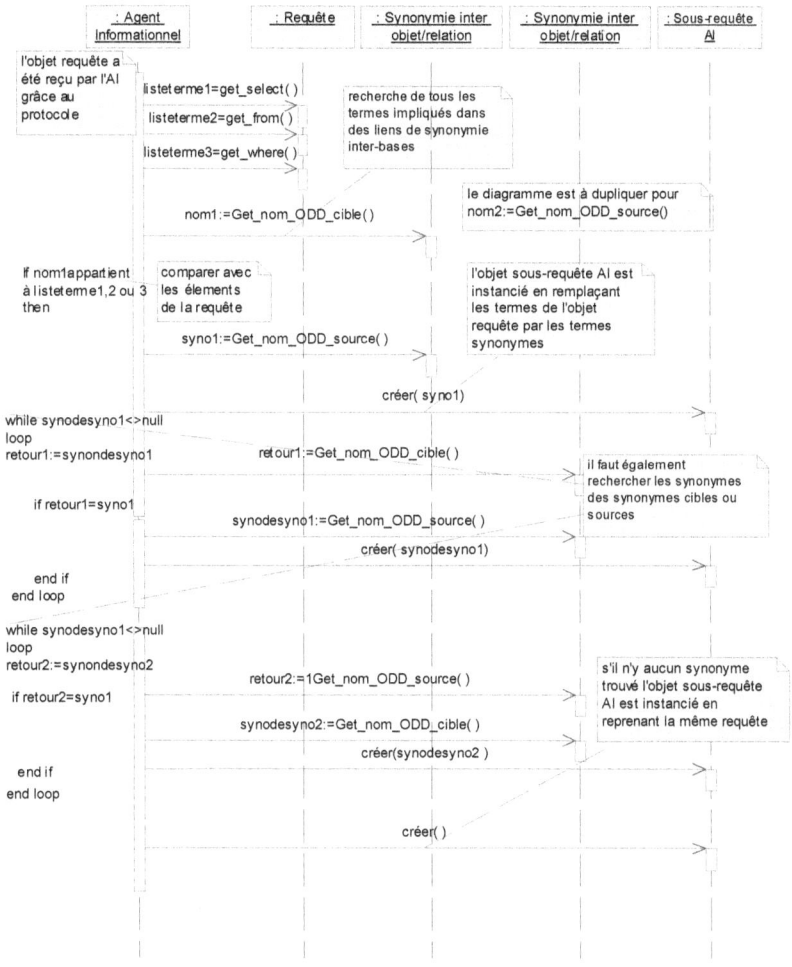

Figure 5-27 : liens de synonymie inter-bases sur les termes de la requête

Au niveau de l'AI, la comparaison de chaque terme impliqué dans un lien de synonymie avec les listes de termes de la requête doit prendre en compte la structure de la requête :

- séparateur entre les noms d'attributs dans le Select,

- séparateur entre les noms de tables dans le From,

- séparateur entre les noms de table et les noms d'attribut et entre les opérateurs présents dans le Where.

Lors de l'exécution la requête n°1, une seule instance de sous-requête AI est créée sans remplacement par des synonymes.

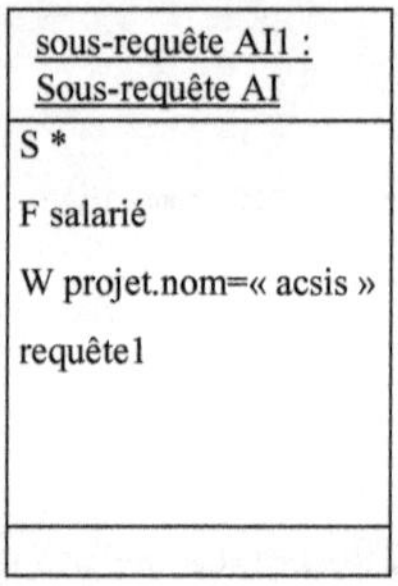

sous-requête AI1 : Sous-requête AI
S *
F salarié
W projet.nom=« acsis »
requête1

Figure 5-28 : instanciation de sous-requête AI

L'instance sous-requête AI est transmise aux AA. Les AA évaluent leur connaissance sur les éléments de la requête en comparant les noms d'ODD qu'ils détectent équivalents aux termes de la requête.

Si aucun AA ne peut traiter la demande (renvoie du performatif *refuse*), l'AI recherche des liens de synonymie inter-bases auprès des autres AI et relance la requête.

Instanciation du sous-protocole de recherche de liens de synonymie inter-bases : le diagramme suivant (cf. Figure 5-29) présente la recherche des liens de synonymie inter-bases sur les termes de la requête qui ont été envoyés par l'AI demandeur. Chaque AI recherche les liens de synonymie sur les termes de la requête (et les renvoie dans le cadre du protocole).

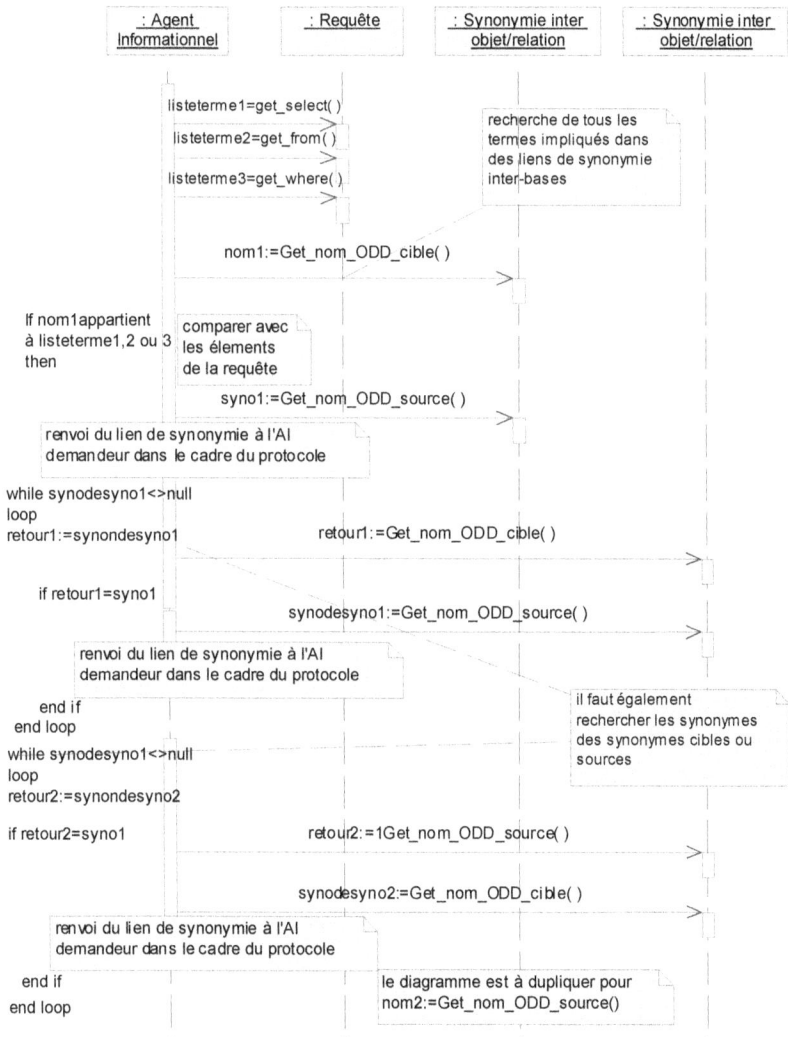

Figure 5-29 : recherche de liens de synonymie inter-bases des autres AI sur les termes de la requête

Lorsque chaque AI réceptionne les liens sur les termes de la requête, des liens de synonymie inter-bases de type temporaire correspondant (attribut autre-domaine : "oui") sont créés ainsi que les liens à valider de type inter correspondants. L'AI instancie sous-requête AI en utilisant les liens de synonymie reçus (cf. Figure 5-30).

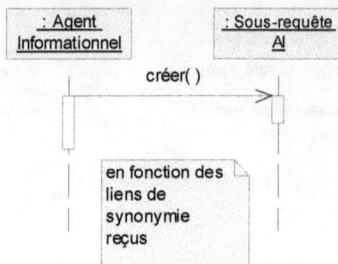

Figure 5-30 : création de sous-requête AI

Par exemple, lors de la requête n°3 (cf. Chapitre 4, section 4.1.3, page 134), le lien inter-bases entre *employé* et *salarié* provenant de l'AI *professionnel* doit être validé pour l'AI *divertissement* (cf. Figure 5-31).

Utilisation des liens créés au niveau de l'AI professionnel par l'AI divertissement (cf. requête n°3)

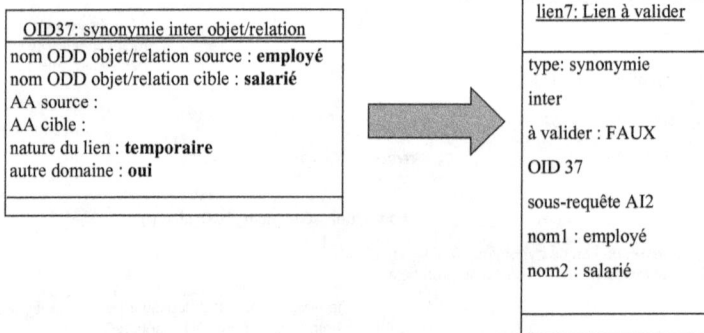

Figure 5-31 : utilisation des liens de l'AI *professionnel* par l'AI *divertissement* et création du lien à valider

Le ou les instances sous-requête AI sont alors lancées vers les AA. Les liens inter-bases temporaires d'un autre domaine, qui ont été utilisés, sont envoyés lors des résultats pour être validés.

Lorsque chaque AA reçoit les sous-requêtes AI :

- Chaque AA vérifie les liens d'homonymie intra-base existants. Il ne peut pas répondre sur les deux termes équivalents impliqués dans un lien d'homonymie. L'AA ne répond que sur le terme dont le terme requête_table dont il dépend est présent au niveau du Where. Dans le cadre de l'exemple de la requête n°1, la connaissance sur nom(projet) et nom(employé) ne permet pas à l'AA de détecter l'ODD nom (ODD attribut valué de l'ODD employé) car dans la requête se trouve "projet.nom".

- De façon identique à la création de liens de similarité et d'échelle intra-base, on tient compte des liens de spécialisation/généralisation. *Par exemple, la connaissance sur l'ODD nom (ODD attribut de l'ODD chef) qui spécialise l'ODD nom (ODD attribut valué de l'ODD employé) n'est pas détectée.*

Les deux diagrammes suivants présentent la détection de connaissances en tenant compte des liens d'homonymie (cf. Figure 5-32, Figure 5-33). Pour les liens de spécialisation/généralisation, la démarche est identique à celle décrite en Figure 5-14 et Figure 5-15.

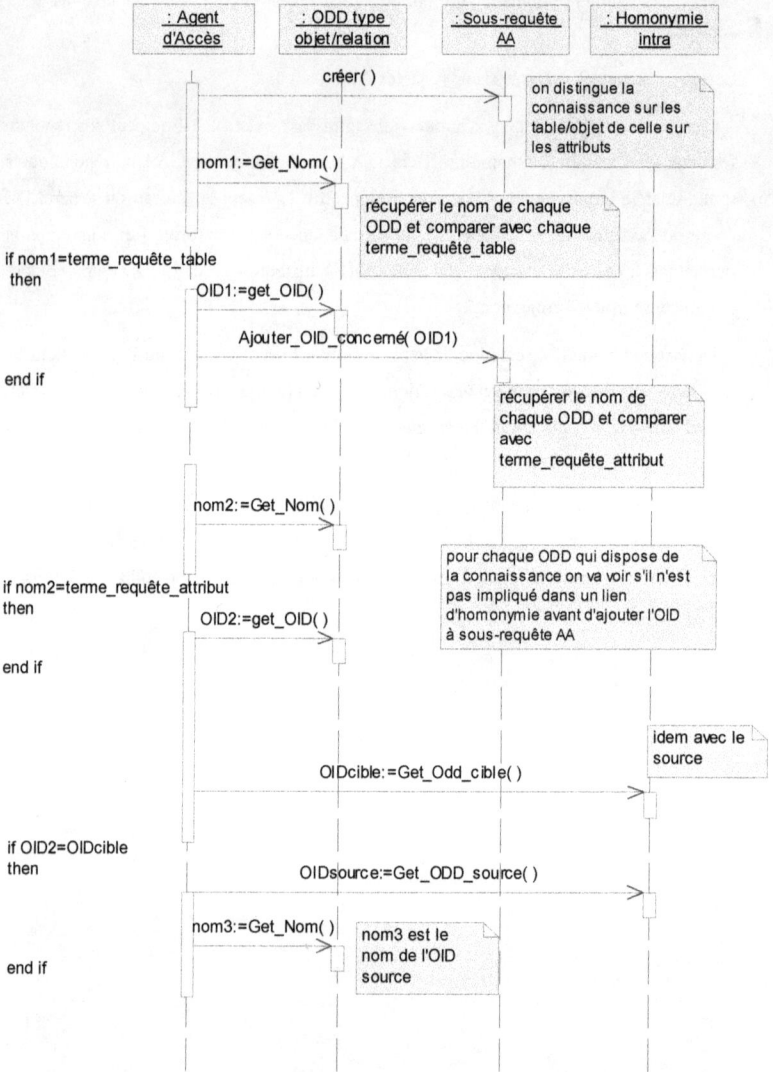

Figure 5-32 : recherche de la connaissance sur les ODD en tenant compte des liens d'homonymie

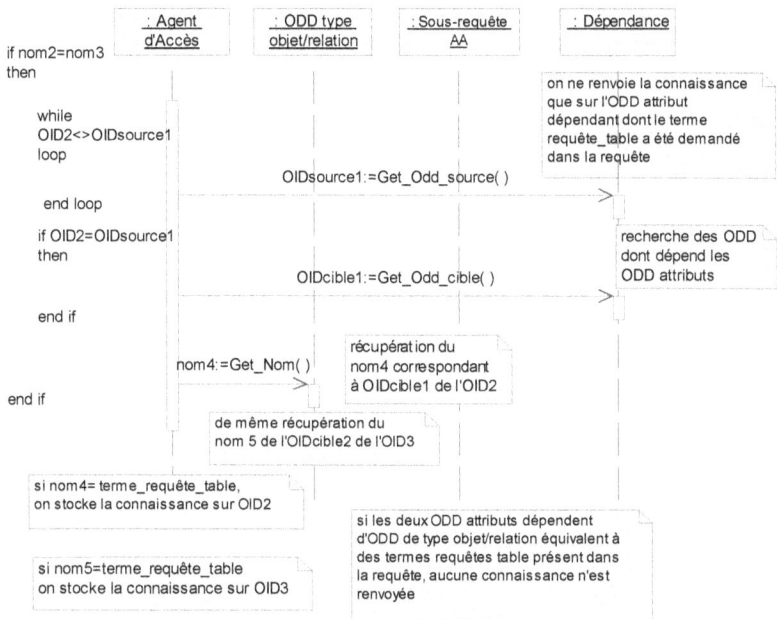

Figure 5-33 : recherche de la connaissance en tenant compte des liens d'homonymie (suite)

Chaque AA crée une instance de sous-requête AA en y ajoutant la liste des OID qui disposent de la connaissance (cf. Figure 5-35). L'AA *entreprise* détecte la connaissance sur l'ODD *nom* (ODD clé de relation de l'ODD *projet*) **(OID5)**, sur l'ODD *projet* et sur l'ODD *nom* (ODD clé de relation de l'ODD *travaille*) respectivement **OID25** et **OID26.** Le lien d'homonymie entre *nom*(*projet*) et *nom*(*employé*) ne permet pas à l'AA de détecter l'ODD *nom* (ODD attribut valué de l'ODD *employé*). Le lien de généralisation entre *chef* et *employé* ne permet pas à l'AA de détecter la connaissance sur l'ODD *nom* (ODD attribut valué de l'ODD *chef*) à cause du lien d'homonymie précédent.

L'AA *masse salariale* détecte la connaissance sur *salarié* **(OID27).** Les ODD (OID 24, 25, 27) sont représentés dans le schéma suivant (Figure 5-34).

Qui dépend de
l'ODD travaille

OID25 : ODD relation	OID26 : ODD clé de relation	OID27 : ODD relation
projet	nom	salarié
extrait	extrait	extrait

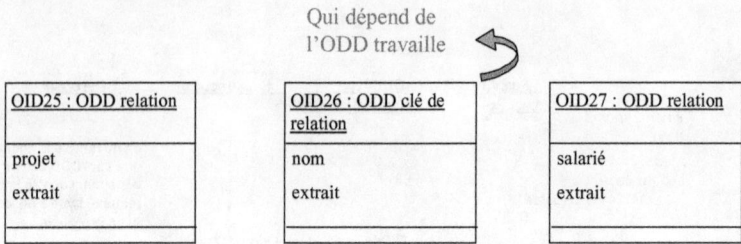

Figure 5-34 : ODD 25, 26, 27

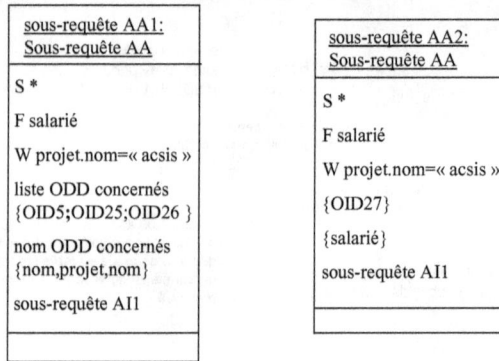

sous-requête AA1: Sous-requête AA
S *
F salarié
W projet.nom=« acsis »
liste ODD concernés {OID5;OID25;OID26 }
nom ODD concernés {nom,projet,nom}
sous-requête AI1

sous-requête AA2: Sous-requête AA
S *
F salarié
W projet.nom=« acsis »
{OID27}
{salarié}
sous-requête AI1

Figure 5-35 : instances de sous-requête AA

- Création de liens de synonymie et de similarité intra-base temporaires

La procédure de création des liens de synonymie et de similarité intra-base temporaires est présentée sous forme d'algorithmes, le nombre de classes impliquées et d'appels de méthode ne permet pas ici de le représenter sous forme de diagramme de séquence UML. La création des liens est réalisée à partir des éléments de la requête (de sous-requête AI) et des noms d'ODD (qui disposent de la connaissance) stockés au niveau des instances de sous-requête AA. Lors des parties suivantes, on aura recours à l'appellation terme_requête_table et terme_requête_attribut pour distinguer les éléments tables et attributs de la requête. Les liens de synonymie peuvent être détectés de deux façons différentes:

- A partir des termes requête table de la clause select et from

180

Pour chaque terme de la requête équivalent à une table de la clause « From » ou « Where» dont l'ODD de type relation /objet correspondant n'a pas été détecté dans l'ontologie, l'AA sélectionne les ODD référencés. Si aucun attribut n'est spécifié dans la requête ou si les attributs spécifiés dans la requête correspondent aux ODD attributs dépendant des ODD de type relation ou objet, on établit alors un lien de synonymie intra-base temporaire entre l'ODD référencé et le nom de l'élément de la requête soumise. Il est créé grâce à un ODD de type/objet relation **virtuel** dont le nom correspond au nom de la table soumise. Le lien est établi s'il n'y a pas de liens de non synonymie déjà créés entre ces deux termes.

Lorsque les attributs sélectionnés dans la requête correspondent aux ODD attributs, un lien de similarité intra-base temporaires est créé entre l'ODD attribut dépendant de l'ODD référencé et les attributs de la requête (si aucun lien d'homonymie n'existe entre ces deux termes).

Pour tout terme_requête_table ∉ {ODD1, ODD2, ODDn},

    pour tout ODD ∈ {ODD1, ODD2, ODDn},

        ODDréférencé=recherche_ODD_référencé (ODD)
        ODDattribut=recherche_attribut_correspondant (ODD référencé)
        // soit des attributs sont spécifiés dans la requête et on vérifie la correspondance avec les attributs des ODD référencés
        Si terme_requête_table.terme_requête_attribut existe et (ODD attribut= terme_requête_table.terme_requête attribut) et (lien de non synonymie (ODD référencé, terme requête_table) n'existe pas et lien d'homonymie (ODD attribut, terme_requête_table.terme_requête attribut) n'existe pas

            Créer_ODD_virtuel_relation/objet(nom_requête_table)
            Créer_Lien_de_synonymie_temporaire (ODD référencé,ODD virtuel)
            Créer_ODD_virtuel_attribut(terme_requête_table.terme_requête attribut)
            Créer_lien_de_similarité_temporaire(ODD attribut (de l'ODD référencé),ODD virtuel)
        Sinon

            si (lien de non synonymie (ODD référencé, terme requête_table) n'existe pas
            // soit des attributs ne sont pas sélectionnés dans la requête et les liens de synonymie sont créés

                Créer_ODD_virtuel_relation/objet(nom_requête_table)

Créer_Lien_de_synonymie_temporaire (ODD référencé,ODD
virtuel)
Fin si
Fin si
fin pour
fin pour

- A partir des termes requêtes attribut de la clause from

Cette seconde méthode ne détecte les liens de synonymie et de similarité temporaires
seulement si aucun lien de synonymie temporaire n'a été décelé selon la méthode précédente.

Si un ODD de type attribut est équivalent à l'attribut de la requête soumise et que l'ODD de
type relation/objet dont l'ODD attribut dépend est différent du nom de la table soumise ; on
établit un lien de synonymie intra-base temporaire entre l'ODD de type relation/objet et le
nom de la table soumise. Pour représenter cet élément, il y a création d'un ODD virtuel de
même nom que le nom de la table.

Pour tout terme_requête_table ∉ {ODD1, ODD2, ODDn},
  Si (ODD attribut= terme_requête_table.terme_requête attribut)
    Créer_ODD _virtuel (nom_requête_table).
    Créer_Lien_de_synonymie_temporaire (ODD de type relation/objet,
    terme_requete_table)

  Fin si
Fin pour

Les liens de synonymie et de similarité temporaire créés à ce niveau sont ajoutés aux AA et les
liens intra-base qui devront être validés par l'utilisateur sont alors instanciés (cf. Figure 5-36).
Les objets liens à valider sont ajoutés aux instances sous-requête AA1 et sous-requête AA2.

à chaque création de liens de synonymie ou de similarité temporaires

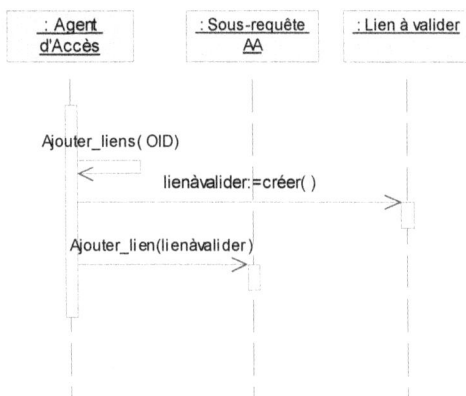

Figure 5-36 : création de liens à valider

Dans l'exemple de la requête n°1 (cf. Chapitre 4, section 3.2.2.3, page 120), l'AA1 (*entreprise*) crée un lien de synonymie mis à jour dans l'AA1 (cf. Figure 5-37) et crée le lien à valider correspondant mis à jour dans sous requête AA1 (cf. Figure 5-38). Le lien à valider contient le type de lien et les deux termes impliqués. S'il s'agit d'ODD de type attribut, l'ODD de type relation/objet est précisé. Le lien de synonymie est établi entre *employé*, ODD extrait des bases locales et *salarié*, ODD virtuel créé pour représenter ce lien.

Figure 5-37

OID29 : synonymie intra
OID2
OID28
temporaire

OID2 : ODD relation
employé
extrait : oui

OID28 : ODD relation
salarié
extrait : non

Création

Mise à jour

AA1: AA
Entreprise
relationnelle
liste de liens structurels (OID3,OID4)
liste de liens d'homonymie permanents (OID7)
liste de liens de similarité permanents (OID9,OID12,OID15)
liste de liens d'échelle permanents (OID16)
liens de liens sémantiques temporaires synonymie (OID29)

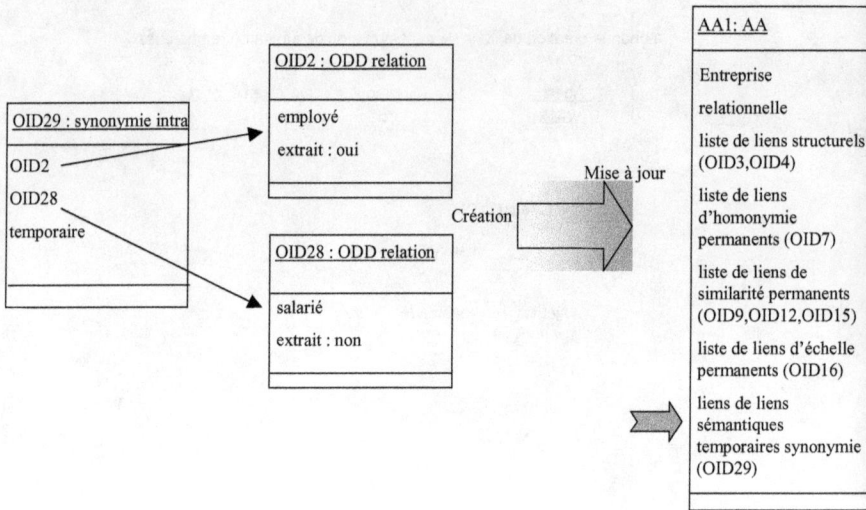

Figure 5-37 : création du lien temporaire et mise à jour dans l'AA *entreprise*

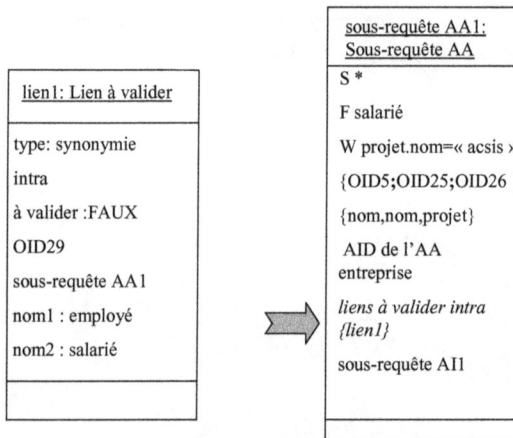

Figure 5-38

lien1: Lien à valider
type: synonymie
intra
à valider :FAUX
OID29
sous-requête AA1
nom1 : employé
nom2 : salarié

sous-requête AA1: Sous-requête AA
S *
F salarié
W projet.nom=« acsis »
{OID5;OID25;OID26 }
{nom,nom,projet}
AID de l'AA entreprise
liens à valider intra {lien1}
sous-requête AI1

Figure 5-38 : création du lien à valider intra et mise à jour dans sous-requête *AA1*

Dans l'exemple de la requête n°1 (cf. Chapitre 4, section 3.2.2.3, page 120), l'AA2 (*masse salariale*) crée un lien de synonymie et un lien de similarité mis à jour dans l'AA2 (cf. Figure 5-39) et crée le lien à valider correspondant mis à jour dans sous-requête AA2 (cf. Figure 5-40).

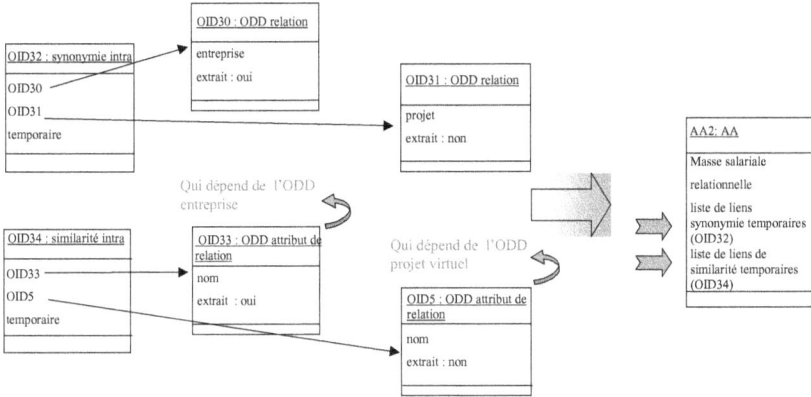

Figure 5-39 : création des liens temporaires et mise à jour dans l'AA *masse salariale*

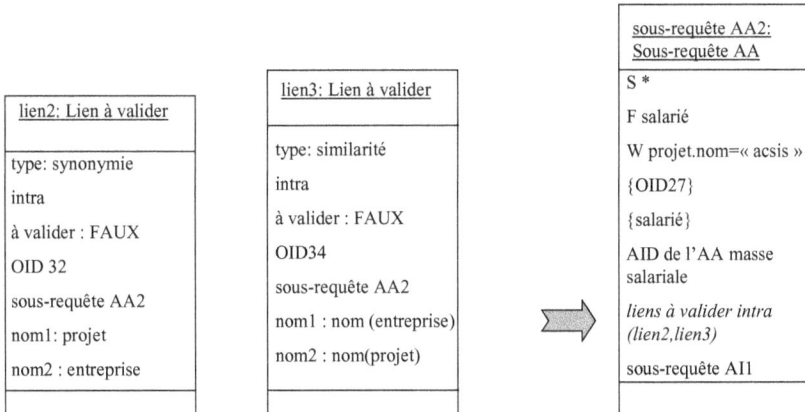

Figure 5-40 : création du lien à valider intra et mise à jour dans sous-requête *AA2*

Instanciation du sous-protocole de création de liens de synonymie et de similarité inter-bases :
chaque AA recherche tous les ODD virtuels et récupère leurs noms (cf. Figure 5-41).

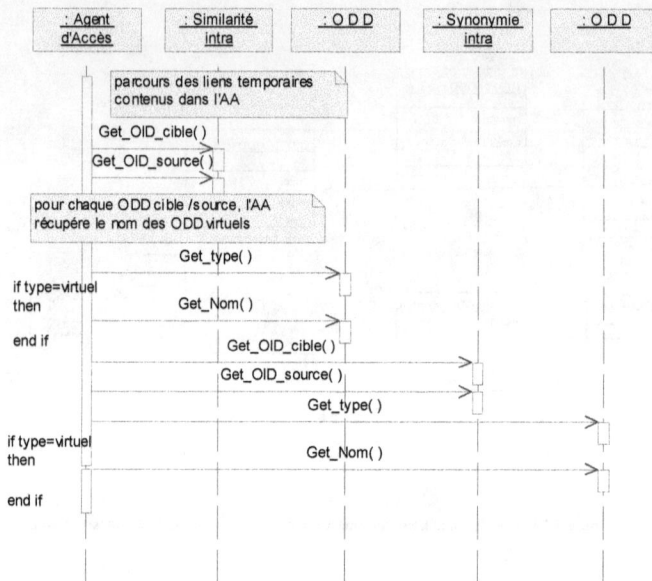

Figure 5-41 : recherche des ODD virtuels

Dans le cadre du sous-protocole de création de liens de synonymie inter-bases temporaires, pour chaque lien de type similarité ou synonymie, chaque AA renvoie le nom du terme extrait et le nom de l'ODD virtuel concerné, vers l'AI qui diffuse le nom des ODD virtuel au sein du réseau d'accointances. Chaque AA renvoie le "couple" (nom OOD, nom ODD virtuel) autant de fois que nécessaire. L'AI traite donc la demande couple par couple (dans un attribut liste). L'AA qui reçoit renvoie la réponse à l'AI.

Chaque AA compare les noms d'ODD virtuels avec le nom des ODD qu'il détecte équivalents selon la Figure 5-42. Le "couple" est supprimé de la liste quand tous les AA ont répondu.

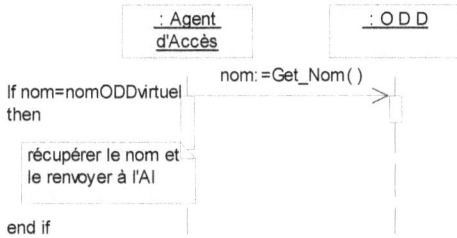

Figure 5-42 : comparaison entre le terme ODD virtuel et l'ODD de l'AA

Lorsqu'il reçoit en retour le nom des ODD qu'il détecte équivalent à l'ODD virtuel, l'AI peut créer les liens de synonymie et de similarité temporaires inter-bases (la Figure 5-43 présente l'exemple pour la création entre de liens entre attribut).

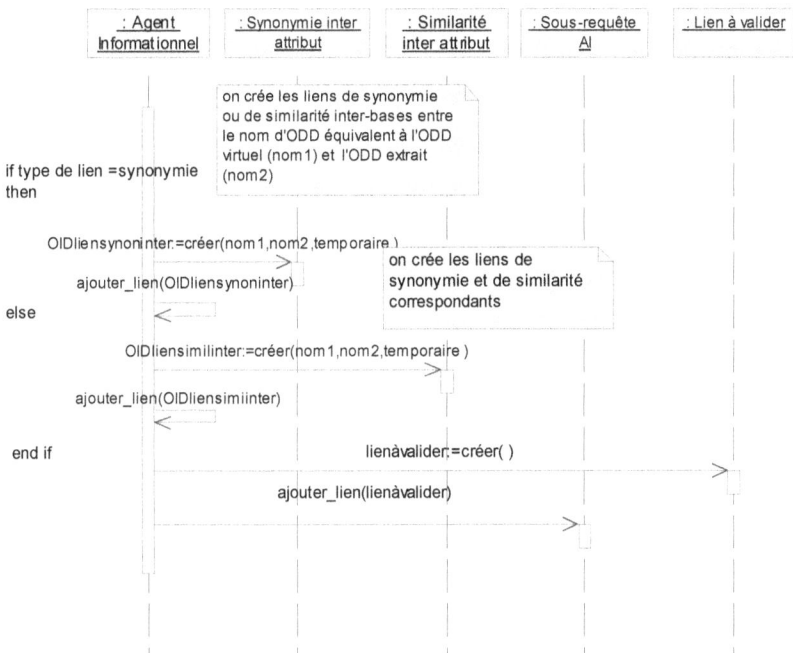

Figure 5-43 : création de liens de synonymie et de similarité inter-bases

Les liens de synonymie et de similarité inter-bases sont créés pour l'exemple requête n°1 (cf. Figure 5-44). Le lien de similarité inter-bases entre *nom* (*entreprise*) et *nom* (*projet*) n 'est pas créé car il a été créé dans la partie enregistrement (lien OID21). Les liens à valider inter-bases sont créés et mis à jour dans sous-requête AI (cf. Figure 5-45).

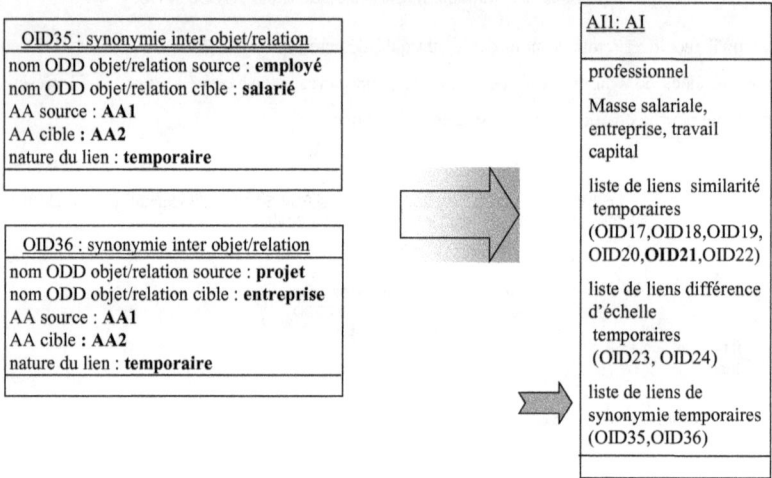

Figure 5-44 : création des liens temporaires et mise à jour dans l'AI

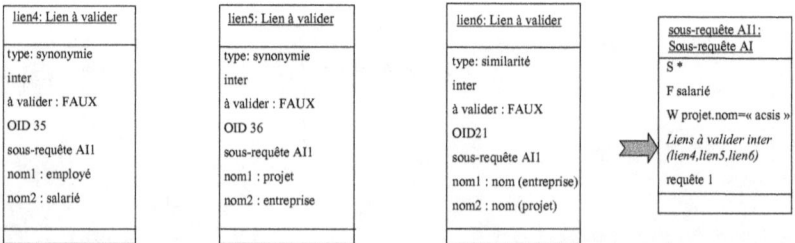

Figure 5-45 : création des liens à valider et mise à jour dans sous-requête AI1

- Renvoi de la connaissance des AA vers les AI

Les objets sous-requête AA sont renvoyés des AA vers les AI. Les AA qui ont répondu sont mis à jour dans sous-requête AI (car leur identifiant est stocké dans les sous-requêtes AA envoyées).

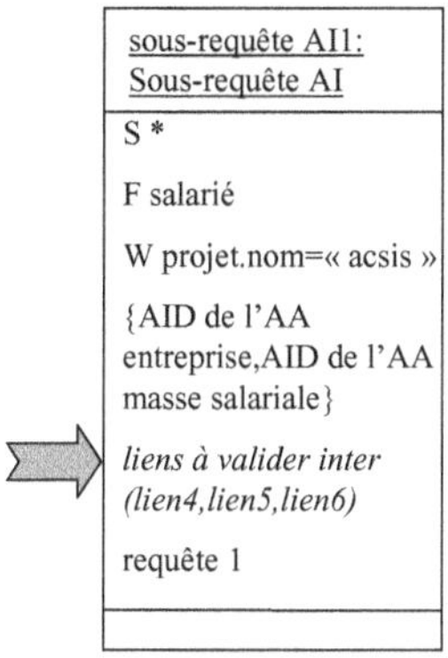

sous-requête AI1: Sous-requête AI
S *
F salarié
W projet.nom=« acsis »
{AID de l'AA entreprise,AID de l'AA masse salariale}
liens à valider inter (lien4,lien5,lien6)
requête 1

Figure 5-46 : mise à jour de sous-requête *AI1*

- Découpage de la requête globale en sous-requêtes

Pour chaque sous-requête AA reçue, l'AI crée des instances de sous-requêtes découpées en tenant compte des liens inter-bases de synonymie (temporaires ou permanents) selon le diagramme de la Figure 5-47.

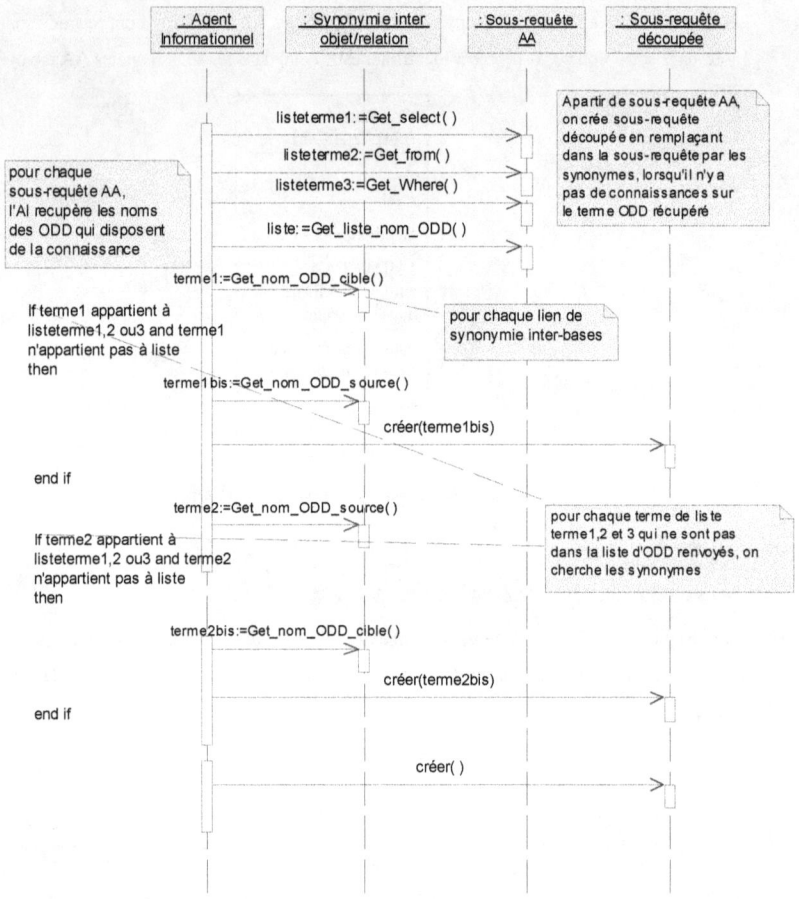

: Agent Informationnel	: Synonymie inter objet/relation	: Sous-requête AA	: Sous-requête découpée

A partir de sous-requête AA, on crée sous-requête découpée en remplaçant dans la sous-requête par les synonymes, lorsqu'il n'y a pas de connaissances sur le terme ODD récupéré

listeterme1:=Get_select( )

listeterme2:=Get_from( )

listeterme3:=Get_Where( )

pour chaque sous-requête AA, l'AI recupère les noms des ODD qui disposent de la connaissance

liste:=Get_liste_nom_ODD( )

terme1:=Get_nom_ODD_cible( )

If terme1 appartient à listeterme1,2 ou3 and terme1 n'appartient pas à liste then

pour chaque lien de synonymie inter-bases

terme1bis:=Get_nom_ODD_source( )

créer(terme1bis)

end if

terme2:=Get_nom_ODD_source( )

If terme2 appartient à listeterme1,2 ou3 and terme2 n'appartient pas à liste then

pour chaque terme de liste terme1,2 et 3 qui ne sont pas dans la liste d'ODD renvoyés, on cherche les synonymes

terme2bis:=Get_nom_ODD_cible( )

créer(terme2bis)

end if

créer( )

Figure 5-47 : découpage de la requête en sous-requête (à partir de sous-requête AA qui a été reçue)

Dans le cadre de l'exemple requête n°1, les objets sous-requêtes découpées sont présentés ci-après (cf. Figure 5-48) : pour sous-requête découpé1, *salarié* est remplacé par *employé* (grâce au lien de synonymie *employé*, *salarié*) et dans sous-requête découpé2, *projet* est remplacé par *entreprise* (grâce au lien de synonymie *entreprise*, *projet*).

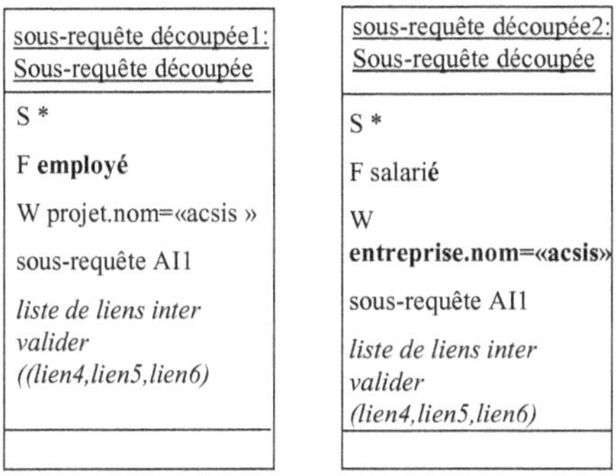

sous-requête découpée1: Sous-requête découpée	sous-requête découpée2: Sous-requête découpée
S *	S *
F employé	F salarié
W projet.nom=«acsis »	W
sous-requête AI1	entreprise.nom=«acsis»
liste de liens inter *valider* *((lien4,lien5,lien6)*	sous-requête AI1
	liste de liens inter *valider* *(lien4,lien5,lien6)*

Figure 5-48 : instances de sous-requête decoupée

- Instanciation du sous-protocole d'exécution des sous-requêtes et de transmissions des résultats

Chaque AI envoie les sous-requêtes découpées vers les AA qui créent des instances de sous-requête modifiée en fonction du modèle de la base locale (requête SQL ou OQL) en appliquant les fonctions de conversion stockées au niveau de l'AA, en fonction des liens synonymie intra-base et des liens structurels (cf. Figure 5-49). Il y a autant d'instances que de combinaisons possibles.

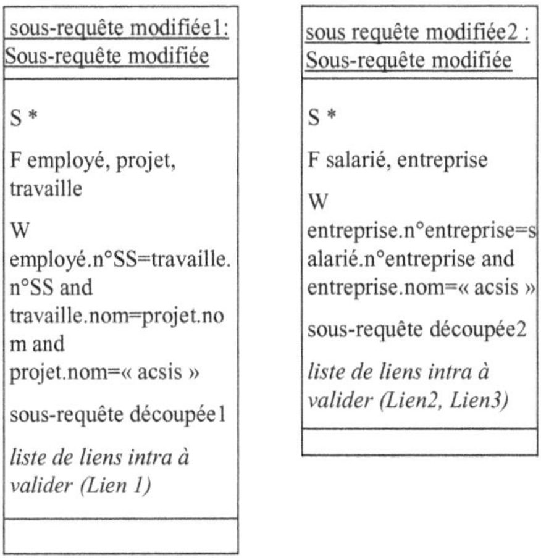

sous-requête modifiée1: Sous-requête modifiée	sous requête modifiée2 : Sous-requête modifiée
S *	S *
F employé, projet, travaille	F salarié, entreprise
W employé.n°SS=travaille. n°SS and travaille.nom=projet.no m and projet.nom=« acsis »	W entreprise.n°entreprise=s alarié.n°entreprise and entreprise.nom=« acsis »
sous-requête découpée1	sous-requête découpée2
liste de liens intra à *valider (Lien 1)*	*liste de liens intra à* *valider (Lien2, Lien3)*

Figure 5-49 : instances de sous-requête modifiée

191

- Récupération des données locales

Chaque AA exécute les sous-requêtes et récupère les résultats (stockés dans sous-requête modifiée). Chaque AA transmet les sous-requêtes modifiées et les liens de synonymie intra-base temporaires (correspondants) à valider aux AI. Chaque AI transmet cela ainsi que les liens inter-bases temporaires à valider vers l'agent utilisateur. Seuls les liens temporaires provenant d'un autre domaine (attribut domaine="oui") sont à valider, en effet les liens inter-bases de synonymie provenant du protocole de création de lien de synonymie inter-bases sont identiques aux liens de synonymie intra-base déjà transmis.

Pour chaque résultat provenant des sous-requêtes, l'Agent Utilisateur a la possibilité d'ajouter des fonctions de conversion ou des liens utilisateurs.

Résultats pour sous-requête modifiée1 :

N°SS	Nom	Salaire	Nom	type
274	Dupont	12000	Acsis	informatique
265	durant	13000	Acsis	informatique

Lien à valider intra correspondant :

Type	Nom1	Nom2	Réponse
synonymie	employé	Salarié	**Vrai**

Résultats pour sous-requête modifiée2 :

N°entreprise	Nom	Spécificité	CA	N°SS	patronyme	salaire	Date naissance

Lien à valider intra correspondant :

Type	Nom1	Nom2	Réponse
synonymie	projet	Entreprise	**Faux**
Similarité	Nom(projet)	Nom(entreprise)	**Faux**

Il n'y a pas de liens à valider inter pour cet exemple (car ce sont les mêmes que les liens intra et il n'y a pas de liens inter provenant d'un autre domaine). Chaque Agent Utilisateur en fonction des résultats pour chaque sous-requête modifiée, valide ou non les liens. Les liens à valider intra et inter sont envoyés vers l'AI (par performatif).

Les liens à valider sont envoyés à l'Agent Informationnel qui mettra à jour ses liens en fonction des liens validés ou non. Dans chaque AI, les liens sont changés de listes (de temporaire à permanent). Si au moins un seul lien est faux, la sous-requête découpée est relancée.

Le diagramme suivant présente la mise à jour des liens par l'AI (cf.

Figure 5-50).

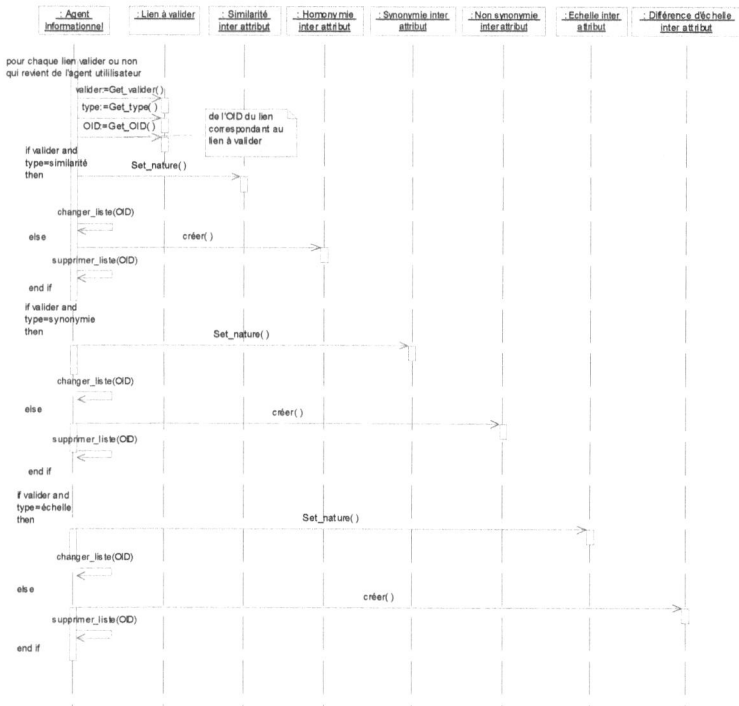

Figure 5-50: mise à jour des liens pour l'AI

L'AI *professionnel* envoie ensuite à chaque AA les liens intra validés ou non. Chaque AA mettra à jour sa liste de liens. Les liens sont changés de listes (de temporaires à permanents) selon le principe présenté en

Figure 5-50. La mise à jour des liens dans l'AI et dans l'AA est présenté ci-après (cf. Figure 5-51).

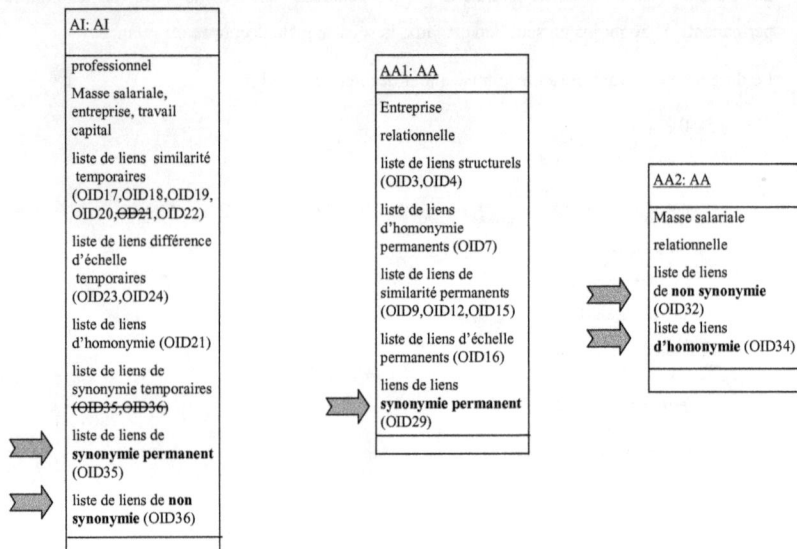

AI: AI

professionnel

Masse salariale, entreprise, travail capital

liste de liens similarité temporaires (OID17,OID18,OID19, OID20,~~OID21~~,OID22)

liste de liens différence d'échelle temporaires (OID23,OID24)

liste de liens d'homonymie (OID21)

liste de liens de synonymie temporaires ~~(OID35,OID36)~~

liste de liens de **synonymie permanent** (OID35)

liste de liens de **non synonymie** (OID36)

AA1: AA

Entreprise

relationnelle

liste de liens structurels (OID3,OID4)

liste de liens d'homonymie permanents (OID7)

liste de liens de similarité permanents (OID9,OID12,OID15)

liste de liens d'échelle permanents (OID16)

liens de liens **synonymie permanent** (OID29)

AA2: AA

Masse salariale

relationnelle

liste de liens **de non synonymie** (OID32)

liste de liens **d'homonymie** (OID34)

Figure 5-51 : mise à jour des liens au niveau AI et AA

Si au moins un seul lien concernant la sous-requête modifiée est faux, une nouvelle sous-requête modifiée est crée. Une requête découpée est créée sans tenir compte cette fois des liens de synonymie temporaires qui ont été invalidés. *(« Select * from salarié »)*.

- Validation des liens provenant d'un autre domaine :

Lors des résultats de l'exécution de la requête n°3, des liens inter-bases d'un autre domaine ont été validés (cf. Figure 5-52).

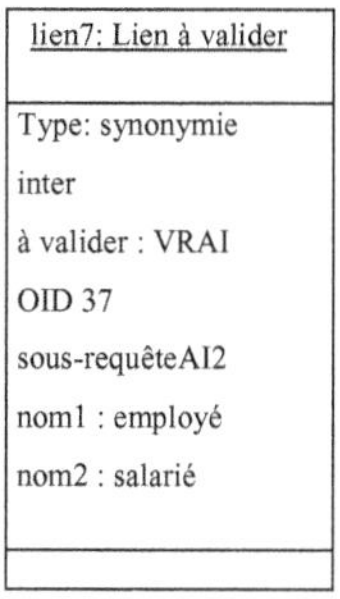

```
┌─────────────────────────────┐
│ lien7: Lien à valider        │
├─────────────────────────────┤
│ Type: synonymie              │
│ inter                        │
│ à valider : VRAI             │
│ OID 37                       │
│ sous-requêteAI2              │
│ nom1 : employé               │
│ nom2 : salarié               │
│                              │
├─────────────────────────────┤
│                              │
└─────────────────────────────┘
```

Figure 5-52 : lien 7 validé

L'OID 37 est lien dont l'attribut autre-domaine = "oui", l'Agent Utilisateur instancie le protocole de création de liens de synonymie intra ou inter-bases à partir de la validation utilisateur

Si deux AA différents ont répondu aux deux termes, on crée un lien inter-bases correspondant. Dans le cadre de l'exemple de la requête n°3, un lien de synonymie intra-base est créé puisque seul l'AA *loisir* répond sur le terme *salarié* (l'ODD virtuel *employé* est créé). Le schéma suivant présente la validation du lien provenant d'un autre domaine et la création d'un lien correspondant (cf. Figure 5-53).

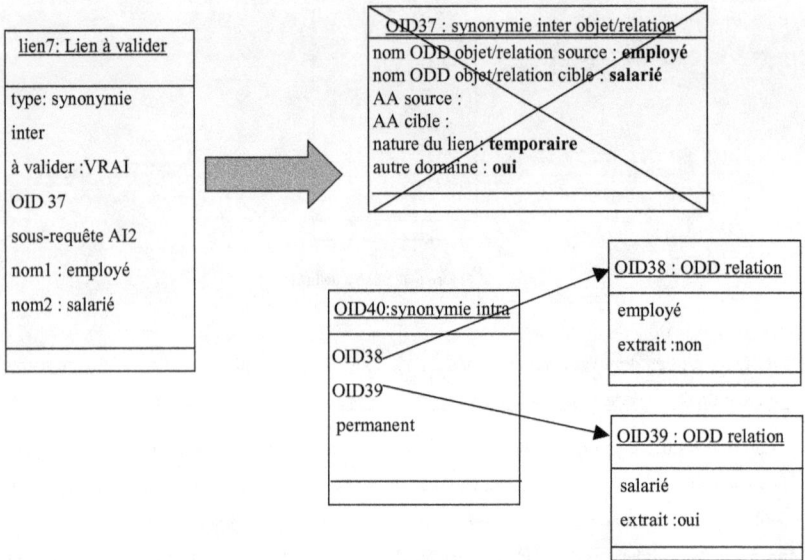

Figure 5-53 : validation des liens provenant d'un autre domaine (requête n°3)

- Insertion de nouveaux liens de type utilisateur

Pour chaque résultat, l'Agent Utilisateur peut insérer de nouveaux liens (de synonymie), en fonction de sa satisfaction. Nous reprenons l'exemple de la requête n°2 où l'agent utilisateur insère un nouveau lien.

Par exemple :

type	Nom1	Nom2	Réponse
synonyme	**Patronyme(salarié)**	**Nom(employé)**	**Vrai**

Le lien à valider correspondant est créé et l'OID du lien qu'il désigne est mis à null. Le protocole de création de liens de synonymie intra ou inter-bases à partir de la validation utilisateur est instancié par l'Agent Utilisateur.

L'AI créera le lien inter-bases correspondant de type utilisateur (cf. Figure 5-54) : le lien OID41 (le lien de type utilisateur est créé seulement si le lien à valider inter désigne un OID null). La sous-requête découpée est alors relancée.

Insertion de nouveaux liens par l'agent utilisateur (cf. requête n°2)

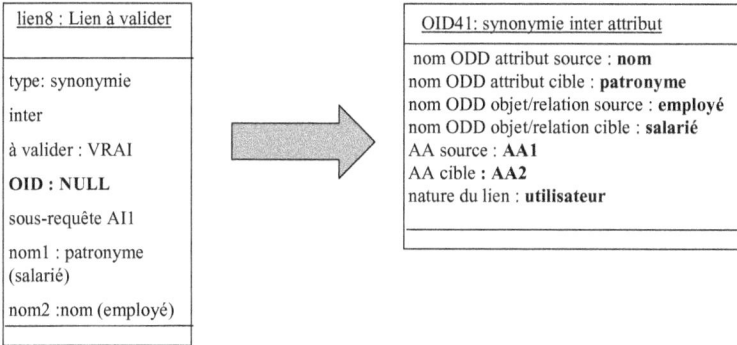

lien8 : Lien à valider	OID41: synonymie inter attribut
type: synonymie inter à valider : VRAI **OID : NULL** sous-requête AI1 nom1 : patronyme (salarié) nom2 :nom (employé)	nom ODD attribut source : **nom** nom ODD attribut cible : **patronyme** nom ODD objet/relation source : **employé** nom ODD objet/relation cible : **salarié** AA source : **AA1** AA cible : **AA2** nature du lien : **utilisateur**

Figure 5-54 : insertion de nouveaux liens par l'Agent Utilisateur (requête n°2)

197

Conclusion du chapitre 5

Ce chapitre a proposé les choix techniques concernant le système multi-agents en séparant la partie agent de la partie objet en terme de modélisation. Les différents protocoles d'interaction ont été décrits à l'aide du formalisme AUML. On distingue les deux principaux protocoles d'interaction : un protocole d'enregistrement d'une base locale au système et un protocole de traitement des requêtes globales.

Le fonctionnement complet du système comprenant les échanges objet/agent et les échanges entre objets est décrit en terme d'algorithmes et de diagrammes de séquence (en UML).

L'objectif du chapitre suivant est de présenter les choix techniques d'implémentation sur la plate-forme Jade et l'état actuel du prototype.

Chapitre 6

Implémentation et prototypage

Ce chapitre concerne l'implémentation du système. Tout d'abord, la justification du choix d'une plate-forme est décrit en section 1. Ensuite, la description de la plate-forme Jade est réalisée en section 2. Enfin le prototype de l'architecture ACSIS est décrit en section 3.

1. Choix d'une plate-forme

La pertinence du recours à des outils existants est évaluée en fonction des contraintes d'implémentation du système multi-agents ACSIS :

- des agents de types différents,

- des ontologies de domaine,

- des agents d'accès aux sources locales qui s'enregistrent auprès des Agents Informationnels en fonction de leur domaine,

- des protocoles d'interaction entre agents pour la résolution de conflits.

De nombreux outils ont été développés pour répondre aux besoins liés à la programmation orientée-agent [GARN02]. Nous en avons examiné plusieurs, parmi les plus récents, en fonction de leur popularité et de leur pertinence : Zeus [LEE98], Madkit [FERB97], AgentBuilder [AGEN00], Jack [BUSE99], Jatlite [JEON00], Jade [RIMA99] et Fipa OS [NORT00].

En fonction des caractéristiques de ACSIS, nous avons listé plusieurs critères qui nous paraissaient importants dans le choix de la plate-forme :

- FIPA compliant : les échanges de messages doivent être normalisés selon la norme FIPA ACL. Cette normalisation est représentée par le sigle "FIPA compliant" (Jade et Fipa OS sont "Fipa compliant"),

- communication inter-agent : l'implémentation des connexions entre les machines, des différents protocoles d'interaction, de la synchronisation, des services de messagerie ne doit pas être à la charge du programmeur et doit être préalablement réalisée,

- gestion du débuggage : la gestion des erreurs du système doit être simplifiée par des outils de débuggage adaptés à un environnement dans lequel prennent place de nombreuses interactions,

- gestion du SMA : une gestion efficace du SMA consiste à suivre le cycle de vie des agents (ajout, modification, suppression) et leurs interactions par le biais d'agents d'interface spécialisés,

- extensibilité du code : le code généré doit être facilement extensible pour prendre en compte les spécificités de chaque application,

- déploiement : le système peut être réparti sur plusieurs machines, il doit cependant s'exécuter indépendamment de l'environnement,

- documentation importante : l'outil doit être correctement documenté afin de faciliter son utilisation (tutorial, mailing list) et doit être constamment mis à jour.

Le choix de la plate-forme s'est porté sur **Jade.** Jade est une plate-forme "FIPA compliant" qui répond à tous les critères de sélection précédents imposés par l'implémentation de ACSIS.

2.   Description de la plate-forme Jade

2.1.   Composantes de la plate-forme

Jade (Java Agent Development Framework) [11] fournit une API pour développer un système multi-agents selon le standard FIPA [BELL02][CORT02]. Une interface graphique permet de visualiser la configuration, guider le déploiement et débugguer le système multi-agents.

Les différentes composantes de cette plate-forme sont :

- une plate-forme agent distribuée : elle peut être distribuée sur plusieurs serveurs mais une seule application Java est exécutée sur chaque serveur. Les agents sont implantés sous forme de threads Java et sont répartis dans des conteneurs qui fournissent un support pour l'exécution d'agents,

- des modules principaux : trois agents de base sont proposés, l'AMS *(Agent Management System),* le DF *(Director facilitatory)* et l'ACC *(Agent Communication Chanel).* L'AMS fournit un service pages blanches et un service de gestion du cycle de vie (supervise

---

[11] http://sharon.cselt.it/projects/jade

l'enregistrement des agents, leur authentification, leur accès et leur utilisation dans le système). Le DF *(Director facilitatory)* est l'agent qui fournit le service de pages jaunes par défaut. L'ACC gère la communication entre les agents.

- quelques outils pour simplifier l'administration de la plate-forme : le RMA *(Remote Management Agent)* est une console graphique pour la gestion et le contrôle de la plate-forme. Plusieurs agents spécialisés permettent le débuggage du système :

- *l'Introspector Agent* permet de suivre le cycle de vie d'un agent et ses messages en ACL,

- *le sniffer* est un agent qui peut intercepter les messages ACL pendant qu'ils sont traités et les afficher sous forme de diagrammes de séquence,

- *le Dummy Agent* est un outil pour débugguer, constitué d'une interface graphique utilisateur.

- un mécanisme de transport et une interface pour envoyer/recevoir des messages vers un ou plusieurs agents. Ces messages transférés sont codés en objet Java. Le format du message est libre et peut être de type caractère, XML ou « bit–efficient »,

- une bibliothèque de protocoles d'interaction FIPA prêts à l'utilisation.

2.2. L'agent Jade

Un agent Jade obtient son GUID (Globally Unique Identifier) qui lui permet d'être identifié au sein de la plate-forme. Ses caractéristiques sont les suivantes :

- il est conforme au standard Fipa,

- il possède un cycle de vie :

- un agent Jade possède toujours un état (*AP_INITIATED, AP_ACTIVE, AP_DELETE, etc.*),

- le cycle de vie est géré par cet état,

- ces états peuvent être modifiés,

- il dispose d'un ou plusieurs Comportements (*behaviors*) :

- un comportement définit une action d'un agent,

- un comportement peut être de plusieurs types : simples (*oneShot, cyclic*) ou composites (*Finite State Machine, parallel, sequentiel*),

- il communique et interagit avec les autres agents en messages ACL,

- il rend des services aux autres agents.

2.3. Diagramme de classe en AUML

Les diagrammes de classes dans UML ne considèrent que les attributs et les opérations pour les objets, ce qui est insuffisant pour les agents qui utilisent des protocoles d'interaction et disposent de rôles différents. Une classe agent en AUML est constituée de plusieurs compartiments [HUGE02] [BAUE01]. Le premier compartiment donne le nom de la classe de l'agent, préfixé par le stéréotype « agent ». Le second compartiment donne l'ensemble des rôles joués par la classe. Le comportement de la classe est représenté sous la forme d'un diagramme d'état (troisième compartiment "*statechart*"). Les quatrième et cinquième compartiments concernent les attributs et les opérations déjà présents dans UML. Enfin, le dernier compartiment donne le nom des protocoles utilisés par la classe ainsi que son rôle au sein du protocole (client-fournisseur).

Le diagramme des classes agents de ACSIS est présenté à l'aide de AUML (cf. Figure 6-1)

« agent »
Agent Jade

« agent »
Agent informationnel

Rôle
client, fournisseur

Statechart

Attribut
domaine global
liste_domaine_poche

Opération

Protocole
enregistrement:
fournisseur
traitement de
requête:
fournisseur

« agent »
Agent d'accès

Rôle
client, fournisseur

Statechart

Attribut
nom_domaine
approche

Opération

Protocole
enregistrement:
client
traitement de requête:
fournisseur

Liens
sémantique inter

Liens intra-bases

ODD

« agent »
Agent interface

« agent »
Agent expert

« agent »
Agent utilisateur

Rôle
client

Statechart

Attribut

Opération

Protocole
traitement de
requête client

1

1..*

1

1..*

1

1..*

1

1

*

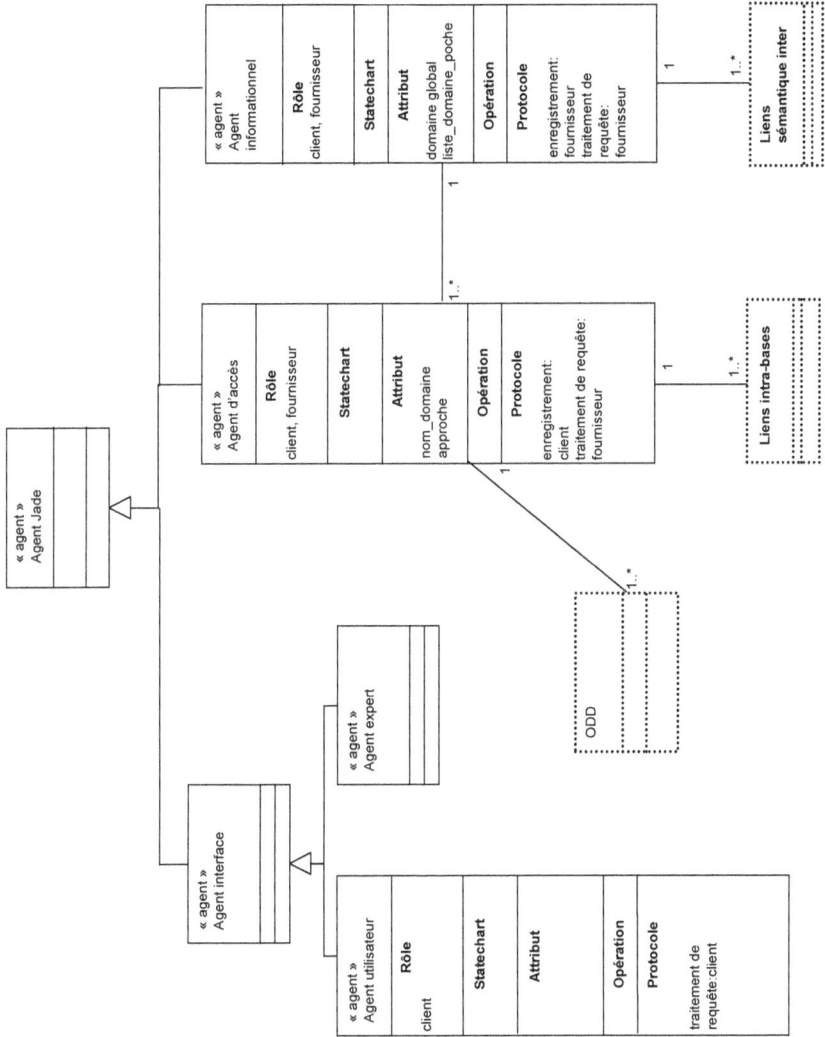

Figure 6-1: diagramme de classes agents (AUML)

3. Le prototype de l'architecture ACSIS

Le prototype expérimental a débuté par l'étude expérimentale de Jade, en effectuant des tests grâce aux tutoriaux et à la documentation existante.

3.1. Mise en œuvre des protocoles d'interaction

La première phase de réalisation a consisté à mettre en œuvre les protocoles d'interaction dans la plate-forme multi-agents Jade. L'implantation du concept d'Agent dans la plate-forme ACIS est facilitée par la neutralité dans la définition d'agent Jade : l'agent JADE est pro-actif, autonome et communicant. La complexification des tâches des agents est simplifiée par la description et l'ajout de comportements.

Le choix de Jade a été opéré en raison de sa bibliothèque de protocoles prête à l'emploi ainsi que pour la convivialité de l'interface graphique permettant une gestion efficace du système multi-agents. Cependant, nous avons remarqué que le transfert d'objets par envoi de messages entre les agents n'était pas facilité. La sérialisation Java peut être exploitée pour passer des objets entre deux agents mais n'est pas reconnue par la norme FIPA. En revanche, Jade propose une méthode complexe grâce à des ontologies de descriptions de messages qui assurent la conversion entre l'information représentée en objet Java au niveau des agents et l'information représentée sous forme de chaîne de caractères au niveau des messages ACL.

La plate-forme Multi-Agents Jade a permis de simplifier l'implantation des protocoles d'interaction proposés. Par exemple, *l'agent sniffer* permet de suivre les échanges de messages au sein du système. Ainsi, la Figure 6-2 présente le suivi des échanges de messages dans le cadre du protocole de transmission de la requête, grâce à *l'agent sniffer*. Dans l'exemple ci-après, l'Agent AA1 ne dispose d'aucune connaissance sur les éléments de la requête reçue et envoie le performatif *refuse*, l'agent AA2 dispose de connaissances (performatif *agree*) et renvoie les éléments de la requête sur lequel ils dispose de connaissances (performatif *inform*).

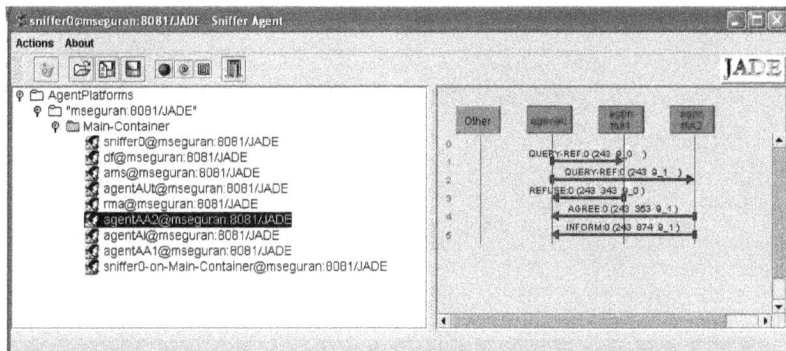

Figure 6-2 : Sniffer Agent

3.2. Connexion aux bases de données locales

La seconde phase de réalisation consiste à connecter la plate-forme à des sources d'information locales.

Notre objectif est de démontrer la faisabilité du système en se basant sur les exemples de traitement de requêtes présentés dans le Chapitre 4, section 3.2.

La base de données locales n°1 et la base de données locales n°2 (cf. Chapitre 4 section 1.1) sont implantées sous le SGBDR Access et le système d'exploitation Windows XP. *L'API Java JDBC* fournit un ensemble de classes permettant l'utilisation d'un ou plusieurs SGBD relationnels à partir des programmes JAVA (base n°1 et base n°2).

La base de données locales n°3 (cf. Chapitre 4 section 1.1) est implantée sous le SBDOO Poët et sous le système d'exploitation Windows XP.

La Figure 6-3 présente l'expérimentation ACSIS avec d'une part, la plate-forme multi-agents Jade et d'autre part, le niveau descriptif des sources locales jouant le rôle de wrapper.

Les requêtes sont réceptionnées par l'Agent Utilisateur. L'Agent Director Facilitatory (DF) de Jade dispose de la description des Agents Informationnels enregistrés. L'Agent Utilisateur interagit avec le DF pour connaître les AI à contacter et transmettre la requête. Les AI contactent ensuite les AA de leur réseau d'accointances afin de récupérer les résultats pour les transmettre ensuite à l'Agent Utilisateur.

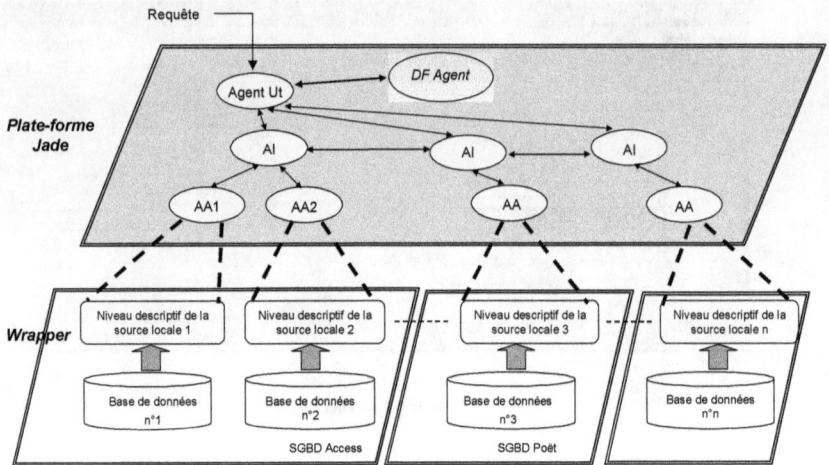

Figure 6-3 : implantation de Acsis sous Jade en cours de développement

3.3. Gestion de l'évolutivité et la scalabilité par la plate-forme

L'évolutivité qui caractérise la facilité de mise à jour, d'ajout ou de retrait des sources d'information est gérée par la plate-forme (l'ajout, la modification et la suppression d'un AA sont présentés et détaillés Chapitre 4).

Lorsqu'une nouvelle source de données est enregistrée, le processus de création des entités est ascendant, la création de l'AA entraîne la création du niveau descriptif des sources locales. Si aucun AI proche sémantiquement n'existe, un AI est créé. Jade donne la possibilité à un agent de créer un autre agent (en passant par le conteneur, *agentContainer.createNewAgent*). La Figure 6-4 présente l'ajout d'une nouvelle source locale au système.

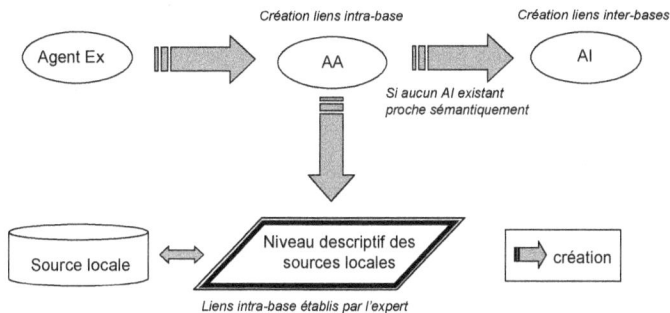

Figure 6-4 : ajout d'une source locale

Lorsqu'une source de données locales est supprimée, le niveau descriptif des sources locales l'est également, ainsi que l'AA. La suppression de l'AA entraîne celle de l'AI uniquement lorsque celui-ci est l'unique AA du réseau d'accointances *(Jade KillAgent).* Par contre, un AA peut être supprimé directement par la plate-forme ce qui n'altère pas la source locale. La Figure 6-5 présente la suppression d'une source locale.

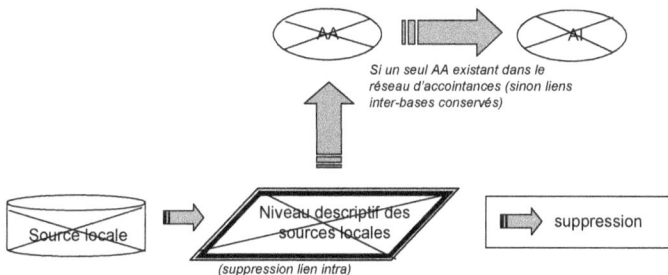

Figure 6-5 : suppression d'une source locale

Une modification des sources locales implique une modification dans le niveau d'homogénéisation des sources locales (Figure 6-6).

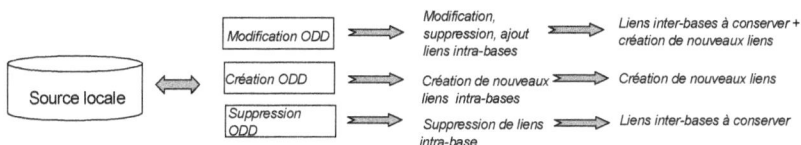

Figure 6-6 : modification d'une source locale

L'ajout de nouvelles sources d'information implique la création de nouveaux agents sur la plate-forme Jade. L'ajout des sources en grande quantité relève de la propriété de scalabilité. L'importance du nombre d'agents nécessite un nombre de communications plus important, ce qui a une incidence sur la sollicitation du système de transport des messages de Jade. La scalabilité et les performances du système de transport de message de Jade ont été traités dans [CORT02]. Les résultats obtenus confirment le fait que Jade traite bien la scalabilité selon plusieurs scénaris (intra ou inter plate-forme).

3.4.   Etat actuel du prototype

La réalisation du prototype a permis de démontrer la faisabilité de la mise en œuvre de la proposition développée dans ce mémoire. Notre objectif à court terme est de continuer à l'améliorer en tenant compte de façon interactive des progrès réalisés sur la plate-forme Jade.

3.4.1.   Structure des classes importantes

La classe **ProtocolTester** est la classe principale du prototype qui lance la plate-forme Jade et instancie les agents. Nous avons testé les requêtes 1 et 2 présentées dans le chapitre 4 et nous avons donc instancié l'AI *professionnel* et les deux AA (*masse salariale* et *entreprise*).

```
public class ProtocolTester {
public static void main(String args[]) {
    try {
      Runtime rt = Runtime.instance();
      rt.setCloseVM(true);

      // Lancement de la plate-forme sur le port 8081
      Profile pMain = new ProfileImpl(null, 8081, null);

      System.out.println("Lancement de la plate-forme..."+pMain);
      MainContainer mc = rt.createMainContainer(pMain);

      System.out.println("on lance l'agent AUt");
      AgentController    initiator=mc.createNewAgent    ("agentAUt@mseguran:8081/JADE",
      "AgentUt",new Object[0]);
      initiator.start();

      // (tab,tab1,tab2 correspondant aux ontologies de chaque agent ///
       (…)
      System.out.println("on lance l'agent AI");
       AgentController                                                      requester=
      mc.createNewAgent("agentAI@mseguran:8081/JADE","AgentAI",
           tab2);
```

```
    requester.start();

    System.out.println("on lance les agent AA");
    AgentController responder2 = mc.createNewAgent("agentAA1@mseguran:8081/JADE",
    "AgentAA",
           tab);
    responder2.start();
    AgentController responder1 = mc.createNewAgent("agentAA2@mseguran:8081/JADE",
    "AgentAA",
           tab1);
    responder1.start(); }
  catch(Exception e) {
    e.printStackTrace();
  }
 }
}//end class protocol tester.
```

Nous avons eu recours aux ontologies de description de message, solution "Fipa Compliant" proposée par Jade pour le transfert d'objets dans le contenu des messages échangés entre les agents. Tous les agents (AUt, AI, et AA) s'enregistrent ainsi auprès de cette ontologie nommée **RequeteOntology**. L'ontologie Jade est une instance de *jade.content.onto.ontology* dont les schémas définissent les prédicats et les concepts pertinents (instances de *PredicateSchema* et *ConceptSchema).* Cette collection de schémas constitue la structure commune d'interaction entre les agents et n'évolue pas au cours du cycle de vie des agents. La classe **RequeteOntology** contient tous les objets nécessaires (décrits dans les chapitres précédents) lors de l'envoi des performatifs : liens à valider, requête, sous-requête AA, sous-requête découpée, etc. . Les objets qui héritent de *Predicate* seront passés dans le contenu des messages (Query_for_requête, Query_for_lien, Query_for_sous_requête, etc.). La description d'ontologie au sens de Jade est une solution donnée pour le transport d'objets et n'a pas de rapport avec les ontologies que nous avons décrit tout au long de la thèse.

```
import jade.content.onto.*;
import jade.content.schema.*;
import jade.util.*;

public class RequeteOntology extends Ontology {

public static final String NAME = "requête-ontology";


// définitions du vocabulaire à employer lors de l'envoi d'objets
public static final String REQUETE="REQUETE";
public static final String REQUETE_SELECT = "Select";
public static final String REQUETE_FROM = "From";
public static final String REQUETE_WHERE = "Where";
```

```java
public static final String LIEN_A_VALIDER ="LIEN_A_VALIDER";
public static final String LIEN_TYPE="Type";
public static final String LIEN_INTER_INTRA="InterOUintra";
public static final String LIEN_VALIDATION="Avalider";
public static final String LIEN_OID="OIDlien";
public static final String LIEN_NOM1="Nom1";
public static final String LIEN_NOM2="Nom2";

public static final String SOUS_REQUETEAA="SOUS-REQUETEAA";
public static final String SOUS_REQUETE_SELECT = "Select";
public static final String SOUS_REQUETE_FROM = "From";
public static final String SOUS_REQUETE_WHERE = "Where";
public static final String LISTE_ODD = "ListeODD";

public static final String SOUS_REQUETEAI="SOUS-REQUETEAI";
public static final String SOUS_REQUETEAI_SELECT = "Select";
public static final String SOUS_REQUETEAI_FROM = "From";
public static final String SOUS_REQUETEAI_WHERE = "Where";
public static final String LISTE_AID = "ListeAID";

public static final String SOUS_REQUETEdécoupée="SOUS-REQUETEdécoupé";
public static final String SOUS_REQUETEdécoupée_SELECT = "Select";
public static final String SOUS_REQUETEdécoupée_FROM = "From";
public static final String SOUS_REQUETEdécoupée_WHERE = "Where";
public static final String SOUS_REQUETEdécoupée_RESULTAT = "Résultat";

public static final String QUERY_FOR = "QUERY-FOR";
public static final String QUERY_FOR_REQUETE = "Requete";

public static final String QUERY_FOR_LIEN = "QUERY-FOR-LIEN";
public static final String QUERY_FOR_LIEN_AVALIDER="LienAvalider";

public static final String QUERY_FOR_SOUS_REQUETEaa = "QUERY-FOR-SOUS-REQUETE-AA";
public static final String QUERY_FOR_SOUS_REQUETEAA="SousRequeteAA";
public static final String QUERY_FOR_LIEN_A_VALIDER="LienAvalider";

public static final String QUERY_FOR_SOUS_REQUETEai = "QUERY-FOR-SOUS-REQUETE-AI";
public static final String QUERY_FOR_SOUS_REQUETEAI="SousRequeteAI";

public static final String QUERY_FOR_SOUS_REQUETEdécoupée = "QUERY-FOR-SOUS-REQUETE-découpée";
public static final String QUERY_FOR_SOUS_REQUETEDECOUPE="SousRequeteDécoupée";
public static final String QUERY_FOR_LIEN_A_VALIDER2="LienAvalider";


private static Ontology theInstance = new RequeteOntology ();

    public static Ontology getInstance()
    {
    return theInstance;
     }


    private RequeteOntology() {
    super(NAME,BasicOntology.getInstance());
```

```
    try {
//ajout des concepts et des prédicats à l'ontologie
add(new ConceptSchema(REQUETE), Requete.class);
add(new ConceptSchema(LIEN_A_VALIDER), LienAvalider.class);
add(new ConceptSchema(SOUS_REQUETEAA),SousRequeteAA.class);
add(new ConceptSchema(SOUS_REQUETEAI),SousRequeteAI.class);
add(new ConceptSchema(SOUS_REQUETEdécoupée),SousRequeteDécoupée.class);
add(new PredicateSchema(QUERY_FOR), QueryFor.class);
add(new PredicateSchema(QUERY_FOR_LIEN), QueryFor_Lien.class);
add(new PredicateSchema(QUERY_FOR_SOUS_REQUETEaa), QueryFor_sousRequetesAA.class);
add(new PredicateSchema(QUERY_FOR_SOUS_REQUETEai), QueryFor_sousRequetesAI.class);
add(new                          PredicateSchema(QUERY_FOR_SOUS_REQUETEdécoupée),
QueryFor_sousRequetesDécoupée.class)

//structure du schéma pour le concept requête
ConceptSchema cs = (ConceptSchema)getSchema(REQUETE);cs.add(REQUETE_SELECT,
(PrimitiveSchema)getSchema(BasicOntology.STRING));
cs.add(REQUETE_FROM, (PrimitiveSchema)getSchema(BasicOntology.STRING));
cs.add(REQUETE_WHERE, (PrimitiveSchema)getSchema(BasicOntology.STRING));
ConceptSchema  cs1 = (ConceptSchema)getSchema(LIEN_A_VALIDER);
cs1.add(LIEN_TYPE, (PrimitiveSchema)getSchema(BasicOntology.STRING));
cs1.add(LIEN_INTER_INTRA, (PrimitiveSchema)getSchema(BasicOntology.STRING));
cs1.add(LIEN_VALIDATION, (PrimitiveSchema)getSchema(BasicOntology.BOOLEAN));
cs1.add(LIEN_OID, (PrimitiveSchema)getSchema(BasicOntology.INTEGER));
cs1.add(LIEN_NOM1, (PrimitiveSchema)getSchema(BasicOntology.STRING));
cs1.add(LIEN_NOM2, (PrimitiveSchema)getSchema(BasicOntology.STRING));


//structure du schéma pour le concept sous-requête AA
ConceptSchema  cs2 = (ConceptSchema)getSchema(SOUS_REQUETEAA);
cs2.add(SOUS_REQUETE_SELECT, (PrimitiveSchema)getSchema(BasicOntology.STRING));
cs2.add(SOUS_REQUETE_WHERE, (PrimitiveSchema)getSchema(BasicOntology.STRING));
cs2.add(LISTE_ODD, (PrimitiveSchema)getSchema(BasicOntology.STRING));

// structure du schéma pour le concept sous-requête AI
ConceptSchema  cs3 = (ConceptSchema)getSchema(SOUS_REQUETEAI);
cs3.add(SOUS_REQUETEAI_SELECT, (PrimitiveSchema)getSchema(BasicOntology.STRING));
cs3.add(SOUS_REQUETEAI_FROM, (PrimitiveSchema)getSchema(BasicOntology.STRING));
cs3.add(SOUS_REQUETEAI_WHERE, (PrimitiveSchema)getSchema(BasicOntology.STRING));
cs3.add(LISTE_AID, (PrimitiveSchema)getSchema(BasicOntology.STRING));

//structure du schéma pour le concept sous-requête découpée
ConceptSchema  cs4 = (ConceptSchema)getSchema(SOUS_REQUETEdécoupée);
cs4.add(SOUS_REQUETEdécoupée_SELECT,
(PrimitiveSchema)getSchema(BasicOntology.STRING));
cs4.add(SOUS_REQUETEdécoupée_FROM, (PrimitiveSchema)getSchema(BasicOntology.STRING));
cs4.add(SOUS_REQUETEdécoupée_WHERE, (PrimitiveSchema)getSchema(BasicOntology.STRING));
cs4.add(SOUS_REQUETEdécoupée_RESULTAT,
(PrimitiveSchema)getSchema(BasicOntology.STRING));

//structure du schéma pour le predicat Query-for (requete et lien à valider)
PredicateSchema ps = (PredicateSchema)getSchema(QUERY_FOR);
ps.add(QUERY_FOR_REQUETE, (ConceptSchema)getSchema(REQUETE));
PredicateSchema ps1 = (PredicateSchema)getSchema(QUERY_FOR_LIEN);
```

```
ps1.add(QUERY_FOR_LIEN_AVALIDER, (ConceptSchema)getSchema(LIEN_A_VALIDER));

//structure du schéma pout le predicat Query-for-sous-requêteAA (sous-requête AA et
lien à valider)
PredicateSchema ps2 = (PredicateSchema)getSchema(QUERY_FOR_SOUS_REQUETEaa);
ps2.add(QUERY_FOR_SOUS_REQUETEAA, (ConceptSchema)getSchema(SOUS_REQUETEAA));
ps2.add(QUERY_FOR_LIEN_A_VALIDER, (ConceptSchema)getSchema(LIEN_A_VALIDER));

//structure du schéma pout le predicat Query-for-sous-requêteAI
PredicateSchema ps3 = (PredicateSchema)getSchema(QUERY_FOR_SOUS_REQUETEai);
ps3.add(QUERY_FOR_SOUS_REQUETEAI, (ConceptSchema)getSchema(SOUS_REQUETEAI));

//structure du schéma pout le predicat Query-for-sous-requêtedécoupée  (sous-requête-
découpée et lien à valider)
PredicateSchema ps4 = (PredicateSchema)getSchema(QUERY_FOR_SOUS_REQUETEdécoupée);
ps4.add(QUERY_FOR_SOUS_REQUETEDECOUPE,
(ConceptSchema)getSchema(SOUS_REQUETEdécoupée));
ps4.add(QUERY_FOR_LIEN_A_VALIDER2, (ConceptSchema)getSchema(LIEN_A_VALIDER));
            }

    catch(OntologyException oe) {
      oe.printStackTrace();
    }
  }
} end requête ontology
```

Les structures principales des **classes AUt, AI, et AA** sont présentées ci-après. Il s'agit de l'implémention du Fipa Query Protocol permise par Jade, qui est Fipa compliant. L'initiateur du Fipa Query est l'AI. L'AI instancie *myinitiator* (`myinitiator extends AchieveREInitiator`) dans le setup et l'AA instancie *myrequestResponder* dans le setup de l'AA (`MyRequestResponder extends AchieveREResponder`).

```
public class AgentUt extends Agent {

// declaration du codec et de l'ontologie
private Codec codec = new SLCodec();
private Ontology ontology = RequeteOntology.getInstance();
(...)
public void setup() {
    Behaviour b;
    //enregistrement du codec pour le langage SL0
    getContentManager().registerLanguage(codec);
    // enregistrement de l'ontologie JADE utilisée par l'application
    getContentManager().registerOntology(ontology);

    //envoi du message contenant la requête
    ACLMessage msg =new ACLMessage (ACLMessage.REQUEST);
    msg.addReceiver(new AID("agentAI@mseguran:8081/JADE", false));
```

```
msg.setLanguage(codec.getName());
msg.setOntology(ontology.getName());
msg.setPerformative(ACLMessage.REQUEST);
QueryFor qf = new QueryFor();
qf.setRequete(r);
System.out.println("la          requête          envoyée          est:          SELECT
   "+qf.getRequete().getSelect().toString()+"                                      FROM
   "+qf.getRequete().getFrom().toString()+"                                       WHERE
   "+qf.getRequete().getWhere().toString());
```
(…)
```
 try
       {
   // L'Aut insère la requête dans le contenu du message
      getContentManager().fillContent(msg,qf);
      send(msg);
      }//try/
      catch (Exception ce) {
          ce.printStackTrace();
      }
```

//L'agent Utilisateur reçoit les messages provenant de l'AI, valide les résultats et
les liens correspondants et/ou exécute une nouvelle requête (comportement
MyRequestResponder)
```
Behaviour              queryB          =          new          MyRequestResponder
(this,AchieveREResponder.createMessageTemplate (FIPAProtocolNames.FIPA_QUERY));
addBehaviour(queryB);
 (…)
}// end setup
```

```
}// end classe Agent Ut
```


```
public class AgentAI extends Agent {

private Codec codec = new SLCodec();
private Ontology ontology = RequeteOntology.getInstance();
 (…)
public void setup() {
```

   //récupération de l'ontologie de l'AI (lien inter-bases)

```
   ontol = (OntologieAI)getArguments()[0];
```

   (…)
```
getContentManager().registerLanguage(codec);
getContentManager().registerOntology(ontology);
```

   // récupération de la requête provenant de l'Aut
```
   try {
         (…)
      ce=getContentManager().extractContent(msgAI);
```
      // lancement du protocole initiator en tenant compte des liens de synonymie,
      lancement de sous-requête AI
      (…)

```
            QueryFor_sousRequetesAI qfsAI1=new QueryFor_sousRequetesAI();
            b = new MyInitiator(this, request, qfsAI1);
            addBehaviour(b);
        }//try
    catch (Exception ce){
        ce.printStackTrace();
    }//catch
    } //end setup

    class MyInitiator extends AchieveREInitiator {
    QueryFor_sousRequetesAI _query;
    public MyInitiator(Agent a, ACLMessage req, QueryFor_sousRequetesAI query) {
            super(a, req);
                query=query;
            }
            (…)

    protected void handleInform(ACLMessage inform) {
        // L'AI reçoit les ODD qui dispose de la connaissance et des liens de synonymie
        intra-base créés provenant des AA
        // création des liens inter-bases correspondants temporaires
        // on découpe la requête en sous-requêtes en utilisant les ODD qui ont la
        connaissance et les liens de synonymie inter
        (…)

        QueryFor_sousRequetesDécoupée qfdAA2=new QueryFor_sousRequetesDécoupée()
        c = new MyInitiator2(myAgent,request4,qfdAA2);
        addBehaviour(c);
        (…)
    }//end handle inform
    } // End of inner class MyInitiator




    class MyInitiator2 extends AchieveREInitiator {
        QueryFor_sousRequetesDécoupée _query;
        public MyInitiator2(Agent a, ACLMessage req, QueryFor_sousRequetesDécoupée query)
    {
            super(a, req);
            _query=query;
            }

        protected void handleInform(ACLMessage inform) {
          Behaviour b;
          System.out.println(myAgent.getLocalName()+ " in handleInform: " + inform);
            // L'AI récupère les résultats provenant des AA
                (…)
          b = new MyInitiator3(myAgent, request, qforsd);
          addBehaviour(b);
        }//end handle inform
    } // End of inner class MyInitiator2

    class MyInitiator3 extends AchieveREInitiator {
        (…)
```

```
//my Initiator 3 envoie les résultats vers les AA, récupère la validation des
liens, met à jour les liens (mis à jour, suppression, tranformation) et relance la
requête (instanciation de myInitator)
} // End of inner class MyInitiator3

}//end class Agent AI



public class AgentAA extends Agent {

private Codec codec = new SLCodec();
private Ontology ontology = RequeteOntology.getInstance();

public void setup(){

    (…)
    // récupération de l'ontologie de l'AA (lien intra-base+ODD)
    onto=(OntologieAA)getArguments()[0];

    getContentManager().registerLanguage(codec);
    getContentManager().registerOntology(ontology)
    (…)
    //comportement de l'AA, réponse à l'AI
    Behaviour queryB = new
    MyRequestResponder(this,AchieveREResponder.createMessageTemplate
    (FIPAProtocolNames.FIPA_QUERY);
    addBehaviour(queryB);
}//end setup


class MyRequestResponder extends AchieveREResponder {

    public MyRequestResponder(Agent a, MessageTemplate mt) {
        super(a, mt, null);
    }
    (…)

protected  ACLMessage  prepareResponse(ACLMessage  request)  throws  RefuseException,
NotUnderstoodException {

    ACLMessage response = request.createReply();
    (…)
    // récupération de la requête
    // L'AA recherche les ODD équivalents qui s'ils n'ont pas déjà été recherchés et
    crée des liens de synonymie intra-base
      return response;
        }

protected  ACLMessage  prepareResultNotification(ACLMessage  request,  ACLMessage
response) throws FailureException {

    ACLMessage resNot = request.createReply();
    (…)
```

```
// renvoi des résultats ou des ODD +liens intra-base suivant l'état du protocole

System.out.println("le           contenu         du        message        à        envoyé
est"+resNot.getContent().toString());
    return resNot;
  }
} // End of inner class MyRequestResponder

}//end of class Agent AA
```

3.4.2. Exemples d'éxécution

Cette partie présente les résultats sous forme d'échanges de message lors de l'exécution des requêtes effectuées sur le prototype. Nous reprenons les requêtes traitées chapitre 4 et 5. L'exécution de la requête 1 permet la création de liens de synonymie intra-base et inter-bases (à partir des liens de référencement et des termes de la requête). Ces liens, une fois validés, sont mis à jour et exploités lors de l'exécution de la requête 2.

Le résultats renvoyés correspondent aux éléments des tables *employé* (n°SS, nom, salaire) et *salarié* (n°SS, patronyme, salaire) décrites chapitre 4. Les résultats utilisés pour cet exemple sont les suivants.

Table employé

n°SS	nom	salaire
2560806027040	dupont	130
2781209000740	durant	234
2560909897040	durant	210
1731099309940	hubert	199

Table travaille

n°SS	nom
2560806027040	acsis
2781209000740	dilemna
2560909897040	sims
1731099309940	acsis

Table salarié

n°SS	patronyme	salaire
2720809097040	fournier	234
2450809457040	dupont	600
25609090267890	dupont	210
27808100267890	garino	199

3.4.2.1.   Requête 1

La requête 1 est exécutée dans une fenêtre graphique : « **Select * from salarié where projet.nom = 'acsis'** ». L'Agent Utilisateur transmet la requête à l'Agent Informationnel.[12]

agentAUt(REQUEST
:sender (agent-identifier :name agentAUt@mseguran:8081/JADE)
:receiver (set (agent-identifier :name agentAI@mseguran:8081/JADE))
:content "((QUERY-FOR (REQUETE :Select * :From salarié :Where projet.nom='acsis')))"
:language FIPA-SL
:ontology requête-ontology)

L'AI évalue les liens inter-bases de synonymie. Il n'y a pas de liens de synonymie existants. Il renvoie donc la requête en l'état. Il instancie le protocole *myInitiator* entre l'AI et l'AA (envoi de l'objet sous-requête AI).

agentAI is sending a QUERY-REF message to initiate the protocol
contenu msg(QUERY-REF
:sender (agent-identifier :name agentAI@mseguran:8081/JADE :addresses)
:content   "((QUERY-FOR-SOUS-REQUETE-AI (SOUS-REQUETEAI :Select * :From salarié :Where projet.nom='acsis' :ListeAID null)))"
:language FIPA-SL
:ontology requête-ontology
:protocol fipa-query)

Chaque AA évalue les ODD équivalents et crée des liens de synonymie intra-base. L'Agent AA1 renvoie le nom des ODD qui disposent de la connaissance et les liens de synonymie intra-base qui ont été créés.

agentAI in handleInform: (INFORM
:sender (agent-identifier :name agentAA1@mseguran:8081/JADE :addresses)
:receiver (set (agent-identifier :name agentAI@mseguran:8081/JADE :addresses))
:content   "((QUERY-FOR-SOUS-REQUETE-AA (SOUS-REQUETEAA :Select * :From salarié :Where projet.nom='acsis' :ListeODD \"[projet, nom]\") (LIEN_A_VALIDER :Type synonymie :InterOUintra intra :Avalider false :OIDlien 1 :Nom1 employé :Nom2 salarié)))"
:reply-with agentAI@mseguran:8081/JADE1067766055431

---

[12] Notons que pour simplifier la lisibilité de cette partie, nous ne présentons pas les message Agree et Refuse et nous enlevons les numéros de séquence des messages.

:in-reply-to R1947323_0
:language FIPA-SL
:ontology requête-ontology
:protocol fipa-query
:conversation-id C1947323_1067766055070)

L'AI crée les liens de synonymie inter-bases correspondants, utilise ses liens et découpe la requête en sous-requêtes (envoi de l'objet sous-requête découpé et exploitation du lien de synonymie entre employé et salarié). L'AI instancie *myInitiator2*.

agentAI is sending a QUERY-REF message to initiate the protocol
contenu msg(QUERY-REF
:sender (agent-identifier :name agentAI@mseguran:8081/JADE :addresses)
*:content "((QUERY-FOR-SOUS-REQUETE-découpée (SOUS-REQUETEdécoupé :Select * :From employé*
:Where projet.nom='acsis' :Résultat \"\") (LIEN_A_VALIDER :Type synonymie :InterOUintra inter :Avalider
false :OIDlien 1 :Nom1 employé :Nom2 salarié)))"
:language FIPA-SL
:ontology requête-ontology
:protocol fipa-query)

L'agent AI reçoit les ODD qui disposent de la connaissance provenant de l'AA2 ainsi que les liens intra-base de synonymie à valider.

agentAI in handleInform: (INFORM
:sender (agent-identifier :name agentAA2@mseguran:8081/JADE)
:receiver (set (agent-identifier :name agentAI@mseguran:8081/JADE :addresses ()
*:content "((QUERY-FOR-SOUS-REQUETE-AA (SOUS-REQUETEAA :Select * :From salarié :Where*
projet.nom='acsis' :ListeODD [salarié]) (LIEN_A_VALIDER :Type synonymie :InterOUintra intra :Avalider
false :OIDlien 1 :Nom1 entreprise :Nom2 projet)))"
:reply-with agentAI@mseguran:8081/JADE1067766055962
:in-reply-to R1947323_1
:language FIPA-SL
:ontology requête-ontology
:protocol fipa-query
:conversation-id C1947323_1067766055070)

A partir des liens de synonymie inter-bases qui ont été créés, l'AI envoie l'objet sous-requête découpé (exploitation du lien de synonymie entre entreprise et projet).

agentAI is sending a QUERY-REF message to initiate the protocol
contenu msg(QUERY-REF

:sender (agent-identifier :name agentAI@mseguran:8081/JADE :addresses)
:content "((QUERY-FOR-SOUS-REQUETE-découpée (SOUS-REQUETEdécoupé :Select * :From salarié :Where entreprise.nom='acsis' :Résultat \"\") (LIEN_A_VALIDER :Type synonymie :InterOUintra inter :Avalider false :OIDlien 2 :Nom1 entreprise :Nom2 projet)))"
:language FIPA-SL
:ontology requête-ontology
:protocol fipa-query)

L'Agent AI récupère les résultats provenant de l'AA1.

agentAI in handleInform: (INFORM
:sender (agent-identifier :name agentAA1@mseguran:8081/JADE :addresses))
:receiver (set (agent-identifier :name agentAI@mseguran:8081/JADE :addresses))
:content "(((QUERY-FOR-SOUS-REQUETE-découpée (SOUS-REQUETEdécoupé :Select * :From employé :Where projet.nom='acsis' : Résultat \"[2560806027040 dupont 130, 1731099309940 hubert 199]\") (LIEN_A_VALIDER :Type synonymie :InterOUintra inter :Avalider false :OIDlien 1 :Nom1 employé :Nom2 salarié)))"
:reply-with agentAI@mseguran:8081/JADE1067766057584
:in-reply-to R6888942_0
:language FIPA-SL
:ontology requête-ontology
:protocol fipa-query
:conversation-id C6888942_106776605758)

L'agent AI transmet les résultats ainsi que les liens à valider vers l'AUt (instanciation de *myInitiator3*)

agentAI is sending a QUERY-REF message to initiate the protocol
contenu msg(QUERY-REF
:sender (agent-identifier :name agentAI@mseguran:8081/JADE :addresses)
:receiver (set (agent-identifier :name agentAUt@mseguran:8081/JADE))
:content "(((QUERY-FOR-SOUS-REQUETE-découpée (SOUS-REQUETEdécoupé :Select * :From employé :Where projet.nom='acsis' : Résultat \"[2560806027040 dupont 130, 1731099309940 hubert 199]\") (LIEN_A_VALIDER :Type synonymie :InterOUintra inter :Avalider false :OIDlien 1 :Nom1 employé :Nom2 salarié)))"
:language FIPA-SL
:ontology requête-ontology
:protocol fipa-query)

L'agent AI récupère les résultats provenant de l'AA2 qui ne retourne aucun résultat à la requête « select * from salarié where entreprise.nom ='acsis' »

agentAI in handleInform: (INFORM
:sender (agent-identifier :name agentAA2@mseguran:8081/JADE :addresses)
:receiver (set (agent-identifier :name agentAI@mseguran:8081/JADE :addresses))
:content "((QUERY-FOR-SOUS-REQUETE-découpée (SOUS-REQUETEdécoupé :Select * :From salarié
:Where entreprise.nom='acsis' :Résultat \"\") (LIEN_A_VALIDER :Type synonymie :InterOUintra inter
:Avalider false :OIDlien 2 :Nom1 entreprise :Nom2 projet)))"
:reply-with agentAI@mseguran:8081/JADE1067766060308
:in-reply-to R2236943_0
:language FIPA-SL
:ontology requête-ontology
:protocol fipa-query
:conversation-id C2236943_1067766060298)

Les résultats sont transmis à l'agent utilisateur pour validation.

agentAI is sending a QUERY-REF message to initiate the protocol
contenu msg(QUERY-REF
:sender (agent-identifier :name agentAI@mseguran:8081/JADE :addresses ()
:receiver (set (agent-identifier :name agentAUt@mseguran:8081/JADE))
:content "((QUERY-FOR-SOUS-REQUETE-découpée (SOUS-REQUETEdécoupé :Select * :From salarié
:Where entreprise.nom='acsis' :Résultat \"\") (LIEN_A_VALIDER :Type synonymie :InterOUintra inter
:Avalider false :OIDlien 2 :Nom1 entreprise :Nom2 projet)))"
:language FIPA-SL
:ontology requête-ontology
:protocol fipa-query)

Les résultats provenant de l'AA1 apparaissent sur la fenêtre suivante.

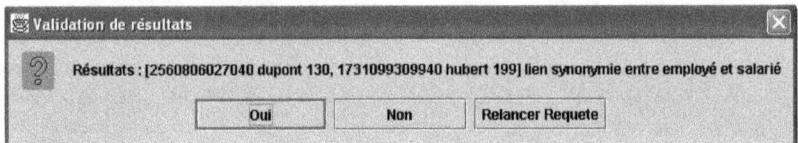

L'agent Utilisateur valide le résultat provenant de l'AA1. Le lien est mis à jour (l'attribut *à valider* est mis à true) . L'AI qui reçoit la validation, met à jour ce lien (de temporaire à permanent).

agentAI in handleInform: (INFORM

:sender (agent-identifier :name agentAUt@mseguran:8081/JADE :addresses ()

:receiver (set (agent-identifier :name agentAI@mseguran:8081/JADE :addresses ()

*:content "((QUERY-FOR-SOUS-REQUETE-découpée (SOUS-REQUETEdécoupé :Select * :From employé :Where projet.nom='acsis':Résultat \"[2560806027040 dupont 130, 1731099309940 hubert 199]\")*
(LIEN_A_VALIDER :Type synonymie :InterOUintra inter :Avalider true :OIDlien 1 :Nom1 employé :Nom2 salarié)))"

:reply-with agentAI@mseguran:8081/JADE1067766060328

:in-reply-to R6961504_0

:language FIPA-SL

:ontology requête-ontology

:protocol fipa-query

:conversation-id C6961504_1067766060318)

Les résultats provenant de l'AA2 ne sont pas validés (pas de résultats). Le lien temporaire qui a été utilisé (l'attribut *à valider* est mis à false) doit être supprimé de l'ontologie par l'AI et le lien de non synonymie correspondant est créé.

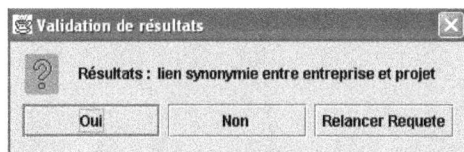

agentAI in handleInform: (INFORM

:sender (agent-identifier :name agentAUt@mseguran:8081/JADE :addresses)

:receiver (set (agent-identifier :name agentAI@mseguran:8081/JADE :addresses)

*:content "((QUERY-FOR-SOUS-REQUETE-découpée (SOUS-REQUETEdécoupé :Select * :From salarié :Where entreprise.nom='acsis' :Résultat \"\") (LIEN_A_VALIDER :Type synonymie :InterOUintra inter :Avalider false :OIDlien 2 :Nom1 entreprise :Nom2 projet)))"*

:reply-with agentAI@mseguran:8081/JADE1067766061840

:in-reply-to R6237616_0

:language FIPA-SL

:ontology requête-ontology

:protocol fipa-query

:conversation-id C6237616_1067766061319)

l'AI relance le protocole pour la sous-requête dont les résultats ont été invalidés. Le lien de synonymie entre entreprise et projet a été supprimé et n'est donc plus utilisé.

agentAI is sending a QUERY-REF message to initiate the protocol

contenu msg(QUERY-REF

:sender (agent-identifier :name agentAI@mseguran:8081/JADE :addresses)

*:content "((QUERY-FOR-SOUS-REQUETE-AI (SOUS-REQUETEAI :Select * :From salarié :Where*

projet.nom='acsis' :ListeAID null)))"

:language FIPA-SL

:ontology requête-ontology

:protocol fipa-query)

Aucun lien n'est créé par l'AA2 et la connaissance sur salarié est renvoyée.

agentAI in handleInform: (INFORM

:sender (agent-identifier :name agentAA2@mseguran:8081/JADE :addresses)

:receiver (set (agent-identifier :name agentAI@mseguran:8081/JADE :addresses))

*:content "((QUERY-FOR-SOUS-REQUETE-AA (SOUS-REQUETEAA :Select * :From salarié :Where*

projet.nom='acsis' :ListeODD [salarié]) (LIEN_A_VALIDER :Type \"\" :InterOUintra \"\" :Avalider false

:OIDlien 0 :Nom1 \"\" :Nom2 \"\")))"

:reply-with agentAI@mseguran:8081/JADE1067766072596

:in-reply-to R912223_0

:language FIPA-SL

:ontology requête-ontology

:protocol fipa-query

:conversation-id C912223_1067766072345)

La requête « select * from salarié where entreprise.nom ='acsis' » est découpée et la sous-requête « select * from salarié » est envoyée.

agentAI is sending a QUERY-REF message to initiate the protocol

contenu msg(QUERY-REF

:sender (agent-identifier :name agentAI@mseguran:8081/JADE :addresses ()

*:content "((QUERY-FOR-SOUS-REQUETE-découpée (SOUS-REQUETEdécoupé :Select * :From salarié*

:Where \"\" :Résultat \"\") (LIEN_A_VALIDER :Type \"\" :InterOUintra \"\" :Avalider false :OIDlien 0

:Nom1 \"\" :Nom2 \"\")))"

:language FIPA-SL

:ontology requête-ontology

:protocol fipa-query)

Dans ce cas, il y a récupération de tous les salariés.

agentAI in handleInform: (INFORM

:sender (agent-identifier :name agentAA2@mseguran:8081/JADE :addresses)

:receiver (set (agent-identifier :name agentAI@mseguran:8081/JADE :addresses))

:content *"((QUERY-FOR-SOUS-REQUETE-découpée (SOUS-REQUETEdécoupé :Select * :From salarié*
:Where \"\" :Résultat\"[2720809097040 fournier 234, 2450809457040 dupont 600, 25609090267890 dupont
210, 2780810267890 garino 199]\") (LIEN_A_VALIDER :Type \"\" :InterOUintra \"\" :Avalider false
:OIDlien 0 :Nom1 \"\" :Nom2 \"\")))"
:reply-with agentAI@mseguran:8081/JADE1067766074428
:in-reply-to R7216620_0
:language FIPA-SL
:ontology requête-ontology
:protocol fipa-query
:conversation-id C7216620_1067766074418)

L'AI transmet les résultats à l'Agent utilisateur.

agentAI is sending a QUERY-REF message to initiate the protocol
contenu msg(QUERY-REF
:sender (agent-identifier :name agentAI@mseguran:8081/JADE :addresses)
:receiver (set (agent-identifier :name agentAUt@mseguran:8081/JADE))
*:content "((QUERY-FOR-SOUS-REQUETE-découpée (SOUS-REQUETEdécoupé :Select * :From salarié*
:Where \"\" : Résultat \"[2720809097040 fournier 234, 2450809457040 dupont 600, 25609090267890 dupont
210, 2780810267890 garino 199]\") (LIEN_A_VALIDER :Type \"\" :InterOUintra \"\" :Avalider false
:OIDlien 0 :Nom1 \"\" :Nom2 \"\")))"
:language FIPA-SL
:ontology requête-ontology
:protocol fipa-query)

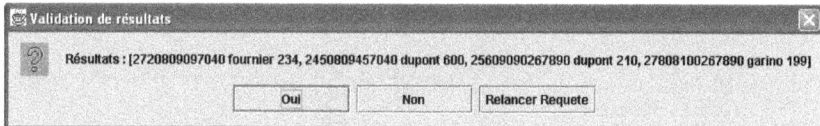

Validation de résultats

Résultats : [2720809097040 fournier 234, 2450809457040 dupont 600, 25609090267890 dupont 210, 2780810267890 garino 199]

| Oui | Non | Relancer Requete |

Le choix se porte alors sur Relancer Requête.

3.4.2.2.   Requête 2

Suite à la réception de ces résultats l'Agent utilisateur insère une nouvelle requête « **Select ***
from employé where employé.nom='dupont' »

La requête est transmise de l'Agent Utilisateur à l'AI, l'AI utilise les liens de synonymie inter-
bases créés lors de la requête précedente et diffuse les deux requêtes dans le réseau

d'accointances (utilisation du lien de synonymie inter-bases permanent entre employé et salarié).

La requête « select * from employé where employé.nom='dupont' » est envoyée vers l'AA1.

agentAI is sending a QUERY-REF message to initiate the protocol
contenu msg(QUERY-REF
:sender (agent-identifier :name agentAI@mseguran:8081/JADE :addresses)
*:content   "((QUERY-FOR-SOUS-REQUETE-AI (SOUS-REQUETEAI :Select * :From employé :Where employé.nom='dupont' :ListeAID null)))"*
:language FIPA-SL
:ontology requête-ontology
:protocol fipa-query)

La requête « select * from salarié where salarié.nom='dupont' » est envoyée vers l'AA2.

agentAI is sending a QUERY-REF message to initiate the protocol
contenu msg(QUERY-REF
:sender (agent-identifier :name agentAI@mseguran:8081/JADE :addresses)
*:content   "((QUERY-FOR-SOUS-REQUETE-AI (SOUS-REQUETEAI :Select * :From salarié :Where salarié.nom='dupont' :ListeAID null)))"*
:language FIPA-SL
:ontology requête-ontology
:protocol fipa-query)

L'Agent AA1 renvoie la liste d'ODD qui dispose de la connaissance et ne crée pas de liens de synonymie intra-base.

agentAI in handleInform: (INFORM
:sender (agent-identifier :name agentAA1@mseguran:8081/JADE :addresses)
:receiver (set (agent-identifier :name agentAI@mseguran:8081/JADE :addresses)
*:content   "((QUERY-FOR-SOUS-REQUETE-AA (SOUS-REQUETEAA :Select * :From employé :Where employé.nom='dupont' :ListeODD \"[employé, employé, nom]\") (LIEN_A_VALIDER :Type \"\" :InterOUintra \"\" :Avalider false :OIDlien 0 :Nom1 \"\" :Nom2 \"\")))"*
:reply-with agentAI@mseguran:8081/JADE1067766106354
:in-reply-to R4580053_0
:language FIPA-SL
:ontology requête-ontology
:protocol fipa-query

L'AI découpe en sous-requête.

agentAI is sending a QUERY-REF message to initiate the protocol
contenu msg(QUERY-REF
:sender (agent-identifier :name agentAI@mseguran:8081/JADE :addresses)
*:content   "((QUERY-FOR-SOUS-REQUETE-découpée (SOUS-REQUETEdécoupé :Select * :From employé*
:Where employé.nom='dupont' :Résultat \"\") (LIEN_A_VALIDER :Type \"\" :InterOUintra \"\" :Avalider
false :OIDlien 0 :Nom1 \"\" :Nom2 \"\")))"
:language FIPA-SL
:ontology requête-ontology
:protocol fipa-query)

L'AA2 renvoie les ODD qui disposent de la connaissance à l'AI.

agentAI in handleInform: (INFORM
:sender (agent-identifier :name agentAA2@mseguran:8081/JADE :addresses)
:receiver (set (agent-identifier :name agentAI@mseguran:8081/JADE :addresses))
*:content   "((QUERY-FOR-SOUS-REQUETE-AA (SOUS-REQUETEAA :Select * :From salarié :Where*
salarié.nom='dupont' :ListeODD \"[salarié, salarié]\") (LIEN_A_VALIDER :Type \"\" :InterOUintra \"\"
:Avalider false :OIDlien 0 :Nom1 \"\" :Nom2 \"\")))"
:reply-with agentAI@mseguran:8081/JADE1067766106885
:in-reply-to R3087344_0
:language FIPA-SL
:ontology requête-ontology
:protocol fipa-query
:conversation-id C3087344_1067766105833)

L'AI utilise la connaissance sur salarié (pas de lien intra-base à exploiter) pour découper en
sous-requêtes (envoi de « select* from salarié »).

agentAI is sending a QUERY-REF message to initiate the protocol
contenu msg(QUERY-REF
:sender (agent-identifier :name agentAI@mseguran:8081/JADE)
*:content   "((QUERY-FOR-SOUS-REQUETE-découpée (SOUS-REQUETEdécoupé :Select * :From salarié*
:Where \"" :Résultat \"") (LIEN_A_VALIDER :Type \"\" :InterOUintra \"\" :Avalider false :OIDlien 0
:Nom1 \"\" :Nom2 \"\")))"
:language FIPA-SL
:ontology requête-ontology

:protocol fipa-query)

L'agent AA1 récupère les résultats.

agentAI in handleInform: (INFORM
:sender (agent-identifier :name agentAA1@mseguran:8081/JADE :addresses)
:receiver (set (agent-identifier :name agentAI@mseguran:8081/JADE :addresses)
:content "((QUERY-FOR-SOUS-REQUETE-découpée (SOUS-REQUETEdécoupé :Select * :From employé
:Where employé.nom='dupont' : Résultat \"[2560806027040 dupont 130]\") (LIEN_A_VALIDER :Type \"\"
:InterOUintra \"\" :Avalider false :OIDlien 0 :Nom1 \"\" :Nom2 \"\")))"
:reply-with agentAI@mseguran:8081/JADE1067766109218
:in-reply-to R6114790_0
:language FIPA-SL
:ontology requête-ontology
:protocol fipa-query
:conversation-id C6114790_1067766109208)

L'Agent AI transmet les résultats provenant de l'AA1 à l'AUt

agentAI is sending a QUERY-REF message to initiate the protocol
contenu msg(QUERY-REF
:sender (agent-identifier :name agentAI@mseguran:8081/JADE :addresses)
:receiver (set (agent-identifier :name agentAUt@mseguran:8081/JADE))
:content "((QUERY-FOR-SOUS-REQUETE-découpée (SOUS-REQUETEdécoupé :Select * :From employé
:Where employé.nom='dupont' : Résultat \"[2560806027040 dupont 130]\") (LIEN_A_VALIDER :Type \"\"
:InterOUintra \"\" :Avalider false :OIDlien 0 :Nom1 \"\" :Nom2 \"\")))"
:language FIPA-SL
:ontology requête-ontology
:protocol fipa-query)

L'agent AI reçoit les réponses provenant de l'AA2.

agentAI in handleInform: (INFORM
:sender (agent-identifier :name agentAA2@mseguran:8081/JADE :addresses)
:receiver (set (agent-identifier :name agentAI@mseguran:8081/JADE :addresses))
:content "((QUERY-FOR-SOUS-REQUETE-découpée (SOUS-REQUETEdécoupé :Select * :From salarié
:Where \"\" :Résultat \"[2720809097040 fournier 234, 2450809457040 dupont 600, 25609090267890 dupont
210, 27808100267890 garino 199]\") (LIEN_A_VALIDER :Type \"\" :InterOUintra \"\" :Avalider false
:OIDlien 0 :Nom1 \"\" :Nom2 \"\")))"
:reply-with agentAI@mseguran:8081/JADE1067766111782
:in-reply-to R934469_0

:language FIPA-SL
:ontology requête-ontology
:protocol fipa-query
:conversation-id C934469_1067766111772)

L'agent AI transmet les résultats provenant de l'AA2 à l'Agent Utilisateur.

agentAI is sending a QUERY-REF message to initiate the protocol
contenu msg(QUERY-REF
:sender (agent-identifier :name agentAI@mseguran:8081/JADE :addresses)
:receiver (set (agent-identifier :name agentAUt@mseguran:8081/JADE))
*:content   "((QUERY-FOR-SOUS-REQUETE-découpée (SOUS-REQUETEdécoupé :Select * :From salarié*
:Where \"\" :Résultat \"[2720809097040 fournier 234, 2450809457040 dupont 600, 25609090267890 dupont
210, 27808100267890 garino 199]\") (LIEN_A_VALIDER :Type \"\" :InterOUintra \"\" :Avalider false*
:OIDlien 0 :Nom1 \"\" :Nom2 \"\")))"
:language FIPA-SL
:ontology requête-ontology
:protocol fipa-query)

Les résultats provenant de l'AA1 sont les suivants et ils sont validés.

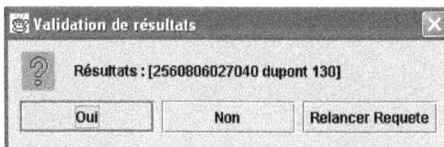

Les résultats provenant de l'AA2 ne sont pas validés (on ne reçoit pas tous les employés de nom 'dupont').

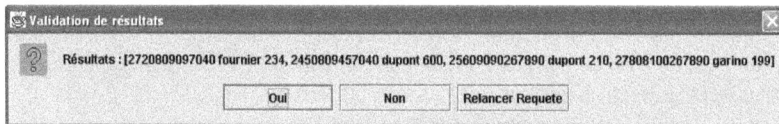

Lorsque les résultats ne sont pas validés, l'Agent Utilisateur a la possibilité d'insérer un lien. L'Agent Utilisateur insère un lien entre *patronyme* et *nom*.

agentAI in handleInform: (INFORM
:sender (agent-identifier :name agentAUt@mseguran:8081/JADE :addresses)

:receiver (set (agent-identifier :name agentAI@mseguran:8081/JADE :addresses))
:content   "((QUERY-FOR-SOUS-REQUETE-découpée (SOUS-REQUETEdécoupé :Select * :From salarié
:Where \"\" :Résultat \"[2720809097040 fournier 234, 2450809457040 dupont 600, 25609090267890 dupont
210, 27808100267890 garino 199]\") (LIEN_A_VALIDER :Type synonymie :InterOUintra inter :Avalider true
:OIDlien 10 :Nom1 patronyme:salarié :Nom2 nom:employé)))"
:reply-with agentAI@mseguran:8081/JADE1067766121195
:in-reply-to R7438914_0
:language FIPA-SL
:ontology requête-ontology
:protocol fipa-query
:conversation-id C7438914_1067766113324)

L'AI utilise le lien de synonymie de type utilisateur et le remplace dans la requête envoyée à l'AA2 (remplacement de *nom* par *patronyme*) « Select * :From salarié :Where salarié.patronyme='dupont' ».

agentAI is sending a QUERY-REF message to initiate the protocol
contenu msg(QUERY-REF
:sender (agent-identifier :name agentAI@mseguran:8081/JADE :addresses)
:content   "((QUERY-FOR-SOUS-REQUETE-AI (SOUS-REQUETEAI :Select * :From salarié :Where
salarié.patronyme='dupont' :ListeAID null)))"
:language FIPA-SL
:ontology requête-ontology
:protocol fipa-query)

L'AA2 recherche les ODD équivalents et trouve l'ODD *patronyme*.

agentAI in handleInform: (INFORM
:sender (agent-identifier :name agentAA2@mseguran:8081/JADE :addresses)
:receiver (set (agent-identifier :name agentAI@mseguran:8081/JADE :addresses))
:content   "((QUERY-FOR-SOUS-REQUETE-AA (SOUS-REQUETEAA :Select * :From salarié :Where
salarié.patronyme='dupont' :ListeODD \"[salarié, salarié, patronyme]\") (LIEN_A_VALIDER :Type \"\"
:InterOUintra \"\" :Avalider false :OIDlien 0 :Nom1 \"\" :Nom2 \"\")))"
:reply-with agentAI@mseguran:8081/JADE1067766128526
:in-reply-to R2281830_0
:language FIPA-SL
:ontology requête-ontology
:protocol fipa-query
:conversation-id C2281830_1067766128276)

L'AI renvoie la sous-requête découpée pour récupérer les résultats.

contenu msg(QUERY-REF

:sender (agent-identifier :name agentAI@mseguran:8081/JADE :addresses)

*:content "((QUERY-FOR-SOUS-REQUETE-découpée (SOUS-REQUETEdécoupé :Select * :From salarié*

:Where salarié.patronyme='dupont' :Résultat \"\") (LIEN_A_VALIDER :Type \"\" :InterOUintra \"\"

:Avalider false :OIDlien 0 :Nom1 \"\" :Nom2 \"\")))"

:language FIPA-SL

:ontology requête-ontology

:protocol fipa-query)

L'agent AA2 renvoie les résultats.

agentAI in handleInform: (INFORM

:sender (agent-identifier :name agentAA2@mseguran:8081/JADE :addresses)

:receiver (set (agent-identifier :name agentAI@mseguran:8081/JADE :addresses)

*:content "((QUERY-FOR-SOUS-REQUETE-découpée (SOUS-REQUETEdécoupé :Select * :From salarié*

:Where salarié.patronyme='dupont':Résultat \"[2450809457040 dupont 600, 25609090267890 dupont 210]\")

(LIEN_A_VALIDER :Type \"\" :InterOUintra \"\" :Avalider false :OIDlien 0 :Nom1 \"\" :Nom2 \"\")))"

:reply-with agentAI@mseguran:8081/JADE1067766130819

:in-reply-to R1625726_0

:language FIPA-SL

:ontology requête-ontology

:protocol fipa-query

:conversation-id C1625726_1067766130819)

L'agent AI envoie les résultats provenant de l'AA2 à l'AUt.

agentAI is sending a QUERY-REF message to initiate the protocol

contenu msg(QUERY-REF

:sender (agent-identifier :name agentAI@mseguran:8081/JADE :addresses)

:receiver (set (agent-identifier :name agentAUt@mseguran:8081/JADE))

*:content "((QUERY-FOR-SOUS-REQUETE-découpée (SOUS-REQUETEdécoupé :Select * :From salarié*

:Where salarié.patronyme='dupont':Résultat \"[2450809457040 dupont 600, 25609090267890 dupont 210]\")

(LIEN_A_VALIDER :Type \"\" :InterOUintra \"\" :Avalider false :OIDlien 0 :Nom1 \"\" :Nom2 \"\")))"

:language FIPA-SL

:ontology requête-ontology

:protocol fipa-query)

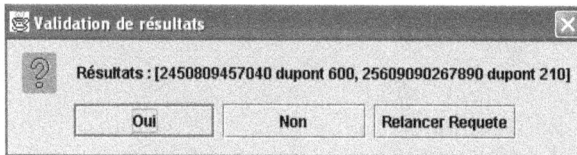

Les résultats sont validés par l'Agent Utilisateur.

3.4.3. Limites et perspectives

Le prototype est opérationnel et a permis de valider nos hypothèses et notre système : un système multi-agents dont les différents protocoles font évoluer les ontologies de domaine. Il est composé d'une quarantaine de classes et contient environ 5000 lignes de code. Néanmoins, nous présentons ici certaines limites qui constituent nos priorités de développement à court terme.

- Protocole inter-AI : le prototype valide les deux premières requêtes car nous avons instancié les trois agents nécessaires : AI *professionnel* et les deux AA *masse salariale* et *entreprise*. Les interactions entre les agents ont fait évoluer les ontologies et la requête 2 a eu recours aux liens utilisés lors de la requête 1. Nous souhaitons créer les AA et les AI nécessaires au traitement des requêtes 3 et 4 et ainsi traiter le protocole de rechercher de liens de synonymie inter-bases.

- Renvoi des résultats : il conviendrait d'améliorer l'affichage des résultats pour que l'Agent Utilisateur puisse valider et créer des liens de façon plus conviviale.

Nous travaillons actuellement sur l'implantation du protocole d'enregistrement.

Conclusion du chapitre 6

Le système ACSIS est implanté à l'aide de la plate-forme JADE et un prototype opérationnel valide notre proposition. Ce chapitre a permis de présenter l'expérimentation en justifiant tout d'abord le choix de la plate-forme Jade dont les différentes fonctionnalités sont présentées. Le processus d'expérimentation a débuté par la mise en œuvre des différents protocoles qui font évoluer les ontologies de domaine. L'état actuel du prototype est décrit dans ce chapitre grâce la présentation de la structure des classes importantes ainsi que des exemples d'exécution de requêtes sur la plate-forme Jade.

CONCLUSION

1. Bilan

Le besoin d'échanger et de partager de l'information est devenu une nécessité et se trouve confronté à la disparité et à la dispersion des données. Cette diversité des sources est un réel frein à la coopération entre des systèmes d'information automatisés. Ainsi, nous avons choisi d'aborder la résolution des conflits sémantiques provenant de l'hétérogénéité des bases de données coopérantes grâce à un système multi-agents.

Cette thèse apporte une solution pour la coopération sémantique des bases de données en ayant recours à des protocoles d'interaction entre agents rendant ainsi notre démarche évolutive et dynamique. La contribution de notre travail de thèse se situe à plusieurs niveaux :

- une étude comparative des solutions de Système d'Information Coopératifs existants qui a permis de justifier la volonté de résoudre les conflits sémantiques en adoptant une approche originale : un système multi-agents constitué d'une bibliothèque de protocoles pour la résolution des conflits,

- la définition et la mise en œuvre de plusieurs protocoles d'interaction lors de l'enregistrement d'une base locale et lors du traitement de requêtes multi-bases,

- des ontologies de domaines qui suivent l'évolution des sources locales et qui s'enrichissent au fur et à mesure des interactions entre les agents,

- la réalisation d'un système multi-agents avec les protocoles d'interaction sur la plate-forme multi-agents Jade.

L'originalité de notre proposition réside, dans un premier temps, dans l'approche choisie pour la résolution des conflits sémantiques. Un état de l'art a permis d'étudier un panel de solutions existantes pour les Systèmes d'Information Coopératifs et de les classer selon des critères pertinents. Lorsqu'ils s'intéressent à la résolution des conflits sémantiques, la plupart de ces projets ne disposent pas toujours d'une représentation de la sémantique capable de suivre l'évolution des sources locales et ne parvient pas à traiter un grand nombre de sources d'informations dans le cadre d'approche multi-domaines. En effet, la nécessité de prendre en compte la plupart des conflits sémantiques ne doit pas se faire au détriment du dynamisme de l'architecture coopérative (évolutivité et scalabilité).

Dans le cadre de la coopération de systèmes d'information, les concepts agents disposent de nombreux avantages. Tout d'abord, les principes intrinsèques des agents (autonomie, communicant, pro-actif) permettent au système de réagir dynamiquement aux évènements provenant des sources locales. Ensuite, résoudre une requête multi-bases dans le cadre de systèmes d'information coopératifs est une tâche qui implique une collaboration des agents et nécessite des interactions sémantiques de haut niveau (langage sémantique ACL). Pour finir, les agents peuvent être localisés sur des plate-formes différentes tout en maintenant une collaboration.

Le système proposé est composé de plusieurs types d'agents :

- des Agents d'Accès aux sources locales (AA) qui assurent la participation des données locales,

- des Agents Informationnels (AI) qui regroupent les AA proches sémantiquement dans un réseau d'accointances, qui découpent les requêtes globales en sous-requêtes et qui ont accès aux sources locales par le biais des AA pour répondre à des requêtes d'utilisateur ou d'autres AI,

- un Agent d'Interface (rôle d'Utilisateur ou d'Expert) qui sert d'intermédiaire entre les utilisateurs du système et les Agents Informationnels.

Les agents disposent de connaissances sémantiques qui sont décrites sous la forme d'ontologies de domaine. Ces ontologies contiennent les objets descriptifs des sources locales ainsi que les liens entre ces objets. La résolution des conflits sémantiques par les agents consiste à exploiter les liens sémantiques de leur ontologie au cours de l'enregistrement d'une base locale au système, mais aussi lors de l'exécution de requêtes multi-bases. Au cours de ces deux phases, l'ensemble de protocoles Fipa-compliant (*contract net protocol* et *query-ref*) permet de faire évoluer les ontologies de domaines en détectant de nouveaux liens (non définis par l'expert au préalable).

Après avoir étudié et comparé un ensemble de plate-formes existantes, nous avons choisi d'implanter ACSIS sur la plate-forme multi-agents JADE. Outre les perspectives d'extension de notre prototype, d'autres champs de recherche sont explorés dans la partie suivante.

2. Perspectives de recherche

Les travaux de thèse se sont focalisés sur la proposition d'une approche dynamique pour la résolution de conflits sémantiques. Des perspectives de recherche qui traduisent des améliorations et des extensions possibles se dessinent. Les points suivants décrivent les principales idées qui vont guider nos travaux futurs.

- Etendre la résolution des conflits

Dans l'état actuel de notre proposition, nous avons essentiellement traité les conflits de synonymie, d'homonymie et d'échelle. Cependant, notre système peut-être étendu pour résoudre les autres conflits répertoriés (dans le Chapitre 1, section 5.2, 5.3 et 5.4.) :

- les conflits de nommages (synonymie et homonymie) ont été résolus,
- les conflits structurels (généralisation et agrégation) : les conflits de généralisation sont exploités et résolus, en revanche les conflits d'agrégation ont été définis mais n'ont pu être encore exploités,
- les conflits de valeur (conflits de représentation des données, de précision des données et d'échelle) : les conflits de représentation des données et de précision des données pourront être résolus de la même façon que les conflits d'échelle, grâce à la définition de tables de correspondances,
- les conflits intentionnels (conflits de domaine, conflits de contraintes d'intégrité, conflits de données manquantes) : les conflits de domaine sont pris en compte dans la mesure où chaque source peut disposer de son propre vocabulaire, chaque agent encapsulant sa propre ontologie. Les requêtes multi-bases sont traitées en tenant compte de ces disparités de domaine. Les conflits de données manquantes et les conflits de contraintes d'intégrité restent encore à étudier.

- Etendre le rôle des agents informationnels

Nous souhaiterions étendre le rôle des agents informationnels au processus d'homogénéisation et de restructuration des résultats comprenant la gestion des incohérences et/ou contradiction entre les résultats provenant des sources locales.

- Un aspect gestion des profils utilisateurs

Le système évolue différemment selon les utilisateurs ou les experts connectés, nous n'avons pas pu traiter pour l'instant cet aspect du travail relatif à la nécessité de maintenir un profil unique pour chaque agent expert ou utilisateur, lui permettant ainsi de conserver son propre environnement.

- Mesurer les impacts du changement organisationnel

Les ontologies décrites dans cette thèse évoluent automatiquement lors de l'enregistrement d'une base locale ou lors d'exécution de requêtes multi-bases. Nous n'avons pas traité pour l'instant deux aspects.

- Un Agent Utilisateur lors de l'insertion d'un nouveau lien peut remettre en cause un lien permanent. Par exemple : le lien de synonymie entre employé et salarié pourrait être remis en cause à supposer que la signification de ces deux termes évolue.

- Un Agent Utilisateur peut remettre en question la théorie utilisée par le concepteur de base de données et ainsi faire évoluer l'ontologie. Il peut s'agir par exemple du changement d'une loi qui peut ainsi modifier les usages de l'Agent Utilisateur influant ainsi sur l'ontologie.

  Cette réflexion pourra être poursuivie dans le cadre des travaux réalisés par Anne-Marie Alquier sur la gestion du risque dans les PME [ALQU02].

A plus long terme, nous nous intéresserons à l'application de notre proposition à des données semi-structurées (page web) et non structurées (image, audio, animation, vidéo).

BIBLIOGRAPHIE

[AGEN00]   AgentBuilder U.G.. **An Integrated Toolkit for Constructing Intelligent Software Agents**. Reference Manual, April 2000.

[AHME91]   R. Ahmed, P. Smedt, W. Du, W. Kent, M. Ketabchi, W. Litwin, A. Rafii, M. Shan. **The Pegasus heterogeneous multidatabase system**. IEEE Computer, Vol. 24, N°12, pp.19- 27, 1991.

[ALBE93]   J. Albert, R. Ahmed, M. Ketabchi, W. Litwin, A. Rafii, M. Shan. **Automatic importation of relational schemas in Pegasus**. In Ride-IMS, pp. 105-113, 1993.

[ALQU02]   A. M. Alquier, M.H. Lagasse Tignol, J.C Lestriez. **How to introduce risk management in SME**. Sixth Stimulating Manufacturing Excellence in Small and Medium Enterprises, Athens, Greece, 1-4 June 2003.

[AREN93]   Y. Arens, C.Y. Chee, C. Hsu, C.A. Knoblock. **Retrieving and integrating data from multiple information sources**. International Journal of Intelligent and Cooperative Information Systems, Vol. 2, N°2, pp. 127-157, 1993.

[BATI86]   C. Batini, M. Lenzerini, S.B. Navathe. **A comparative analysis of methodologies for database schema integration**. ACM Computing Surveys, Vol. 18, No. 4, pp. 323-364, December 1986.

[BAUE01]   B. Bauer. **UML Class Diagrams Revisited in the context of Agent-Based Systems**. M. Wooldridge, P. Ciancarini, G. Weiss (editors), Proceedings of Agent-Oriented Software Engineering (AOSE 01), number 2222 in LNCS, Springler-Verlag, Montreal, Canada, pp. 1-8, May 2001.

[BAYA97]   R. Bayardo, W. Bohrer, R. Brice, A. Cichocki, G. Fowler, A. Helal, V. Kashyap, T. Ksiezyk, G. Martin, M. Nodine, M. Rashid, M. Rusinkiewicz, R. Shea, C. Unnikrishnan, A. Unruh, D. Woelk. **InfoSleuth : Agent-Based Semantic Integration of Information in Open and Dynamic Environments**. Proceedings of the ACM SIGMOD International Conference on Management of Data, Tucson, Arizona, USA, pp. 195-206, May 1997.

[BELL02]   F. Bellifemine. **Jade and beyonds**. Presentation at AgentCities Information Day 1, Lausanne, February 2002.

[BENS98]   D. Benslimane, K. Yetongnon, S. Chraibi, H. Abdelwahed. **DECA : une architecture multi-agents pour l'interopérabilité de bases de données.** Conférence Internationale CARI98, Dakar, Sénégal, 12-15 octobre 1998.

[BENS00]   D. Benslimane, K. Yétongnon, S. Chraibi, E. Leclercq, E. Abdelwahed. **Les Systèmes d'information coopératifs : le projet DECA.** Technique et Science de l'Informatique (TSI), Edition Hermès, Vol. 19, N°7/2000, pp. 1009-1043, 2000.

[BOND88]   A. Bond, L. Gasser. **An Analysis of Problems and Research in DAI.** Readings in Distributed Artificial Intelligence, Morgan Kaufmann Publishers, San Mateo, California, 1988.

[BOUG98]   A. Bouguettaya, B. Benatallah, A. Elmagarmid. **Interconnecting Heterogeneous Information Systems.** Kluwer Academic Publishers, 1998.

[BOUL91]   D. Boulanger. **Systèmes d'information automatisés, approche "multi-bases".** Dossier scientifique pour une habilitation à diriger des recherches, Université Lyon III, 1991.

[BOUL95]   D. Boulanger. **Coopération d'objets dans les systèmes d'information : problématique.** Congrès RPO, Représentation Par Objets, Montpellier, France, 29 juin 1995.

[BOUL97]   D. Boulanger, G. Dubois. **Objets et coopération de systèmes d'information.** "Ingénierie objet : concepts, techniques et méthodes", Chap. 10, C. Oussalah & al, InterEditions, mai 1997.

[BOUL98]   D. Boulanger, G. Dubois. **An object approach for information system cooperation.** Information Systems, Vol.23, N°6, pp. 383-399, Elsevier Science Ltd., 1998.

[BOUL00]   D. Boulanger, G. Dubois, V. Couturier, E. Disson, M. Séguran. **Coordination Système multi-agents/objets pour la coopération de systèmes d'information.** Séminaire Systèmes distribués et Connaissances, Sophia Antipolis, 27-28 novembre 2000.

[BOWM94]   C. Bowman, P. Danzig, U. Manber, M. Schwartz. **Scalable Internet Resource Discovery: Research Problems and Approaches.** Communications of the ACM, Vol. 37, N°8, pp. 98-107, August 1994.

[BRAC85]   R. Brachman, J. Schmolze. **An overview of the KL-one knowledge representation system.** Cognitive Science, Vol. 9, N°2, pp.171-216, February 1985.

[BRAD97]   J. M. Bradshaw. **An Introduction to Software Agents**. In J.-M. Bradshaw (editor), Software Agents. AAAI Press/The MIT Press, Menlo Park, California, 1997.

[BREI84]   Y. Breitbart, L. Treman. **ADDS Heterogeneous Distributed Database System**. Proceedings of the Third International Seminar on Distributed Data Sharing Systems, F. Schreiber, W. Litwin (editors) : Distributed Data Sharing Systems, Parma, Italy, pp. 7-24, 28-30th March, 1984.

[BREI90a]   Y. Breitbart. **Multidatabase Interoperability**. ACM SIGMOD Record, Vol. 19, N°3, pp. 53-60, 1990.

[BREI90b]   Y. Breitbart, H. Garcia-Molina, W. Litwin, N. Roussopoulos, M. Rusinkiewicz, G. Thompson, G. Wiederhold. **Final report of the workshop on multidatabases and semantic interoperability**. First Workshop on Multidatabases and Semantic Interoperability, Tulsa, Oklahoma, 1990.

[BREN98]   W. Brenner, R. Zarnekow, H. Wittig. **InTelligent Software Agents, Foundations and Applications**. Springer-Verlag, Berlin, Germany, 1998.

[BRES00]   S. Bressan, C. Goh, N. Levina, S. Madnick, A. Shah, M. Siegel. **Context Knowledge Representation and Reasoning in the Context Interchange System**. Applied Intelligence, Vol. 13, N°2, pp. 165-180, September 2000.

[BROD92]   M. Brodie, S. Ceri. **On Intelligent and Cooperative Information Systems: A Workshop Summary**. International Journal of Intelligent and Cooperative Information Systems, Vol.1, N° 2, pp.249-289, 1992.

[BRZE84]   Z. Brzezinski, J. Getta, J. Rybnik, W. Stepniewski. **Unibase - an Integrated Access to Databases**. Proceedings of the 10th International Conference on Very Large Databases, pp. 388-394, Umeshwar Dayal, Gunter Schlageter, Lim Huat Seng (Editors), Morgan Kaufmann, Singapore, August 27-31, 1984.

[BUSE99]   P. Busetta, R. Ronnquist, A. Hodgson, A. Lucas. **Jack Intelligent Agents- Components for Intelligent Agents in Java**. AgentLink NewsLetter, January 1999.

[BUSS99]   S. Busse, R. Kutsche, U. Leser, H. Weber. **Federated Information Systems : Concepts, Terminology and Architectures**. Forschungsberichte des Fachbereichs Informatik 99-9, Berlin Technical University, September 1999.

[CHAI92]   B. Chaib Draa, B. Moulin, R. Mandiau et P. Millot. **Trends in Distributed Artificial Intelligence**. Artificial Intelligence Review, Vol. 6, N°1, pp. 35-66, 1992.

[CHAI02]   B. Chaib Draa, F. Dignum. **Trends in Agent Communication Language**. In Computational Intelligence, Vol. 18, N°2, pp 89-101, May 2002.

[CHAW94]   S. Chawathe, H. Garcia-Molina, J. Hammer, K. Ireland, Y. Papakonstantinou, J. Ullman, J. Widom. **The TSIMMIS Project : Integration of Heterogeneous Information Sources**. Proceedings of the 16th Meeting of the Information Processing Society of Japan, Tokyo, Japan, pp. 7-18, October 1994.

[CLEM93]   D. Clements, M. Ganesh, S. Hwang, E. Lim, K. Mediratta, J. Srivastava. **Myriad : Design and implementation of a federated database**. Technical Report TR 93-76, Dept. of Computer Science, University of Minnesota, November 1993.

[COHE97]   P. Cohen, H. Levesque. **Communicative Actions for Artificial Agents**. In Software Agents, J.-M. Bradshaw (editor), AAAI Press/The MIT Press, Menlo Park, California, 1997.

[COLL91]   C. Collet, M. Hubris, W.-M. Sheri. **Resource Integration using a Large Knowledge Base in Carnot**. IEEE Computer, Vol. 24, No.12, pp. 55-62, December 1991.

[COOP94]   Second International Conference on Cooperative Information Systems (CooPIS-94), Toronto, Canada, May 17-20, 1994.

[CORT02]   E. Cortese, F. Quarta, G. Vitaglione. **Scalability and Performance of Jade Message Transport System**. Presented at AAMAS Workshop on AgentCities, Bologna, 16 th July, 2002.

[COUT03]   V. Couturier, M. Séguran. **Patterns and Components to Capitalyze and Reuse a Cooperative Information System Architecture**. ICEIS 2003 International Conference on Enterprise Information Systems , Angers, April 23-26, 2003.

[DAYA83]   U. Dayal. **Processing Queries over Generalization Hierarchies in a Multidatabase System**. (Eds.): 9th International Conference on Very Large Data Bases, October 31-November 2, 1983, Florence, Italy, Morgan Kaufmann Publisher, San Mateo, California, pp.342-353, 1983.

[DEMA95]   Y. Demazeau. **From Interactions to collective behaviour in agent-based systems**. In First European Conference on Cognitive Science, Saint Malo, France. pp.117-132, April 1995.

[DEMI98]   G. De Michelis, E. Dubois, M. Jarke, F. Matthes, J. Mylopoulos, M.P. Papazoglou, K. Pohl, J. Schmidt, C. Woo, E. Yu. **Cooperative Information Systems : a Manifesto**. In Cooperative Information Systems : trends and directions, Academic Press, M. Papazoglou and G. Schlageter, pp. 315-363, 1998.

238

[DISS01]   E. Disson. **Sécurité des accès dans les systèmes d'information coopératifs**. Thèse de doctorat soutenu le 21 décembre 2001 à l'Université Jean Moulin Lyon 3.

[DOGA95]   A. Dogac, F. Kilic, G. Ozhan, C. Dengi, N. Kesim, P. Koksal. **Experiences in Using CORBA for a multidatabase Implementation**. In 6th International Conference on Database and Expert Systems Applications Workshop Presentation, London, September 1995.

[DOGA96]   A. Dogac, U. Halici, E Killic, G. Ozhan, F. Ozhan, S. Nural , C. Dengi, S. Mancuhan, B. Arpinar, P. Koksal, C. Evrendilek. **Metu Interoperable Database System**. In H. V. Jagadish et I. S. Mumick, Eds., Proceedings of the 1996 ACM SIGMOD International Conference on Management of Data, p552. Montréal, Québec, Canada, ACM Press, June 1996.

[DUBO97]   G. Dubois. **Apport de l'intelligence artificielle à la coopération de systèmes d'information hétérogènes**. Thèse de doctorat soutenu le 8 janvier 1997 à l'Université Jean Moulin Lyon 3.

[DUBO00]   G. Dubois, D. Boulanger. **A Multi-agent System using Semantic Metadata for the Cooperation among Multiple Information Sources**. Workshop "Knowledge Management: Theory and Applications", KMTA'00, 4th European Conference on Principles and Practice of Knowledge Discovery in Databases, Lyon, France, September 12-16, 2000.

[ETZI95]   O. Etzioni, D. Weld. **Intelligent agents on the Internet: Fact, Fiction, and Forecast**. IEEE Expert, Vol.10, N°4, pp. 44-49, 1995.

[FERB92]   J. Ferber, A. Drogoul. **Using reactive Multi-Agent Systems in Simulation and Problem Solving**. In Distributed Artificial Intelligence : Theory and Praxis. L. Gasser et N. Avouris Kluwer (editors), Kluwer Academic Publishers, pp. 53-80, 1992.

[FERB95]   J. Ferber. **Les systèmes multi-agents : vers une intelligence collective**. InterEditions, 1995.

[FERB97]   J. Ferber, O. Gutknecht. **Vers une méthodologie organisationnelle pour les systèmes multi-agents**. JFIADSMA'99, île de la Réunion, juin 99.

[FERR92]   D. Ferraiolo, R. Kuhn. **Role-based access control**. 15 th National Computer Security Conference, Baltimore, October 1992.

[FINI97]   T. Finin, Y. Labrou et J. Mayfield. **KQML as an Agent Communication Language**. In J.-M. Bradshaw (editor), Software Agents. AAAI Press/The MIT Press, Menlo Park, California, 1997.

[FOWL99]   J. Fowler, B. Perry, M. Nodine, B. Bargmeyer. **Agent-Based Semantic Interoperability in InfoSleuth**. In SIGMOD Record, Vol. 28, N°1, pp. 60-67, March, 1999.

[FRAN96]   S. Franklin, A. Graesser. **Is it an Agent, or Just a Program? A Taxonomy for Autonomous Agents**. Proceedings of the Third International Workshop on Agent Theories, Architectures and Languages, pp. 21-35, Springer-Verlag, Berlin Heidelberg, Germany, 1997.

[GAL99]   A. Gal. **Semantic Interoperability in Information Services: Experiencing with CoopWARE**. In ACM Sigmod Record, Vol. 28, N°1, March 99.

[GAND02]   F. Gandon, R. Dieng, A. Giboin, O. Corby. **Système d'information multi-agents pour une mémoire organisationnelle annotée en RDF**. "Systèmes distribués et connaissances", L'objet, logiciel, bases de données, réseaux. Revue des Sciences et Technologies de l'Information, Hermès, Lavoisier, Vol. 8, N°4, pp.11-46, novembre 2002.

[GARN02]   T. Garneau, S. Deliste. **Programmation orientée-agent : évaluation comparative d'outils et d'environnements**. In JFIASMA'02, Lille, France, 28-30 octobre 2002.

[GENE92]   M. Genesereth, R. Fikes. **Knowledge Interchange Format Reference Manual, version 3.0**. Knowledge Systems Laboratory, Stanford University, USA, CSD Tech-Report Logic 92-1, 1992.

[GENE97a]   M.R Genesereth. **An Agent-based Framework for Interoperability**. In Software Agents, J.M. Bradshaw (editor), AAAI Press/The MIT Press, Menlo Park, California, 1997.

[GENE97b]   M.R Genesereth, A.M. Keller, O.M. Duschka. **Infomaster : an information integration system**. In Proceedings of the ACM SIGMOD Conference, pp. 539-542, May 1997.

[GOH94]   C. Goh, S. Madnick, M. Siegel. **Context Interchange : Overcoming the Challenges of Large-Scale Interoperable Database Systems in a Dynamic Environment**. Proceedings of the Third International Conference on Information and Knowledge Management, ACM Press, Gaithersburg, Maryland, USA, pp. 337-346, December 1994.

[GOH97]   C.H. Goh. **Representing and Reasonning about Semantic Conflicts in Heterogeneous Information Systems**. PhD thesis, MIT Sloan School of Management, USA, 1997.

[GRUB91]   T.R. Gruber. **The Role of a common ontology in achieving sharable, reusable knowledge bases**. Proceedings of the Second International Conference on Principles of Knowledge Representation and Reasoning, Cambridge, R. Fikes, J.A. Allen, E. Sandewall (editors), pp. 601-602, 1991.

[GRUB93]   T.R. Gruber. **A translation approach to portable ontologies**. Knowledge acquisition, Vol. 5, N°2, pp. 199-220, 1993.

[GRUB95]   T.R. Gruber. **Towards Principles for the Design of Ontologies Used for Knowledge Sharing**. International Journal of Human and Computer Studies, Vol. 43, N°5, pp. 907-928, 1995.

[GUAR97]   N. Guarino. **Understanding, Building, And Using Ontologies**. International Journal of Human-Computer Studies, Vol 469, N° 2-3, Feb./March 1997.

[GUAR98]   N. Guarino. **Formal Ontology and Information Systems**. Proceedings of the First International Conference on Formal Ontology in Information Systems, IOS Press, Trento, Italy, pp.3-15, June 1998.

[HAMM97]   J. Hammer & al. **Template-based Wrappers in the TSIMMIS System**. Proceedings of the 26th SIGMOD International Conference on Management of Data, Tucson, Arizona, USA, pp. 532-535, May 1997.

[HAYD99]   S S.C Hayden, C. Carrick, Q. Yang. **Architectural Design Patterns for Multi-Agent Coordination**. Proceedings of the International Conference on Agent Systems '99, Seattle, WA, May 1999.

[HEIM85]   D. Heimbigner, D. McLeod. **A federated architecture for Information Management**. ACM Transactions on Office Information Systems, Vol. 3, N°3, pp. 253-278, 1985.

[HUGE01]   M.-P. Huget. **Une ingénierie des protocoles d'interaction pour les systèmes multi-agents**. Thèse de l'Université Paris IX, Dauphine, Paris, France, 15 juin 2001.

[HUGE02]   M.-P. Huget. **Une application d'Agent UML à la gestion de chaîne logistique**. JFIASMA'02, Lille, France, 28-30 octobre 2002.

[HUHN97]   M. Huhns, M. Singh. **Agents on the Web : Ontologies for agents**. IEEE Internet Computing, Vol. 1, N°6, pp.81-83, 1997.

[HURS94]   A. R. Hurson, M.W. Bright, S.H. Pakzad. **Multidatabase Systems - Advanced Solution for Global Information Sharing**. IEEE Computer Society Press, Los Alamitos, California, 1994.

[JENN98]   N.R. Jennings, M. Wooldridge. **Applications of Intelligent Agents**. In Agent Technology : Foundations, Applications and Markets, N.R. Jennings, M.Wooldridge (editors), Vol.3, N°28, Springer, 1998.

[JENN99]   N.R. Jennings. **Agent-Based Computing : Promises and Perils**. In Proceedings 16th International Joint Conference on Artificial Intelligence (IJCAI 99), Stockholm, Sweeden, pp. 1429-1436, 1999.

[JENN00]   N.R. Jennings. **On Agent-Based Software Engineering**. Artificial Intelligence, Vol.117, N°2, pp. 277-296, 2000.

[JEON00]   H. Jeon, C. Petrie, M. Cutkosky. **JATLite: a Java agent infrastructure with message routing**, IEEE Internet Computing, Vol. 4, N°2, pp. 87-96, March-April 2000.

[KAHN00]   J. Kahng, D. Mac Leod. **Dynamic classificational ontologies**. In Computing the Brain : A Guide to Neuroinformatics, Michael A. Arbid, Jeffrey Grethe, (editors) and the Project Team of the University of Southern California Brain Project, San Diego, academic press 2000.

[KASH98]   V. Kashyap, A. Sheth. **Semantic Heterogeneity in Global Information Systems: The Role of Metadata, Context and Ontologies**. Cooperative Information Systems : Current Trends and Directions. Academic Press: 179-203. M.P.Papazoglou, G. Schlageter (editors), pp. 139-178, 1998.

[KASH00]   V. Kashyap, A. Sheth. **Information Brokering Across Heterogeneous Digital Data: A Metadata-based Approach**. Kluwer Academic Publishers. Boston/Dordrecht 2000.

[KLUS99]   M. Klusch. **Intelligent Information Agents: Agent-Based Information Discovery and Management on the Internet**. Springer-Verlag, 1999.

[KLUS01]   M. Klusch. **Intelligent Agent Technology for the Internet : A Survey**. Journal on Data and Knowledge Engineering. Special Issue on Intelligent Information Integration,
D. Fensel (Editor), Vol. 36, N°3, Elsevier Science, March 2001.

[LABR94]   Y. Labrou et T.W. Finin. **A semantics Approach for KQML - A General Purpose Communication Language for Software Agents**. Proceedings of the third Conference on Information and Knowledge Management, pp. 447-455, November 94.

[LABR97]   Y. Labrou, T.W. Finin. **A Proposal for a new KQML Specification**. Technical report, Computer Science and Electrical Engineering Department, University of Maryland, Baltimore County, February 1997.

242

[LABR99]   Y. Labrou, T. Finin, Y. Peng. **The current landscape Agent Communication Languages**. Intelligent Systems, IEEE Computer Society, University of Maryland, Baltimore County, Vol.14, N°2, March/April 1999.

[LAND82]   T. Landers, R.L. Rosenberg. **An Overview of Multibase**. Proceedings Second International Symposium for Distributed Databases, Amsterdam, North-Holland, The Netherlands, pp. 153-183, 1982.

[LASS98]   O. Lassila, R. Swick. **Resource Description Framework (rdf) model and syntax specification**. http://www.w3.org/TR/REC-rdf-syntax/, 1998.

[LEE98]   L. Lee, H. Nwana, D. Ndumu. **ZEUS : An Advanced Tool-Kit for Engineering Distributed Multi-Agent Systems**. Proceedings of the Practical Application of Intelligent Agents and Multi-Agent Systems, London, UK, pp. 377-392, 1998.

[LENA90]   D.B. Lenat, R. V. Guha. **Building Large Knowledge-Bases Systems : Representation and Inference in the Cyc Project**. Addison-Wesley Publishing Company Inc., 1990.

[LEVY96]   A. Levy, A. Rajaraman, J.J. Ordille. **Querying Heterogeneous Information Sources Using Source Descriptions**. In Proceedings of Twenty-second International Conference on Very Large Databases, Bombay, India, pp. 251-262, September 1996.

[LITW90]   W. Litwin, L. Mark, N. Roussopoulos. **Interoperability of multiple autonomous databases**. ACM Computing Surveys, Vol.22, N°3, pp.267-293, 1990.

[LITW94]   W. Litwin. **Introduction to Multidatabases Systems**. Prentice Hall : Englewood Cliffs, NJ,1994.

[LIU95]   L. Liu, C. Pu. **The diom approach to large-scale interoperable information systems**. Technical report, TR95-16, Department of Computing Science, University of Alberta, Edmonton, Alberta, March 1995.

[MENA99]   E. Mena. **OBSERVER: An approach for Query Processing in Global Information Systems based on Interoperation across Pre-existing Ontologies**. PHD Thesis, University of Zaragoza, Spain, February 1999.

[MENA00]   E. Mena, A. Illarramendi, V. Kashyap, A.Sheth. **OBSERVER : An approach for Query Processing in Global Information Systems based on Interoperation across Pre-existing Ontologies**. International journal on Distributed And Parallel Databases (DAPD), Vol.8, N°2, pp.223-272, April 2000.

[MENA01]   E. Mena, A. Illarramendi. **Ontology-Based Query Processing for global Information Systems**. Kluwer Academic Publishers, June 2001.

[MORI77] E. Morin. **La méthode : la Nature de la Nature (Tome 1)**. Edition Le Seuil, 1977.

[NEWE82] A. Newell. **The Knowledge Level**. Artifical Intelligence, Vol. 18, pp.87-127, 1982.

[NODI98] M. Nodine. **The InfoSleuth Agent System**. Proceedings of the second International Workshop Cooperative Information Agents, CIA'98, Paris, France, pp. 18-19, July 1998.

[NODI99] M. Nodine, J. Fowler and B. Perry. **Active Information Gathering in InfoSleuth**. Proceedings of the International Symposium on Cooperative Database Systems for Advanced Applications, 1999.

[NODI00] M.H. Nodine, J. Fowler, T. Ksiezyk, B. Perry, M. Taylor, A. Unruh. **Active Information Gathering in Infosleuth**. International Journal of Cooperative Information Systems, Vol. 9, N°1/2, pp.3-28, 2000.

[NORT00] Nortel Netwook. **FIPA OS release notes**. Nortel network labs, January 2000.

[NWAN96] H.S. Nwana. **Software Agents: An Overview**. Knowledge Engineering Review, Vol.11, N°3, pp. 205-244, 1996.

[ODEL00] J.Odell, H. Parunak, B. Bauer. **Extending UML for Agents**. G. Wagner, Y. Lesperance, E. Yu (editors), Proceedings of Agent-Oriented Information Systems Workshop at the 17 th National conference on Artificial Intelligence, Icue Publishing, Austin, Texas, July 2000.

[OUKS99] A. Ouksel. **Ontologies are not the Panacea in Data Integration : a Flexible Coordinator to Mediate Context Construction**. Distributed and Parallel Databases Kluwer Academic Publishers, Vol. 7, pp.7-35, 1999.

[PAPA92] M.P. Papazoglou, S. Laufmann, T.K. Sellis. **An organizational framework for cooperating intelligent information systems**. International Journal of Cooperative Information Systems, Vol. 1, N°1, March 1992.

[PREE99] A.D. Preece, K.-Y. Hui, P.M.D. Gray. **Kraft: Supporting Virtual Organisations through Knowledge Fusion**. In T. Finin and B. Grosof (editors), Artificial Intelligence for Electronic Commerce: Papers from the AAAI-99 Workshop, Technical Report WS-99-01, AAAI Press, pp. 33-38, 1999.

[RIMA99] G. Rimassa, F. Bellifemine, A. Poggi. **JADE - A FIPA Compliant Agent Framework**. Proceedings of PMAA'99, London, UK, pp. 97-108, April 99.

[ROUS02] M.C. Rousset, A. Bidault, C. Froidevaux, H. Gagliardi, F. Goasdoué, C. Reynaud, B. Safar. **Construction de médiateurs pour intégrer des sources d'information** multiples et hétérogènes : le projet **PICSEL**. Revue I3. Information-Interaction-Intelligence, 2002.

[RUSI88]   M. Rusinkiewicz, R. Elmasri, B. Czejdo, D. Georgakopoulos, G. Karabatis, A. Jamoussi, K. Loa, Y. Li. **Omnibase: Design and Implementation of a Multidatabase System**. Distributed Technical Commitee Newsletter, Vol.10, N°2, November 1988.

[SALT91]   F. Saltor, L. Castellanos, M. Garcia Solaco. **On Canonical Models for federated DBs**. ACM SIGMOD Record, Vol°20, N°4, pp.44-48, 1991.

[SEGU01]   M. Séguran, D. Boulanger, R. Lelouche. **Un modèle de communication entre agents adapté aux systèmes d'information hétérogènes coopératif**. Modèles Formels pour l'Interaction, MFI'O1, Toulouse, France, 21-23 mai 2001.

[SEGU03]   M. Séguran, V. Couturier. **A Reusable Architecture for the Cooperation of Information Systems**. SCI'03, 7 th World Multiconference on Systemics, Cybernetics and Informatics, Orlando, Florida, USA, July 27-30th 2003.

[SHET90]   A. Sheth, J. Larson. **Federated database systems for managing distributed, heterogeneous, and autonomous database**. ACM computing Survey, Vol. 22, N°3, pp. 183-190, 1990.

[SHET92]   A. Sheth, V. Kashyap. **So Far (Schematically) Yet So Near (Semantically)**. Proceedings of the IFIP DS-5, Conference on Semantics of Interoperable Database Systems, Lorne, Australia, November 1992.

[SHET99]   A. Shet. **Changing Focus on Interoperability in Information Systems: from System, Syntax, Structure to Semantics**. In Interoperating Geographic Information Systems. M F. Goodchild, M.J. Egenhofer, R. Fegeas, C.A. Koffman (editors), Kluwer Academic Publishers, 1999.

[SHOA97]   Y. Shoham. **An Overview of Agent-Oriented Programming**. In J.-M. Bradshaw (editor), Software Agents. AAAI Press/The MIT Press, Menlo Park, California, 1997.

[SMIT80]   R.G. Smith. **The Contract Net Protocol : High-level Communication and Control in a Distributed Problem Solver**. IEEE Transactions on Computers, Vol. 29, N°12, pp. 1104-1113, 1980.

[SPAC94]   S. Spaccapietra, C. Parent. **View integration: A Step Forward in Solving Structural Conflicts**. Knowledge and Data Engineering, Vol.6, N°2, pp. 258-274, 1994.

[SYCA96]   K. Sycara, K. Decker, A. Pannu, M. Williamson, D. Zeng. **Distributed Intelligent Agents**. In IEEE Expert, Vol.11, N°6, pp. 36-46, December 1996.

[TARI96]   Z. Tari, W. Cheng, K. Yetongnon, I. Savnick. **Toward Cooperative Database: The Distributed Object Kernel (DOK) Approach**. Proceedings of Conference on Parallel and Distributed Computing Systems (PDCS'96), Dijon, France, pp. 595-600, 1996.

[TEMP86]   M. Templeton, D. Brill, A. Chen, S. Dao, E. Lund**. Mermaid-experiences with network operation**. Proceedings Second Data Engineering Conference, pp. 292-300, 1986.

[TEMP87]   M. Templeton, D. Brill, S. Dao, E. Lund, P. Ward, A. Chen et R. MacGregor. **Mermaid : a front-end to distributed heterogeneous databases**. Proceedings of the IEEE, Vol. 75, N°5, pp. 695-708, 1987.

[THUR97]   B. Thuraisingham. **Data Management Systems Evolution and Interoperation**. CRC Press, Boca Raton, 1997.

[VISS99]   P. Visser, V. Tamma. **An experiment with Ontology-Based Agent Clustering**. Proceedings of the IJCAI'99 Workshop on Ontologies and Problem-Solving Methods: Lessons Learned and Future Trends, Stockholm, Sweden, August 2, 1999.

[WHIT97]   J. White. **Mobile Agents**. In Software Agents, J.-M. Bradshaw (editor), AAAI Press, Menlo Park, California, pp. 437-472, 1997.

[WIED92]   G. Wiederhold. **Mediators in the Architecture of Future Information Systems**. IEEE Computer, Vol. 25, N°3, pp. 38-49, March 92.

[WIED94]   G. Wiederhold. **Interoperation, Mediation, and Ontologies**. In International Symposium on 5th Generation Computer Systems (FGCS'94), Workshop on Heterogeneous Cooperative Knowledge-Bases, Tokyo, Japan, Vol. W3, pp. 33-48, 1994.

[WIED95]   G. Wiederhold, M. Genesereth. **The Basis for Mediation**. Proceedings of the third International Conference on Cooperative Information Systems, pp. 140-157, May 1995.

[WOEL93]   D. Woelk, P. Cannata, M. Huhns, W. Shen, C. Tomlinson. **Using Carnot for enterprise information integration**. Second International Conference on Parallel and Distributed Information Systems, pp. 133-136, January 1993.

[WOOL95]   M.J. Wooldridge, N.R. Jennings. **Intelligent agents: Theory and Practice**. The Knowledge Engineering Review, Cambridge University Press publisher, Vol.10, N°2, pp. 115-152, June 1995.

LISTE DES FIGURES

INDEX DES TABLEAUX

Résumé : ce travail de recherche s'inscrit dans le domaine de la coopération de Systèmes d'Information. L'interopérabilité entre des systèmes, autonomes et hétérogènes, nécessite la mise en place de processus coopératifs permettant de coordonner les échanges d'information et de réduire les conflits qui en découlent.

Nous proposons, dans le cadre du projet ACSIS (Agent pour la Coopération Sécurisée de Sources d'Information), une solution pour la résolution des conflits sémantiques issus de l'hétérogénéité des bases de données. Cette solution respecte les propriétés de scalabilité et d'évolutivité des bases locales et propose de résoudre la plupart des conflits sémantiques recensés. Pour cela, nous avons recours aux plus récentes avancées effectuées sur les plate-formes multi-agents (normalisation des échanges sous forme de bibliothèque de protocoles) ainsi qu'à l'utilisation d'ontologies de domaine qui suivent l'évolution des sources locales et s'adaptent en fonction du dialogue entre les agents.

Les agents disposent de connaissances sémantiques qui sont décrites sous la forme d'ontologies de domaine. Ces ontologies sont constituées des objets descriptifs des sources locales ainsi que des liens entre ces objets. La résolution des conflits sémantiques par les agents consiste donc à exploiter les liens sémantiques de leurs ontologies au cours de l'enregistrement d'une base locale mais aussi lors de l'exécution de requêtes multi-bases. Au cours de ces deux étapes, un ensemble de protocoles d'interaction complexes entre agents permet l'évolution des ontologies de domaines par la création de nouveaux liens sémantiques.

Au niveau opérationnel, nous proposons une typologie d'agents :
i)   les Agents d'Accès aux sources locales assurent la participation des bases de données locales au sein des processus coopératifs,
ii) les Agents Informationnels regroupent les AA en fonction de caractéristiques sémantiques, découpent les requêtes globales en sous-requêtes et organisent le système d'échange durant le processus de traitement des requêtes globales,
iii) un Agent d'Interface sert d'intermédiaire entre les utilisateurs du système et les Agents Informationnels.

Nous avons validé notre proposition en implantant les protocoles d'interaction sur la plate-forme multi-agent Jade.

Mots-clés : coopération de systèmes d'information, résolution de conflits sémantiques, systèmes multi-agents, protocoles d'interaction.

Abstract : this work deals with cooperation of Legacy Information Systems . The growth and variety of distributed information sources imply a need to exchange and/or to share information extracted from various and heterogeneous databases. Cooperation of legacy information systems requires advanced architectures able to solve conflicts coming from data heterogeneity. The project ACSIS (Agents for Cooperation of Secure Information Systems) is a solution to resolve semantic conflicts coming from databases heterogeneity taking care of scalability issues. Therefore, this solution uses Distributed Artificial Intelligence techniques like defined Interaction Protocols and evolutive domain ontology.

Different kinds of agents cooperate within a Multi-Agent System. The Wrapper Agent (WA) ensure the participation of local data to the cooperative processes. The Information Agents (IA) structure the exchange system between WAs during the processing of global queries and semantic conflict resolution. Each IA groups WAs according to semantic characteristics. The Interface Agent (InA) allows interactions with the system users and manage the query transmission.

Scalable domain ontologies represent the knowledge corpus of agents. This ontologies contains descriptive object of data sources and some semantics links between this objects. Semantic Conflict Resolution Solution is processed by using semantic link during two steps : the insertion of a new information sources and the global queries resolution. This real dialog between agents managed by a protocol, enables agents' ontologies to evolve.

The cooperative architecture is currently implemented by using the Java language and the JADE platform (Java Agent DEvelopment framework). Our work contributes to solve semantic conflict in a dynamic way thanks to advanced technologies borrowed from databases, object and Distributed Artificial Intelligence.

Keywords : cooperation of legacy information systems, semantic conflicts resolution, multi-agent systems, interaction protocols.

www.ingramcontent.com/pod-product-compliance
Lightning Source LLC
Chambersburg PA
CBHW021034210326
41598CB00016B/1018